文物背后的故事

无为县文化广电新闻出版局
无为县历史文化研究会 ◎ 组编

安徽师范大学出版社
·芜湖·

图书在版编目(CIP)数据

文物背后的故事 / 无为县文化广电新闻出版局,无为县历史文化研究会组编. — 芜湖: 安徽师范大学出版社,2018.9
ISBN 978-7-5676-3655-2

Ⅰ. ①文… Ⅱ. ①无… ②无… Ⅲ. ①文物 – 概况 – 无为县Ⅳ. ①K872.544

中国版本图书馆CIP数据核字(2018)第142131号

文物背后的故事

无为县文化广电新闻出版局
无为县历史文化研究会 组编

责任编辑: 李克非
装帧设计: 陈 爽
出版发行: 安徽师范大学出版社
芜湖市九华南路189号安徽师范大学花津校区
网 址: http://www.ahnupress.com/
发 行 部: 0553-3883578 5910327 5910310(传真)
印 刷: 安徽芜湖新华印务有限责任公司
版 次: 2018年9月第1版
印 次: 2018年9月第1次印刷
规 格: 700 mm × 1000 mm 1/16
印 张: 22.25
字 数: 290千字
书 号: ISBN 978-7-5676-3655-2
定 价: 68.00元

前　言

无为历史悠久，文化底蕴深厚。十里墩镇杭西神墩遗址出土的新石器时期文物，与闻名遐迩的凌家滩出土的文物年代相近，距今有5300年历史。根据全国第三次文物普查，无为殷商时期古遗址有十六处，两处新石器时期遗址，出土文物约千件。三千多年前的襄安白鹤观商周文化，诉说着久远的文明。春秋时，无为地处吴头楚尾。楚国在无为江边人类聚集高地营建驾邑（今襄安罾山）、鳌邑（今高沟古城村）等城邑（土垒城墙、相当于县级管理机构），同时，舒庸人在今十里墩建舒庸国。据《左传》《先秦论》载：吴楚两国为扩大疆域，曾在驾邑、鳌邑、庸浦（今姚沟、襄安区域）、鹊岸（古称灰河今称土桥）征战不迭。秦灭楚后，始设襄安县。汉文帝时，无为境内设居巢、临湖、襄安三县。据《中国古今地名大辞典》记载：东汉建光元年（121）设临湖侯国，后废。自三国始长江滩涂的围垦开发，拉开了农耕文明大发展的帷幕。春秋时驾邑（今襄安），商贸经济繁荣，宋、元时期已成为江淮一带茶叶集散地，商贾云集，与临安、寿春、扬州并称四大名镇。北宋筑垣墉，距今1035年。"无为"之说源于《老子》，地名出自曹操，依据北宋地理总志《太平寰宇记》，"曹操在濡须河壖地筑城，号'无为'"。隋开皇元年（581），始设无为镇，北宋太宗太平兴国三年（978），置无为军，公元1070年建无为县。

无为文化积淀深厚，历史文化遗产丰富。全县有各级文物保护单位52处，其中国家级1处，省级5处。县文物管理所馆藏文物684件/套，其中国家一级9件，二级12件，三级233件，米公祠宝晋斋还珍藏有晋唐以来历代碑刻150余方。

为了勾勒、发掘传统文化保护利用工作中一些不为人知的故事，让更多的人了解传统文化的历史与现状。根据中共无为县委宣传部的安排，决定编辑出版《文物背后的故事》一书。在无为县文化广电新闻出版局的组织下，无为县历史文化研究会承担了编写任务，并筹备成立了《文物背后的故事》编辑部。考虑到目前无为出版各类史志书籍和乡贤文化读本较多，为防止雷同，编辑部经过反复斟酌，决定文章入编四条原则。一是重点针对《无为县不可移动文物名录》开展调查走访，二是要求一文一事，一气呵成。文字流畅，措辞准确，重点突出故事性、知识性和趣味性。三是要求入编文章必须是原创，文责自负。四是总纂、副总纂重点对文章筛选、语法逻辑、文字甄别、规范符号、排列次序、版式设计、导言、后记、体例等进行审定和把关。

全书分八大章节"遗址·遗存""墓葬·文物""宗祠·牌坊""寺庙·传闻""桥梁·故事""名山·记闻""传奇·传说""红色·遗址"，共收录文章100多篇，图文并茂，其中《舒庸亡国杭西神墩》一文，结合历史文献和考古发现讲述了一段鲜为人知的故事，从而使无为的历史前移至5300年前。《驾邑遗址在襄安》一文可以说破译了春秋《左传》中的历史悬案，得到芜湖市历史文化研究会专家们的认可。

本书的出版相信定能推动无为县历史文化的继承、研究和保护，也希望本书能够得到广大读者的喜欢。

《文物背后的故事》编辑部

二〇一八年二月六日

目　录

遗址·遗存

无为古城墙遗址　　叶悟松 摄

杭西神墩遗址

耿松林

大约在2009年至2010年，无为县十里墩镇（时为十里墩乡）杭西神墩遗址上，村民们建房打基础时，陆续采集到一些石器和玉器。文物保护意识较强的村民，将自己的发现上报村、乡干部，进而报告了县文物管理部门。县文物管理部门在得到消息后，立即前往勘探、考察。以县文物管理所正、副所长何福安、邹喜庆两位同志领头的文物考察组，不辞辛苦，多次前往杭西神墩遗址踏勘、取样、比对，多次召开专门会议，对相关文物进行研究、探讨，很快形成了文物考察报告，断定这是一处新发现的新石器时代古遗址。

该遗址位于无为县十里墩镇虹桥社区杭西自然村，南面400米为方家村，西面600米为赵家山，东距西河约200米。现存遗址由位于西部的1号墩和东部由南向北排列的2、3号墩以及环绕遗址的低田、冲地、沟渠共同构成。其中1号墩高出周围地面约10—12米，2、3号墩高出周围地面10米左右，遗址南北长约800米，东西宽约500米，总面积约40万平方米。

杭西神墩遗址是第三次全国文物普查（2008—2012）期间新发现的一处古遗址。1号墩由于农田改造取土，遭到一些破坏，但总体保存状况良好；2、3号墩当地村民建房取土，遭到严重破坏。2号墩1—2米深处发现一批新石器时代遗物，主要是石器和玉器。据村民们介绍，近年来还有少量铜器被挖掘出。县文物管理部门根据实物考证,从专业的角度对石斧、石钺、玉玦、玉璜等进行研究,断定它们是新石器时代的遗物,距今大约有4000年。

根据科学出版社2011年8月出版,由安徽文物考古研究所和安徽省考古学会共同编定的《文物研究》第18辑《关于杭西神墩考古调查报告》记载,石器中有石钺3件,石斧2件,石锛11件,玉器中有玉璜2件,玉玦1件。

人类远古时代主要的生活活动是采集和狩猎,因此在旧石器时代的文化遗址里,往往伴有许多动物骨骼化石遗存,这也成为寻找古人类活动的重要线索。人类最早使用的工具是石器,考古学界将使用石器的年代称为石器时代,经过漫长的演变,人类渐渐使用磨制石器,新石器时代。杭西神墩遗址所发现的石斧,是用砂质岩磨制而成的,石锛是用砾石磨制而成的,均属于小型的新石器时代磨制石器。

通过对杭西神墩这样的远古遗址的调查,以及对相关文物的考察论证,证明了早在新石器时代,长江之滨的无为地区就已经有了人类聚落文明的存在。根据《左传》和《无为州志》等史志的记载,驾、鳌二邑地处古居巢的滨江地区,其中驾邑是公元前574年吴楚之战的发生地。无为文化界很早就有人发出寻找驾邑的呼喊。《左传·成公十七年》载:"舒庸人以楚师之败也,道吴人围巢,伐驾"。四年之后的《左传·襄公三年》载:"三日,吴人伐楚,取驾","驾,良邑也"。由此可以看出,驾邑在当时是一处开发程度比较高的城邑。由于无为地区地处滨江地带,在没有堤坝挡水的时期,丰水期大片土地常常被沉没。人们要想在无为江滨长期、稳定地居住,需要一个地势很高的台地。杭西神墩遗址高于周围10米以上,总面积40万平方米左右,满足了驾邑所在地的三个条件:1.地处滨江地区;2.地处很高的台地;3.台地面积较大,能够容纳较多人口的居住,从而形成古人类城邑聚落。因此,有理由推测,杭西神墩遗址是驾邑可能的所在地之一。

何福安、邹喜庆在《关于杭西神墩考古调查报告》中指出:对该遗址的调查,不仅为研究无为乃至长江中下游的早期文化面貌补充了新的考古资料,拓展了对沿江史前文化的认识视野,同时也对探索该地区地理环境的变迁及人地关系,提供了重要信息。这样的见解十分地精到。移用一位作家的一段话,来作为本文的收尾:“用脚丈量,杭西神墩纵横不过几百米;但是以心丈量呢?那沉睡的时光,历史的落叶,文化的生命,又怎能够一下子探究穷尽?”

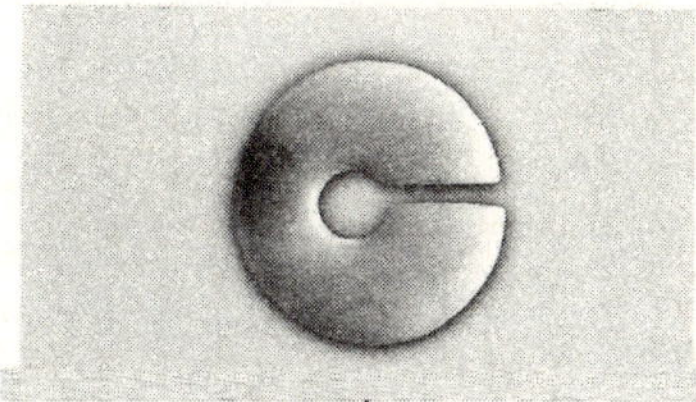
玉玦

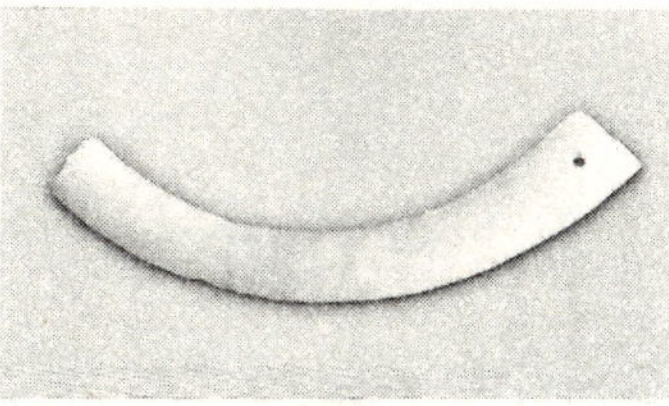
玉璜

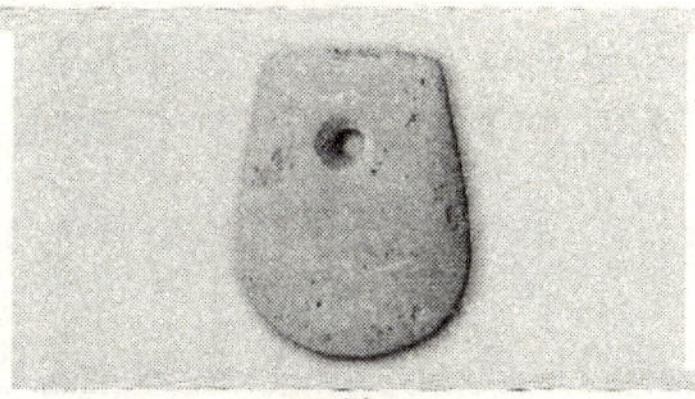
石鼓

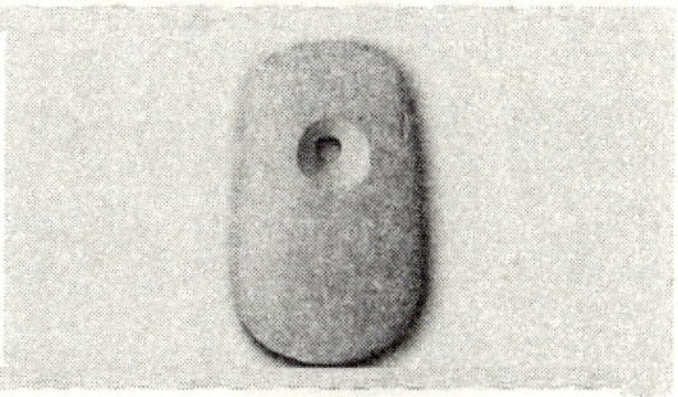
石钺

石斧

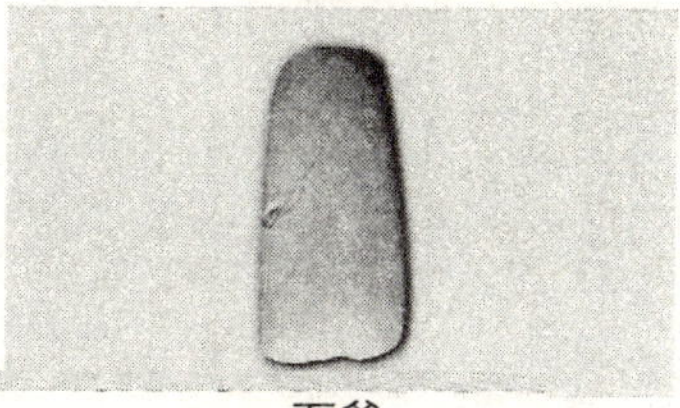
石斧

石钺

石锛

舒庸亡国杭西神墩

李俊平

周武王灭商后，在淮水南、长江北分封皋陶后裔建立封国，国号“蜀”，亦作“舒”。《春秋》载：僖公三年即公元前657年“徐人灭舒”。舒后又复国。复国后的舒分成许多支，史称“群舒”，包括舒、舒庸、舒鸠、舒龙、舒鲍，舒龚等小国，他们活跃于江淮一带，包括现在的霍邱、寿县、六安、霍山、合肥、舒城、庐江、桐城、怀宁、无为等地。这个时期，即公元前611年左右，生活在湖北的“秦楚不敌”的庸国趁楚国灾荒，起兵东进，不料反被楚庄王联合西方的巴国、北方的秦国所灭，国土被楚、秦、巴三国瓜分。庸国被灭后，一部分东迁。东迁的庸人到了现在的无为南，与南下的舒人在杭西神墩（今十里墩镇）相聚，发现此地气候温和，水源充足，物产丰富，民风淳朴，生产方式先进，人口密集，经济活跃，丘陵岗地，一望无际，是复国的理想场所。他们相互依靠，重新建立了舒庸国。舒庸人在此农耕渔猎，势力渐渐壮大，管理的范围由十里、无城、仓头、黄雒，逐渐辐射到含山的凌家滩，人力、财力骤增。周边小部落望风归顺，其势如虎添翼。但他们对驾邑觊觎已久，朝夕梦想夺之，苦于无机会下手，疆土无法拓展。舒庸国经过多年的卧薪尝胆、励精图治，国家的经济实力如日中天。为了寻机报复楚国灭国之仇，他们脚踩两条船，周旋于吴楚两国之间。

公元前574年，舒庸国再次叛楚，暗中与吴结盟，并趁楚国在鄢陵被晋国打败的机会，主动借道引导吴军进攻楚国，“道吴人围巢（今居巢），伐驾（今无为县襄安），围釐（今无为县高沟）、虺（今庐江县）”（《左传·成公十七年》）。吴国大军乘船渡江到达舒庸后，兵分两路，一路乘旱路突袭驾邑，围釐邑，另一路乘船经无城、仓头、黄雒河再分兵两处，一路围虺（今庐江），另一路向西围巢（今居巢），其目的是“一打、三围”，志在夺取驾邑、去掉舒庸国的眼中钉。舒庸国这一次错误地判断形势，认为楚军新败，估计楚军士气低落，吴军必胜，自恃有吴国大军压境，驾邑岌岌可危，举国弹冠相庆，忽视对楚国的戒备。楚共王却临危不乱，正确分析敌情。他放弃巢邑、驾邑、虺邑一线不顾，而是避实就虚，选派公子橐星夜率精锐楚军乘船穿越巢湖、濡须河，从背后偷袭舒庸。吴国得到消息，为时已晚。尽管围驾邑的吴军与舒庸国仅有十五公里之遥，近在咫尺，但由于楚军凶悍，杀人如麻，加之阻援大军虎视眈眈、严阵以待，吴军望而生畏，不敢出击，只好眼睁睁地看着舒庸国被楚消灭。此次战役楚国斩草除根，舒庸人几乎被戮杀至尽。凌家滩舒庸人也难逃厄运，与杭西神墩同时销声匿迹，退出历史舞台。吴军看到大势已去，只好灰溜溜地星夜乘船从泥汊螺丝口逃遁。舒庸国自新石器到虞、夏、商至春秋时期的文明成果被历史的尘埃淹没2600多年，无人知晓。如果不是第三次全国文物重点普查，舒庸国遗址恐怕成了千古之谜。由此可以推断，杭西神墩历史应为新石器时期距今约5300年。驾邑历史应为商周时期，距今约3000年以上。无为历史悠久，文化底蕴深厚，其显赫的战略位置，在芜湖区域内是无与伦比的。

说说六店牛王岗神墩遗址

叶悟松

2017年5月中旬的一天，我和刘尧明同志在开城镇朱应富、童有兵的陪同下，乘车沿着弯弯曲曲的山路，由开城镇向六店刘老自然村行进，去考察牛王岗神墩新石器时代遗址。牛王岗神墩遗址在开城镇六店村，地处无为县西部，永安河横贯南北，水源充沛，水域面积广阔，河、沟纵横，水库、池塘星罗棋布。有山有圩，资源丰富，属亚热带湿润气候，四季分明。

路虽不远，但却是从平原向丘陵地形进发，越往六店，道路上下起伏的幅度越大。我在想，牛王岗古人类遗址附近在当年可能是茂密的森林，古人们在这片森林中开发出一片宜居的土地，生活、经营、繁衍。这块土地一定有它的神奇与独特之处，不然怎么会被我们的祖先看中并开发呢？

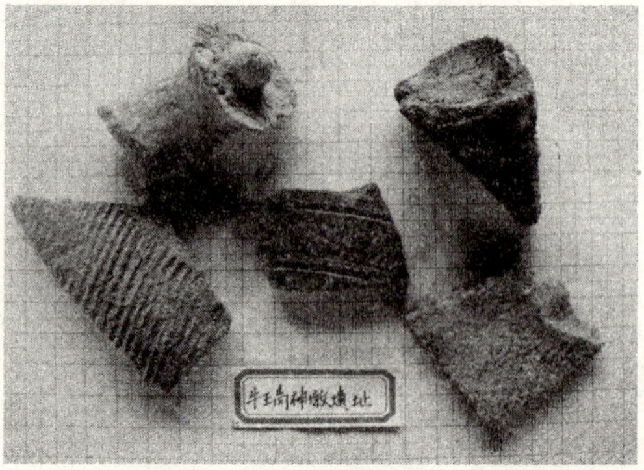

遗址标本

不到一小时的山路，我们便到了牛王岗神墩遗址。它坐落在六店行政村南侧约300米处。该遗址为一块近似圆形的1—3米高的墩形台地，分布面积约3000平方米。在当地，人们称之为“神墩”。它是全国第二次文物普查时发现的，当时定为商周时期遗址。后来在遗址表面采集到绳纹陶罐残片及鬲足等标本，在一姓刘的村民家征集到大小不一的石斧三枚。据这位农民介绍，这是十几年前在遗址上挖出来的。考古专家根据石斧的形制分析，这些标本应该是新石器时代的遗物。所以，该遗址应该是新石器时代古人类居住的部落遗址。遗址是一座丘岗，东侧有一口水塘，与渠道相通，乃是活水。六店至尚礼的公路自南向北穿岗而过把遗址切割成两块，岗子上农民已种上了庄稼。远远看去，遗址是一座小高地，周围有小山岗连绵，似有围护之势。漫步丘岗，粗粗看过，也只不过是一片较高的山地而已，与周围田地相比，并无特殊之处。

石斧

镇文化站的童站长对牛王岗古人类遗址早有研究，他多次到遗址现场勘察，并小有收获。从他提供的图片看，找到了打磨精美的石刀、石斧、陶片，是一些具有明显新石器时代特征的文物。据专家考证，这里确实是一处新石器时代古人类生活生产的遗址。我们到遗址之前，曾经下过雨，所以，在遗址的沟沟坎坎中，也发现了一些红陶和黑陶的碎片。在岗子的南侧，一块火红的土地引起了我的注意。我过去挖了一下，翻出的红土全是大火焙烧过，从中还找到一个红陶器皿的座脚。由此可以想象出这里大约是古人类烧制红陶的地窖，或者是终年不息的火塘，供人们烧水做食物，保存着驱兽取暖的不灭之火。试想，没有足够的温度，不可能把泥土烧成红色，没有足够长的时间，也不可能有如此厚度的红土层。我一面踏勘，一面想象，我们的祖先在这里如何生活、生产。如今，在这块新石器时代的遗址上我们如此近距离,去体会当年无为古人类创造文明的情景,是多么有意思的事情!

大约两万年前,最后的冰河时期渐渐过去,居住在无为这块土地上的古人类从寒冷中走出来,开始慢慢地改变自己的生活习惯。因为气候日益变暖,森林植被蓬勃生长,使采集、渔猎生产有了较大发展。为了在新的环境中能生存下去,新的发明创造不断出现,制作水平比旧石器时代更高。

当年我们的祖先生活的这个地方,应该是一片茂密的森林。六店地区丘陵起伏,河流环绕,原始森林覆盖着大地,林中飞禽走兽,河流中逐浪游弋的鱼类,为人类提供了丰富的食物来源,森林和灌木又为人类提供了取之不尽的燃料。人类在开发出的居住地可以烧窑制作陶器,在居所的中央堆垒火塘,烧烤、煮制食物。终年不熄的火塘成为古人类生活中最重要的基本设施,它可以煮食、烧陶、驱兽、取暖,这也是人类文明的根本体现。

另外,我们的祖先在林地被开发的前提下,为逐渐发展的农业开垦更多的土地。人口的增加,食物多样化的需要,渔猎已不能满足部落的需求,于是,种植业、养殖业也逐渐地产生、发展。从遗址发掘的文物来看,从打磨精美的石刀、石斧等磨光石器到红陶灰陶绳纹陶片,牛王岗的古人类部落已经有了生产、经营的分工,已经产生了最早的工具制造者,制陶烧窑者。可以想见,部落生产的工具除一部分供本部落使用之外,可能还将剩余的产品与其他部落交换,换取自己部落急需的用品或食物之类。如果在发掘的文物中有石梭之类的话,那牛王岗的先祖们就可能会用树皮、麻、桑等植物纤维,纺织出粗布来遮体保暖。这是人类进化史上了不起的成果。

牛王岗神墩遗址发现后，专家根据文物的特征，认定它是新石器时代古人类居住地，列为县级文物保护项目，并立碑保护。从遗址的规模推测，该部落的人口百人左右，而且文明程度较高。我们的先祖在这块土地上，开始从事农业和畜牧业，收获植物的果实和种子加以播种，期望收获更多的产品，并驯养野生动物以供食用。他们不再只依赖大自然提供食物，因此食物的来源变得稳定。同时，农业的发展也使人类由逐水而居变为定居，节省下更多的时间和精力，用于其他的创造和经营。在此基础上，先祖们生活得到进一步的改善，开始关注歌舞、绘画等文化事业的发展，迈出人类文明可喜的新的一步。

在遗址的高墩上，我和同事们思考着，议论着，大脑在天马行空地想象。当年，我们的祖先们在这块神奇的土地上生活、劳动，一定是充满了欢乐的，欢乐中又有生活的艰辛，他们筑巢为屋，遮风避雨，终年不熄的火塘为他们取暖、煮食。取之不尽的石材为他们制作工具，细腻的陶土和丰富的薪柴为他们烧制陶器。女人哺育子女，操持生计。那时，他们尚未形成家庭，而以部落群居，大家有福同享，有难同当。在部落中尊老爱幼，老人们得到赡养，孩子们得到抚育。部落里相亲相爱，过着原始的共产主义生活。白天，部落的男女分工劳作，为生活而操劳。夜晚，月色朦胧，部落中的青年男女们相约在花前月下，森林之中，“窈窕淑女，君子好逑”。他们会用原始的五音阶来歌唱，用美丽动人的情歌来吸引自己钟爱的配偶。他们在河湖中洗浴、畅游，洗去一天劳动的疲惫，感受大自然的宽阔胸怀，用河湖之水按摩健美的体魄。这里没有钩心斗角、尔虞我诈，有的是他们对美好生活的朴素向往。他们的期望就是多多捕猎林中的野兽和河中的鱼虾，多多收获刀耕火种得来的粮食，让整个部落的人们得到精神和物质的享受，得到生活的满足。

我在遐想，居住牛王岗的先人们，一定是我们无为人的先祖，也是长江流域今人的共同祖先。他们优秀的基因传承下来，使我们无为人充满了创新与冒险精神，无为人的聪明才智、吃苦耐劳、敢为人先的优秀品质，难道不是像牛王岗部落这样的先人们留给我们的宝贵财富吗？我想，这些先人是我们无为人真正的根，是值得我们世代祭祀的人文之祖。

牛王岗神墩遗址的发现和发掘，充分说明我们无为这块土地是人杰地灵的宝地，是长江流域人类文明史的发祥地之一，我们应该为之而自豪。

遗址远眺

驾邑遗址在襄安

李俊平

无为古为水乡泽国，通江达海，水运交通便捷，殷商时称濡。地形是山环西北，水聚东南。昔日，无为沿江地带，水患成灾，无风三尺浪，汪洋恣肆；秋冬水退，芦花飘絮，鱼肥蟹鲜。纵观历史，春秋时，无为没有乡镇建制，二坝、汤沟、陡沟、白茆、泥汊、刘渡、高沟及上下九连圩大片土地都处于长江水浸之中，别说建邑，就是居住也很艰难。而当年楚国所建驾邑，只能建在江边高地上，别无选择。笔者通过对无为境内古遗址、古墓群、古建筑、古战场、出土文物进行篦式筛选论证，同时还寻觅了当地一些德高望重且知识渊博的老同志进行座谈，捕捉信息，揣摩推理，认为符合驾邑条件的唯有今襄安罾山。

由于无为建县的历史相对较晚（1070），现在不少人误认为无为历史不足千年，殊不知驾邑、鳌邑两城是春秋时期的产物，距今已有2500年以上的历史。目前在无为找不到"两邑"建城遗址的蛛丝马迹，因而其是否真实存在遭到猜测质疑；笔者认为襄安罾山"白鹤观遗址"，就是"驾邑"的最佳建造地点。理由有三:一是襄安罾山，古时江水直达山脚，水陆交通便捷，适合南来北往的商贾贸易。二是罾山顶上面积大约9万平方米，先民择水而聚，符合古代建房规则。三是罾山地处沿江高地，视野开阔，便于监督江面军情。由于春秋时期是战乱年代，竹简刻字无法久存，加之无为史志中没有记载先祖们在驾邑、鳌邑活动的轨迹，所以无法判断驾邑、鳌邑的准确遗址。但《左传》中的相关记载以及襄安白鹤观遗址和出土文物恰恰可以补充无为史志书中的缺失。

现存的白鹤观遗址高10多米，东西宽、南北长均约300米，遗址北坡倾斜，人们可顺台阶逶迤而上，中间地势平坦，极为壮观，远远望去，如同城垒。从遗址的西北部暴露出成层叠压的汉代绳纹与麻布纹瓦片来看，笔者及一些专家都认为这个高台很可能就是楚国驾邑或汉襄安县治所遗址。因唐代曾于此建立过白鹤观，故命名为“白鹤观遗址。”

根据近年无为考古发现，白鹤观遗址周边地下埋着大范围古墓群。如程家墓、平头山、鹞子头、大壑口、金鸡村等墓群。

1998—1999年，无为县文物管理部门先后4次对襄安镇甘露村四座汉墓进行抢救性发掘清理，出土文物百余件。四座墓葬均为长方形土坑竖穴墓，为一棺一椁，文物中陶器数量最多，陶器又多为泥质灰陶且表面涂黑衣，有鼎、器座、器盖、环等。陶冥币有郢称、金饼、半两钱等。还有铜器、玉器和漆木器等，铜器有鼎和镜、铜鼎，其中三弦钮四山字纹镜系战国晚期青铜镜，国家一级文物，直径13.8厘米，圆形，从钮座的四角延伸出8个花瓣，通体乌黑发亮，光彩照人。三弦钮蟠螭纹镜系西汉青铜质，直径14.4厘米，国家一级文物。还有铜剑、铜勺。漆木器有木篦、梳、漆奁、耳环等。四座墓葬都出土了带有典型楚文化特征的陶器、漆器，据推测，个别为战国晚期至西汉早期墓葬。据无为县文物管理所提供的资料显示，2016年5月，一次工程施工取土过程中，在无为县开城镇许洼村西侧，离驾邑约6公里，发现西周晚期一座古墓，出土青铜器二十余套，三十六件珍贵文物，其中青铜编钟、青铜鼎最为珍贵，为追溯无为历史提供了有力的证据。另外，襄安汤激老先生通过毕生的精力，收集各类古物约千件，西周时期陶器居多，战国时期青铜镜类约50件。同时，无为县还先后出土九件国家一级文物。这些遗存和古墓及出土文物为追溯无为县历史提供了大量的佐证，同时也印证了长江中下游无为与凌家滩先民们的活动痕迹，并提供了宝贵的资料。

从地理区域分析，无为与凌家滩仅一河之隔（古称濡须河，今称裕溪河）。在河对岸，还发现一片被山岗环抱的约40平方公里半封闭区域内，还有6处以上是新石器时期遗址，与凌家滩遗址遥相呼应，这是一个明显的聚落群，可能是凌家滩另一支血脉近亲的移民。鉴于该地区尚未开发，地下究竟埋藏哪些宝物，笔者不敢妄加蠡测。在漫长的历史长河中，由于天灾、生活环境、人口密度、物质匮乏等因素影响，凌家滩及濡须河北岸先民们只能不断地对外拓展，寻觅新的住宅。而沿江地带的一些土地就是他们安居乐业的最佳场所，他们在这里开荒渔猎营造家园。

目前无为发现的古遗址和出土的新石器时期文物与凌家滩的遗址和文物如出一辙，可见彼此间的关系。凌家滩先进的生产技术为无为的水稻生产、玉石雕刻以及农业的发展起到了穿针引线的作用，其文明程度得到了空前提高。无为从新石器时代，历经夏、商、周三个朝代约2000年的嬗变，境内的农业生产、纺织业、畜牧业、餐饮业、商业贸易在巢湖流域都是佼佼者，技高一筹。驾邑、鳌邑逐渐成为无为经济贸易中心，市场繁荣，民丰物阜。正是因为其优越的地理环境，春秋时期，无为地区深受吴、楚两国青睐，成为两国争夺的焦点。

秦始皇统一中国后，因该地人口密集，商贾如云，物华天宝，钟灵毓秀，在罾山顶上始设襄安县。根据襄安中学80多岁的胡厚斋老先生介绍，他说襄安罾山历史上面积南北长度各300米，约9万平方米，曾任清代云南、湖南、广西巡抚的潘鼎新罢官后，移居无为。八子中有一子擅长经商，他发现襄安水陆通衢，商业昌盛，米市繁荣，日进斗金，便与李鸿章三弟李鹤章的后裔在襄安囤粮建仓开粮行、盐行，曾挖掉罾山半个角（今为襄安国家粮库）。加上襄安集镇逐年扩建从罾山取土回填，周边村民建房噬食，现今罾山面积只有7万5千多平方米，但仍高出地面十余米。过去人们找不到驾邑遗址，可能便是忽视了罾山顶上曾有约9万平方米空间，这也许就是灯下黑吧。

襄安罾山图

“南有鸠兹，北有驾邑”典故何来

李俊平

鸠兹乃吴国沿江重镇，驾邑也是楚国沿江良邑，此地史称吴头楚尾，吴楚双方长期隔江而治，争战不休。公元前570年(鲁襄公三年)春，楚共王为报复以前吴国8次攻楚之仇，派令尹(国相)子重倾全国精锐之师攻打吴国。这一次楚军兵强马壮，士气昂扬，快速跨过长江，一路势如破竹，一举攻克鸠兹(芜湖东南25里)，又直逼衡山。初战告捷，子重召集众将问计，形成两种意见，一是走水路，二是走旱路。子重决定派遣骁将邓廖率领300名身穿组甲的车兵(约100辆战车)和3000名身穿披练的步兵(超级精锐部队)走旱路，深入吴国腹地衡山讨伐，自己则率领大部队随后跟进。其时，吴王寿梦长子诸樊，得知江东要塞失守，十分震惊，急调沿江部队在衡山(今马鞍山东南)张网以待，依计瓮中捉鳖。吴军凭借紫金山、牛首山、栖霞山、茅山等地森林茂密、山路崎岖的有利地形，拦腰截击入侵楚军。吴军拿着青铜铸造的戈、矛、戟、剑等利器，横冲直撞，势不可挡。楚军战车顿失作战优势，反而成了逃亡的累赘，主将邓廖当场被俘。楚军只剩下80名车兵和300名步兵侥幸得以生还。子重得到前方失败的消息，慌忙从鸠兹撤军。为了挽回颜面，他在总结对吴作战表书中，只言掳获，不提衡山损失。楚王以为子重凯旋，按照惯例在郢举行了“饮酒”典礼(祭告宗庙并饮酒庆祝)。孰料，子重撤军在前，吴军疾跟其后，事隔三日，吴军乘胜过江，顺手牵羊，夺回驾邑。《左传·襄公三年》记载：

“驾，良邑也；邓廖，亦楚之良将也”。赵群生的《春秋左传新注》中写道：“驾，楚地，在今安徽无为县。”清嘉庆《无为州志》也指出：巢即居巢，驾、鳌二邑在无为县南面滨江地带，虺在庐江县境内。根据相关史料推断，襄安罾山遗址应为楚国良邑驾城。驾，有战车的含义。古时候军队打仗，主要靠兵车多，士兵强悍，马匹精良，来决定战争胜负。战车是战争中克敌制胜的利器，战车数量是衡量一个国家强弱的标志。晋、楚两国拥有近五千辆战车，像秦、齐等国也有二三千辆战车之多，千乘之国才有资格参加争霸战争，后期吴国因为掌握战车制造技术和熟悉战车战法技巧，才一跃成为东南一霸。

驾邑是长江中下游一个商贸开发程度较高的良邑，该区域人口集中，政治、军事、经济、文化基础扎实。且土地肥沃，一马平川，盛产水稻杂粮，鱼肥猪壮。得天独厚的交通条件将本地、外地的货物源源不断地运往全国各地，换取货币。驾邑经过楚国的多年经营，生产发达，人口众多，商贸繁荣，粮仓爆满，税库充盈，已成为当时天下上等的城邑；而邓廖也是楚国一位杰出的军事将领，楚王得知楚折将失地大为震怒，朝野舆论哗然，普遍认为，子重在这次战争中，失去了良邑，又损失了良将，虽然攻下了吴地却不能固守而放弃了，实在是得不偿失。在一遍责备声中，子重心里很难受，寝食不安。子重名婴齐，楚庄王母弟，一生征战无数，功勋卓著。他率军出征近30年，从未出现损兵折将的重大失误。面对全国上下责难，子重既愧且愤，有口难辩，以致心疾发作，不久病死在返回郢都的路上，吴楚在驾邑第二次战斗中以楚败告终。

此次，“南有鸠兹，北有驾邑”的沿江战役，成为脍炙人口的历史佳话，千古流传。

姚沟古战场故事

李俊平

史称，春秋无义战，而在庸浦即今姚沟区域，却爆发了一场正义保卫战。公元前559年(鲁襄公十三年)，楚共王秋季去世，国家忙于办丧事。吴王诸樊认为机会来了，派宗室公子党率江东精锐吴军，从鸠兹渡江一路西行，攻破鳌邑，很快到达楚国庸浦，大举发兵围攻楚驾邑，沿线烽烟迭起，消息很快传到楚国。新即位的楚康王火速派大将神箭手养由基率军迅速到达庸浦迎敌(养由基，楚国大夫，相传能百步穿柳、百发百中)，大司马子庚率领援军紧紧跟进。养由基献计说："吴国趁我国正在办国丧，料定我国无暇出兵抗击，一定会轻视我们而不存戒备防范之心。我们可将计就计，由你率兵设下三道伏击圈灭之，我带部队上前迎敌，引诱他们进入伏击圈。"他俩分头行动，这个伏击圈是设在庸浦(无为县东南滨江之地，即姚沟与襄安区域)。再说公子党来到庸浦后，发现养由基手下人马不多，立即亲自带队向楚军发起攻击，企图先以声夺人之势一举拿下庸浦。双方交战不久，楚军寡不敌众，于是养由基断后，且战且退。公子党见此情形，以为胜利在望，快马加鞭催促将士加紧追击。突然，随着一阵震天鼓响，楚军伏兵从左、右各处潮水般地向吴军涌来，养由基及其部众也转戈反扑追兵。结果，吴军阵脚大乱，溃不成军，楚军横扫千军如卷席，吴军人马几乎悉数被歼，主将公子党则成了楚兵的俘虏。这次庸浦战役，吴国军队受到重创。宋太学博士李石在《方舟集》卷二十二中评价此战："丧者，人之大戚，天亦知哀之，况于人乎?"李氏认为吴国不行仁义之师，战争失败是咎由自取。

《无为集》与杨杰

刘晓明

《四库全书》中，收录了一部北宋名士杨杰的诗文集——《无为集》，作者杨杰是无为的一位名士。

杨杰，字次公，号无为子。他在北宋仁宗嘉祐四年(1059)考中进士，宋神宗元丰年间任太常，宋哲宗元祐、绍圣年间(1086—1097)任礼部员外郎、润州(镇江)州官、无为知军、两浙提点刑狱，卒于任上，享年70岁。他一生的创作非常丰富，但大多数散落丢失了。约半个世纪后，到南宋高宗绍兴年间(1131—1162)，无为知军赵世粲仰慕杨杰文才，“积两岁之力”努力搜集他的作品、文章，编成《无为集》，使之传世千古；清乾隆四十四年(1779)，《无为集》被《四库全书》收入集部之中的别集。《无为集》共15卷，其中分赋2卷(古律赋、律赋共13篇)、诗5卷(古诗、律诗、绝句共162首)、文8卷(序、记、杂文、表启、碑志、墓志、行状、表述、奏议共92篇)。

从集中我们可以看到杨杰在公务之余的大量时间，与青山为友，与绿水结亲，“在家头陀无为子，久与青山为弟昆”(苏轼《介亭饯杨杰次公》)。他曾西登皖西天柱山，南临江南桃花潭、东游牛渚(采石矶)水府洞，北渡浩渺巢湖面，还曾远涉嘉兴、太湖、南粤惠州、东岳泰山。丰富的游历，充实了他的诗赋。他的文学作品，立意广阔，色调明快，语言形象生动，感情真挚奔放。如他描写惠州的《丰湖歌》：“昔年霹雳轰蓬莱，六鳌踉跄海面开。一峰崒屼九霄落，万里怒潮推拥来。……近闻更有丰湖好，环匝亭台映洲岛。野叟忘机鸥鹭闲，寒潭无浪蛟龙老。”诗中之山突兀神奇，之水妩媚多姿。《沧浪亭》：“沧浪之歌因屈平，子美为立沧浪亭。亭中学士逐日醉，泽畔大夫千古醒。醉醒今古彼自异，苏诗不愧离骚经。”《太白桃花潭》：“桃花潭似武陵溪，太白仙舟去欲迷。岸上踏歌人不见，年年空有鹧鸪啼。”

他对家乡充满爱意，笔端之下洋溢热情。如他写家乡无为的《秀溪寒食》，将锈溪公园里的楼台亭阁、无为的绣水芝山描绘得淋漓尽致：“十里喧阗锦绣川，秋千人健趁飞鸢。花明柳暗丹青国，日薄云浓水墨天。游女践成芳草径，画船冲散碧溪烟。武陵谩说桃源好，屈指如今几百年。”

因为杨杰在礼部曾经任职，他敢说能干，精通乐律，常常亲自谱曲，为朝廷大典之用；不惧权贵，常常为维护封建礼仪道德而奋力争辩。我们在集中还可见看出杨杰的工作业绩，如文《上言大乐七事》《堂上钟磬议》等。《宋史杨杰传》称其为“一时礼乐之事，皆予讨论”。

在集中，还有许多与当时名人王安石、苏轼、欧阳修等人唱和之作，可见他们交往甚密，如诗《和酬子瞻（苏轼）内翰赠行长篇》：“云涛拥开沧海门，鼓鼙万叠鸣江村。仙翁引我峰顶望，耳目惊骇难穷源。黄金铸鲸为酒樽，桂浆透彻水雪盆。吴歌楚舞屏不用，夹道青玉排云根。经纶事业重家世，昔闻父子今季昆。九丹炼就鼎灶温，刀圭足以齐乾坤。我行欲别湖山去，为我索笔书长言。照乘不假明月珠，自有光焰生轺轩。”

杨杰辗转仕途，正是王安石变法之时，朝廷的党派斗争激烈，政局反复无常，这使他十分无奈与厌倦。为了远离政治漩涡，他醉心自然，爱好山水，自高清静无为，因此以“无为子”为号而自诩。

杨杰与米芾同为当时名士，兴趣、爱好相近，仕途坎坷相似，大有英雄惜英雄的情感，不时也有些照顾。米芾痴爱奇石，曾有“私而忘公”之嫌，遭同行嫉妒告发。据《宋稗类钞》载：米芾守涟水知军，涟水地接灵璧，蓄石丰富，米芾一一品鉴后，沉溺其中，终日不出画室。杨杰当时为上级监察官员，接到举报，前去察看，一见面就正色训诫曰：“朝廷以千里之邑付公，那得终日弄石，都不省录郡事。”米芾上前，于左袖中取出一石，嵌空玲珑，峰峦洞穴，皆具特色，极清润宛转，翻覆以示杨杰曰：“如此石，安得不爱？”杨杰不屑一顾。米芾收回袖中，又拿出一石，叠璋层峦，奇巧又胜，又收回袖中。米芾最后取出一石，天划神镂之巧，顾杨杰曰：“如此石，安得不爱！”杨杰终于忍不住说道：“非独公爱，我亦爱也。”从米芾手中攫得之，径登车去。一场“玩石忘公”案，随之迎刃而解。

又据《竹波诗话》载，米芾酷爱收古帖，一生求索。但是，他只要见到古帖，“好摹易他人书画”，不论字画，必定临摹，然后还给主人赝本，自己则悄悄留下真本。杨杰也曾以此拿他打趣，因此发生一起河豚赝本的故事。当初，杨杰守丹阳（今镇江），米芾过郡留住数日。杨杰作羹以饭之，曰：“今日为君作河豚。”其实是其他鱼，不是河豚，但吃无妨。米芾遂疑惑而不敢食。杨杰笑曰：“公可无疑，此赝本尔。”因以讥之。其行，送之以诗，有“淮海声名二十秋”之句，丹阳前任林中子见之，责怪杨杰戏弄米芾。杨杰笑着解释道：“二十年来，天下何处不知有米颠子耶？”

米芾与米公祠遗址

李俊平

米芾(1051—1107),原名黻,字元章,号襄阳漫士、海岳外史、鹿门居士。北宋著名的书画家、鉴赏家。他祖籍太原,后徙居湖北襄阳,世称“米襄阳”“米南宫”。米芾性情倜傥不羁,举止颉颃,貌似癫狂。米芾“特妙于翰墨”,他藏有晋以来诸多名家古帖,不间断地揣摩临写,博采众长,自成新风。他的书法“沉着飞翥”,真、草、篆、隶、行各体都擅长,尤其是行、草书运笔纵横进锋,点画跳跃猛厉,隽雅奇变,笔力雄健,素有“风樯阵马,强弩射千里”之称。黄庭坚评价他的书法是“如快剑斫之”。宣和年间,米芾在任书画博士时曾与宋徽宗赵佶谈论“北宋四大名家”书法风格,指出:蔡襄“勒字”(意为在石上刻字),黄庭坚“描字”,苏轼“画字”,他自己则是“刷字”。短短数语,将“四大名家”刻画得惟妙惟肖。米芾的临摹功夫亦十分惊人,流传至今的王献之《中秋帖》,据说是出自米芾的手笔。他的书法传世作品主要有《苕溪诗帖》《蜀素贴》《复官帖》《虹县诗卷》《多景楼诗》《向太后挽词》及《草书九帖》等。

米芾的天赋极高,聪明绝顶。书法、作画自成一统,独创“米家云山”,画史有“米派”之称,驰名海内外。他酷爱古书画,临摹的手法高妙到几可乱真的地步。米芾鱼目混珠的赝品画作,常常使一些借画者上当。因此,米芾收藏古字画真品极多。米芾存世有《画史》《宝章待访录》

等著作。还有一件稀世珍品“大白菜”是米芾知无为军时所绘。此画叶嫩菜帮肥，秀姿舒展，形神逼肖，人见人爱。黎阳王太傅酷爱此画，亲撰《爱菜歌》169字，明万历壬辰年(1592)，长至濡须协恭堂刊刻米芾菜画。清康熙乙卯(1675)孟冬，松山李璋镌刻于石，这就是我国著名的“画菜碑”，现镶嵌在无为县文物管理所墙壁上。

米芾不仅擅长书画，而且嗜石爱砚，特别对砚素有研究，著有《砚史》一书，提出“器以用为功，石理以发墨为上”的论点，与当时一些藏砚家的“玩物丧志”不同。《志林》载：米芾得以端州砚石“抱之眠三日，嘱子瞻(苏轼)为之铭”。可见他爱石之深。米芾在无为州任知军，初入州署，发现院内立着一块一人多高大石(太湖石)，通透多窍，形状奇特颇像人形，口、鼻、双臂齐全，见而喜之，曰：“此足以当吾拜之”，立刻整衣冠而拜之，还戏称这块大石为“石丈”。不久，他又听说河岸边有一块奇石，“状奇丑”，便命衙役将其移至州署院内。米芾一见此石，大为惊奇，急令仆人取过官袍、官笏，设席跪拜于地，口中念念有词：“吾欲见石兄二十年矣！”后人建有拜石庭。米芾当年所拜“奇丑石”，实为陨石，今仍藏于无为县图书馆院中，任凭风吹雨打，日晒夜露，冰雪摧残，丝毫无损。

米芾在无为留有不少墨迹，《无为州志》载：城内景福寺有清泉一泓，米芾手书“甘泉如惠山”五字，后人称为太守泉。锦绣溪有一座古色古香的文昌阁，北宋建，匾额为米芾亲书。东门城楼名为明远楼，西门城楼名为稻孙楼，均为米芾题额。南宋叶寘《坦斋笔衡》记述稻孙楼来历：米元章与僚佐秋日宴饮于城楼，遥望田野一片青绿，询问老农：“秋已晚矣，刈获告功，而田中复青，何也?”老农答：“稻孙也。稻已刈，得雨复抽余穗，故稚色如此。”米元章以为“可喜”，因古人亦亟稀罕再生稻，并视为“瑞祥”载于史册。欣喜之下，米芾即大书“稻孙楼”三字，作为城楼匾额。清人刘元玟曾诗咏《稻孙楼》:“清秋和煦宛春温,闲上城楼望湿原,隔岸蓼花红结子,中田禾穗绿生孙。额悬三字风流远,碣宝千年翰墨尊。谁道米家一颠老,乐民之乐见深恩。”如今的无为实验小学,建校之初即为“稻孙楼小学”。《无为县志》载:米芾为民间针灸名医章迪亲书墓碑301字,有米公“平生书法,推吉老碑为第一”的赞誉。由于历史上种种原因,上述真迹都不复存,仅留“墨池”和“宝晋斋”两大遗址供游人怀古恋旧,思念先贤。

墨池,系北宋崇宁年间(1102—1106),米芾知无为军时所凿。池中筑一小亭,亭中一方形石桌,四个石凳,四周可依栏而座,这是他休憩、读书、挥毫的最佳场所。相传有一天夜里,池中的青蛙聒耳不绝,闹得米芾心烦意躁,读书情绪不佳,逐取石砚一方,濡墨写下“上”字,投入池中,蛙鸣顿绝。又大书“墨池”二字,令勒石池边。《无为州志》载,米芾投砚驱蛙后,池水尽黑,因名“墨池”,于是,留下了米芾“投砚止蛙”的千古佳话和“墨池”“投砚亭”的胜迹。明万历三年(1676),赵范知无为州撰《重修墨池记》载:南宋以后,米公手书“墨池”碑石已断残。嘉靖三十二年(1663)修复此碑,立于“墨池”一侧。十余年后,旧址又废。重新修葺的“墨池”岸边砌石,池中筑水心亭,池前垒土山立“墨池”碑。墨池周边栽柳,水中绿荷芳香,有小桥通投砚亭。现池、亭、碑尚存(米芾当年勒石碑已殒,今天保存完好的“墨池碑”为明代嘉靖年间朱麟书)。清朝诗人颜尧揆(无为知州)曾作《七律》诗“初晴步墨池”赞誉墨池。“散衙偶尔步林塘,水满孤亭似客航。竹忽出栏无约束,鹤思冲汉独昂藏。墙倾久雨篱能补,桥湿初晴屐自将。绿柳四围眠复起,欣然人在水中央。”米芾墨池不止一处,江苏涟水县亦有。米芾曾任职涟水军,为官清正,据说离任时,把平时所用毛笔也一一洗净,以示清白。今涟水有米公岛,岛上有米公墨池,池边有米公亭。

闻名遐迩的“宝晋斋”，又名“米公祠”，是安徽省首批重点文物保护单位，也是无为人民引为自豪的珍贵历史文化遗产。《江南通志》载：北宋著名书画家米芾，在无为城中建有聚山阁、仰高堂，又有宝晋斋，后改米公祠，古迹犹存。因米芾为官清廉，勤政爱民，在其离任、去世后，世人感其德政，将“宝晋斋”与米公军邸旧址扩建为米公祠（湖北襄樊也建有米公祠）。“宝晋斋”的匾额是米芾得到王羲之《王略帖》、谢安《八月五日帖》、王献之《十二日帖》及顾恺之的名画《净名天女》戴逵的名画《观音》墨迹后自题于藏书房的，原斋与部分藏品早已毁失。近代在遗址上建起了图书馆、文物管理所，藏书、藏品颇丰。现馆、所内珍藏晋唐以下历代名家碑刻一百五十余方，还有50多位书法家的70余册行、草、篆、隶不同书体的法帖原件，如王羲之的行书《兰亭序》摹本，唐代钟绍京的小楷《临飞经》，宋徽宗赵佶的楷书《题唐十八大学士》，黄庭坚的行书《题画梅花帖》，苏轼《起居帖》，苏东坡与蔡襄的行书信札，元代赵孟頫的行书《前出师表》，明代祝允明的小楷《摹钟元常荐季直表》，文徵明的草书书信，董其昌“小楼刻烛听春雨，白昼垂帘看落花”的行书楹联，清代刘墉的行书《录诗数十首》等。还珍藏米芾篆书《宋真宗御制文宣王赞》碑刻，经董其昌鉴定并题跋为米芾早期的楷书《题阳关图》以及值得一提的行书《炎宋章吉老墓表》拓片等，堪称洋洋大观。这些稀世珍品和孤本，在十年浩劫期间，幸有图书馆干群悉心防护，使得免遭破坏。石刻珍品，如今完好无损的镶嵌在县文物管理所的阅览室墙壁上，为游客提供了宝贵的学习、研究资料，也是验证历史文化发展的有力佐证。

目前，无为县政府调动了社会各方面力量，将“米公祠”修葺一新。新建成的米公祠，是根据清嘉庆年间《无为州志》图录和中国工程院院士、无为籍著名建筑学家戴复东先生的创意而修建，恢复了宝晋斋、聚山阁、红雨亭、竹深处等景点，同时增建无为历代名人陈列馆、文物陈列馆、碑廊等设施。米公祠因其丰富的历史文化内涵享誉海内外，每年港澳台、东南亚、日本、欧美等地众多游客都来此观光，专家、学者、书画界名流常慕名而至，旅居海内外的无为籍人士更视其为心驰神往之地。昔日的“米公祠”，如今大放异彩，它不仅成为著名的文化旅游胜地，还成为安徽省省级爱国主义教育基地。

米公祠

稀世珍宝宝晋斋碑刻

王惠舟

宝晋斋碑刻现收藏于无为县文物所宝晋斋展厅内。文物所前身为县图书馆,此馆始建于1922年,为安徽省首家县级图书馆。馆址就是北宋崇宁年间大书画家米芾知无为军时所建宝晋斋。

米芾于北宋崇宁三年(1104)至崇宁五年(1106)知无为军,历时两年半。当任期间,他把收藏的晋代大家王羲之的《王略帖》、谢安的《八月五日帖》、王献之的《十二月帖》等珍贵法书勒石陈列于宅邸内,自己欣赏和供人临摹学习。命其宅名为"宝晋斋",制成匾额,悬挂门首。同时他还书写了"宝藏""墨池"两帖,勒石立于大门两侧。一时间,慕名至宝晋斋观瞻碑刻藏品的人士趋之若鹜。

米芾作为一代书画大师,首开变藏品为展品之先河,对无为文化发展和书画艺术传扬作出了贡献,不仅功在当时,且惠及后世,不愧为千古流芳的一件大好事。

米芾还在斋前凿有"墨池",池中建"投砚亭",池北立"丈石"又名"拜石",每日必抱笏拜揖。因为米芾任职无为期间,政德昭彰,万民敬仰。其离任后,县民即将宝晋斋冠名为米公祠,以作为对米公永远的纪念。于是米公祠成为集书法碑刻、园林风景、人物纪念于一身的独具特色的历史胜迹。

光阴荏苒,在漫长的历史岁月中,由于种种原因,米公祠碑刻难免遭到兵灾伤损，也偶得修葺和增益。两宋期间，无为军后守葛佑之和任无为通判的曹之格，先后根据米芾拓本对损失的进行重刻并增加了晋人法书和米氏父子墨迹多种。及至明清，也曾两次重修宝晋斋。其中州守张琨玉亲自楷书“宝晋斋”勒石，并传至今。光绪年间知县丁峻新建米公祠二楹，又搜集米公遗刻“墨池”“白菜画”存入斋内。

1922年，无为县以米公祠为基础，建立了全省第一个县级图书馆。从此，米公祠、县图书馆两位一体。宝晋斋及其碑刻成为其中的重要组成部分。

新中国成立后，宝晋斋碑刻仅存36方，房舍也破旧不堪。1950年，早就投身革命的知名人士王试之担任了馆长，大力整修馆舍。同时，面向社会，广为征集民间各类碑刻。幸得居住无为的庐江籍人士、清四川总督刘秉璋私宅遗存历代名家书法碑刻105方。县文化部门和王试之馆长经过认真规划，将碑刻嵌砌入馆舍回廊，定位与人体同高，碑面与墙面平齐，碑面全部加黑，阴刻字身宛如新凿。整装完毕，碑刻面貌一新，尤显端正、严谨、清秀、高雅。参观者近如县民、专家学者，远如境外各地客人，都十分赞赏。

整修后的米公祠(图书馆)，三进平房馆舍，自南向北依次是宝晋斋阅览室和碑刻回廊，办公室和借书处，书库。各幢馆舍前后都有院落，设有花圃。二、三进平房中间有风雨走廊相连，院西有拜石。第三进平房后面是一个小竹园。整体环境很有江南园林风貌，是全城最漂亮幽雅、讨人喜欢的场所。新中国成立后，县政府首任县长潘效安特撰《嵌修无为碑刻序》。他说此举是“供人民观摩以保存古代文化”，“非敢谓兴复名胜不过聊作引导之先驱耳”。米公祠连同国宝级的宝晋斋碑刻获得新生。

宝晋斋现拥有约150通书法碑刻。这些作品分别出自唐宋元明清五个朝代数十位书法大家之手。他们当中有钟绍京、米芾、苏轼、黄庭坚、赵佶(宋徽宗)、文天祥、赵孟頫、沈周、董其昌、祝允明、刘墉、梁同书等。他们的作品,是中华书法中的精品。但米芾最初收藏于宝晋斋的晋代二王一谢书法碑刻早已不存,非常遗憾。

1966年进入"文革"时期。当年秋,红卫兵走上街头大破"四旧"(旧思想、旧风俗、旧文化、旧习惯),县图书馆当时新建二层楼馆舍刚刚竣工。施工拆下的众多碑刻全部堆放院中。红卫兵若闯入馆内,这些碑刻就会被当成"四旧"而彻底毁灭。形势极为严峻。时任馆长的巫继仑当机立断,带领馆员方时生、倪锦文、朱大刚采取紧急措施,请来建筑工人,关上馆门、昼夜施工,三天内把150多通碑刻全部砌入平房墙壁内,粉上石灰,外观毫无破绽。施工刚结束,红卫兵就闯进馆内破"四旧"。但查无所获,只得无奈退去。巫继仑等同志以对国家对人民高度负责的精神,甘冒极大的风险,保护了这些古代书法碑刻,实属英雄之举。

进入改革开放时期,县委县政府把加强文化建设摆上议事日程。20世纪90年代后期,在参照史料基础上,无为县重新设计建造了米公祠,使其总面积达17000平方米,归属县文物所。县图书馆已迁至新址。如今,米公祠(即县文物所)内,米公祠、聚山阁、杏花泉井、墨池、投砚亭、宝晋斋、藏书楼等构成一个典雅、幽静、文化底蕴深厚的景区。其中的宝晋斋碑刻庄重、安详地各居其位,展示着千年古县悠远的文脉、激励着后人汲取优秀文化营养,书写文化建设更加宏伟绚丽的新篇章。

稀世珍宝宝晋斋

碑馆与刘秉璋

汪祥贵　李俊平　刘尧明

无为县米公祠碑馆，有一楹联："小楼刻烛听春雨，白昼垂帘看落花"，这是明代礼部尚书董其昌所作。该馆现为文物所，藏有清末四川总督刘秉璋从全国各地搜罗历代名家碑刻130余方，在馆内建起"碑廊"，供游人欣赏。"文化大革命"中，为防止珍贵文物遭破坏，馆中人员将其移嵌在屋内墙壁上，涂以石灰泥，并以"造反派"名义封存门户，始得保全，现为文物所一绝。

刘秉璋(1826—1905)，字仲良，庐江矾山镇砖桥人。出身书香门第。咸丰十年(1860)中进士，选为庶吉士，授编修。

同治元年(1862)入淮军赴上海。初，曾国藩见刘秉璋，大器之。次年转战江苏福山、太仓和浙江的嘉善等地，镇压太平军；后又驰骋苏、皖、鲁、豫、鄂五省镇压捻军。授江苏按察使、山西布政使(未到任)、江西布政使。光绪元年(1875)任江西巡抚，光绪四年(1878)以乞养老母辞职回家专事农桑。

光绪八年(1882)又被起用，任浙江巡抚，当法军侵占越南，继而侵犯我东南沿海时，他于宁波设立海防营务处，加强统一调遣，布置沿海防务。光绪十一年(1885)三月，法舰突入鲛门，他命守备发巨炮，击伤法舰两艘，法舰败逃金塘山。几天后，法舰又犯虎蹲山北，再痛击之，火炮击中要舰，法将迷禄当即毙命，法舰仓皇驰逃，不敢再来犯。但法军贼心不死，又以小轮窜犯宝山口，他命众将选勇士组织敢死队击之，法军伤亡惨重。镇海之役，计击沉法舰一艘，重创三艘及火轮、小船多只，给侵略者以沉重地打击。“镇海之役”中国获得全胜，取得了中国近代史上唯一的一次近海保卫战的胜利，维护了国家的尊严。

在浙江巡抚任上，刘秉璋自题巡抚衙署公堂的对联足见其书生意气：“堂上都是过中人，十数年辛苦风檐，敢忘畴昔；阶下岂无天下士，诸君子飞腾云路，莫负科名。”

光绪十二年(1886)，刘秉璋任四川总督，查办遗留的“重庆教案”。因美、英教会强行占地建教堂，民众反对。教会组织武装杀伤30余人，激起民众公愤反教会，焚毁教堂，散发传单，揭露美、英帮助日本侵略中国的罪行，使美、英教会更为不满。教会关押、杀害儿童和民众，践踏中国主权，激起川西11县民众起来反教会。刘秉璋在查处中，处死杀人凶手和闹事首领，未镇压群众，美、英传教士不满，纷纷致电清政府，要求惩办刘秉璋。腐败无能的清廷迫于英、美、法公使要挟，将刘秉璋罢官归里。他在《归田自述》中不无感慨地写道：

元龙意气昔何如，荏苒光阴付子虚。政绩不登循吏传，文章岂有茂陵书。死犹腐草萤光点，生比寒花蝶梦苏。壮不如人今老矣，片帆东去啖鲥鱼。

望见蓬庐喜欲颠，弟兄慰问笑喧阗。豪赀富拥书千卷，醉态狂歌诗一篇。清白差堪贻子姓，烧丹何必学神仙。兴来沽酒招朋好，斫脍烹雌足俸钱。

刘秉璋归里，家居十载。光绪三十一年(1905)七月二十三日，刘秉璋过完八十寿辰，溘然长逝。逝后，由于两江总督周馥的疏奏，清廷准其“复官，予优恤，建祠”，谥号“文庄”。葬于庐江万山镇，为群山环抱，绿树掩映。刘秉璋以翰林而将兵，讲经史而切用，虽然屡建奇勋，而不废讲学著述。刘秉璋曾于1868年左右，在无为县购徐姓屋居住，原有一楼，悬挂榜额“远混天碧”，因此称之为“远碧楼”，专为藏书之所。刘秉璋生平不置产业，唯喜读书，藏书非常丰富。他常常说：“我在淮军中，爵禄皆不如人，独家中藏书数万卷，自信他人无有，可称第一。”刘秉璋不但藏书丰富，而且著述繁多，有奏稿、函稿、电稿、批牍、诗文、小品、笔记、日记及政典、礼典、方舆等，计有24种，共190多卷。其《刘文庄公奏议》《刘文庄公文集》均传世。他一生淡泊名利，十分重视教育，曾会同吴长庆、潘鼎新等为家乡捐建了三乐堂书院、南京庐江试馆，还在庐阳书院、敬敷书院、崇文书院设立助学金，培养了一大批有用之才。特别值得一书的是，刘秉璋回故乡，安居无为县城，其时，带回了晋唐以下历代名家碑刻100多方，现存于米公祠内，其中有宋徽宗、黄庭坚、董其昌等众多名家书刻。无为县文物管理所对部分碑刻进行编纂，先后出版了数卷《宝晋斋碑帖选》，为宣传无为历史文化增光添彩。

状元邢宽与无为古城墙故事

童毅之　秦　航

“邢宽只是旧邢宽，朝占龙头夕拜官；寄语黄堂贤太守，如今却是鳖牙酸。”这是邢宽所作一首讽刺黄堂贤太守的七言诗。

明初，新一轮科考又要开始了，无为学子邢宽准备进京应考。邢宽在府学的成绩还是挺有名的，但在乡试中的成绩并不太突出。一天，知府在同人议论这些举子们谁有可能中进士时，说到了邢宽，顺嘴来了这么一句：“邢宽啊，就像一瓶不酸的醋。”讥笑邢宽水平不高，未必能考得上。这话很快传了出来，邢宽听到后，刺激很大。此后他更加努力勤奋，并发誓，“不吃馒头争口气，自己一定要考出个好样子来”，没想到这一考竟然考中了状元。

邢宽自幼颖慧，力学不辍，明永乐二十二年(1424)殿试，大臣本来“初拟孙曰恭”，当时竖着书写，曰、恭看着像“暴”字。永乐大帝是发动政变坐上皇帝宝座的，对这个字过敏，以为“不吉”；往下看第七名，却唤作“邢宽”，谐音是“刑宽”，意味着仁政，很喜欢，因此钦点邢宽为状元。邢宽取状元后，官授翰林院修撰。后升南京侍讲学士，署国子监监事，景泰五年辞世。

话说放榜后，在成祖皇帝亲赐的“恩荣宴”上，徐皇后认识了邢宽。经过接触，佩服邢宽才华横溢，文学水平超尘拔俗。于是，常常请邢宽进宫,在一起谈今论古,开阔眼界。

一日,两人正在畅所欲言,气温陡然下降,邢宽冷得直打战。徐皇后偶然想起箱子底下,还有一件为成祖皇帝绣制的长袍,拿出来让邢宽御寒。谁知,邢宽一穿,十分得体,不大不小,不长不短。徐皇后一高兴,便将长袍赠送给了邢宽。不久,邢宽家中来信,父亲重病缠身,速回家尽孝。邢宽是位孝子,将实情呈报成祖皇帝。得到成祖皇帝恩准后,邢宽准备回家。

离开南京城那天,成祖皇帝为了显示仁爱,竟然携徐皇后为邢宽送行,一直送到皇城外道别。邢宽感激涕零,依依不舍。突然又想起与徐皇后在一起度过的欢乐时光,还获赠了亲手绣制的漂亮长袍,忍不住回过头来,深情地再看一眼徐皇后。这对成祖皇帝可是奇耻大辱,成祖皇帝恼羞成怒,柔中有刚地问道:“卿还有什么事吗?”一看这架势,邢宽吓出一身冷汗,成祖皇帝心狠手辣是人人皆知的,不知要如何处置自己。邢宽急中生智,马上跪拜回答道:“皇城的梅花垛子墙,坚如磐石,气吞山河,真乃我主万世基业之象征也。自从在京城为我主效劳,对皇城的城墙也有深厚感情,今日离去,想再多看一眼朝夕相处的城墙,乞陛下恕罪。”成祖皇帝受到一番赞颂后,喜上眉梢。笑着答道:“卿既然酷爱皇城梅花垛子墙,朕赏你十万银两,回家乡建造一个就是了。”邢宽千恩万谢,带了赏银,险离京城。

回到家乡后,邢宽不敢怠慢。根据成祖皇帝的圣旨,请了能工巧匠,按照皇城的样式,建造了无为县城的梅花垛子城墙。这在周边县城城墙中是独一无二的,也是邢宽为无为县家乡人民做出的贡献。

邢宽被提为状元,看似运气,实则源自其自幼颖敏好学,“居家孝友”。明成祖朱棣召见他时,询及祭祀、兵戎等策,皆应对中肯,考究详明，故而成祖钦点他为“三甲之首”。邢宽日后居官时，也因“立朝正直”而深受成祖及其同僚的敬重。历史告诉我们，只要有真才实学，廉洁奉公，大公无私，为国为民，人民是不会忘记他们的。

无为古城墙

矾矿遗址探秘

王定平

坐落在无为县西南边陲三公山，距县城56公里境内杨树岭下的矾矿遗址，已有数百年的历史，它是自然形成于世的景观，也可说是老祖先留给后人的一笔丰厚文化遗产。

据《无为州志》记载，在我国南宋时有韶州的岭水、信州的铅山、无为州的昆山三大矾矿，以昆山矾场为盛，而且明矾产量跃居南宋之首。十三世纪后期，蒙古族统一中国建立了元朝，在全国只有七处采矾矿区。安徽省庐江矾山矿业即是元代唯一的高产矾区，其次是无为的三公山矾矿，均算是纳税大户。

随着明代中期以后，社会经济发展，无为三公山矾矿产量不断增加，但窑工们采用的劳作形式极为简单，不成规模。采掘仍用钢錾子钉在矿石上凿一条很长很深的大沟槽，然后用三五百个重达七八斤的木钎子，将巨大矿石挤劲，每个“大柯”要用400多楔子，才能把这一条矿石裂痕撬开。

此时矾窑的容量，增大到了每窑装10万斤矿石，烧七天七夜，用柴草需要5000多担，按8个人分班轮流操作，烧好后的明矾用铁锤砸碎，堆放在草棚里，储存八个月时间，泼水七至八次，再用三口大铁锅同时煎煮十小时左右，将矾汁倒出放大缸内沉淀结晶，5天后才得起矾，每次出产约2000斤以上的成品矾。之后再加盖厂家“印记”，用竹篓装好，标写“产地”和“重量”，转向市场销售。

明初，商品经济日益活跃，所有“商税”和“关税”征资极高，使厂家负担沉重，不够成本运转，矿业逐渐减弱，因此，放弃了相沿已久的专买产销政策。

后至清光绪年间，政府转放民间，实行“领帖制”，即由业主向政府申请，发帖纳税，并发“许可证”由窑户煎烧矾石出售，这样，业主可自行生产，自行销售，转向个体经营，于是，矾矿迅速发展上百十余户。一时间矾窑、矾场、遍山林立，星罗棋布。但建造器材大体是用竹木架造，覆盖茅草、蔽日御寒的简易厂篷形成了三公山矾矿一道独特风景。从清康熙三十九年（1701）至光绪初，有数百年之久的三公山矾矿产量始终不减，矾质始终保持上乘。来往客商赞曰：“无为三公山出产矾质纯白无瑕”，名传于世。

传说，古时窑工的劳动条件十分落后，又非常艰苦，尤其采矿缺乏安全措施，窑工们采用原始土法攀崖打桩，用绳索把自己吊在石壁上，用铁锤开凿的方式来开采，时常会桩松绳断坠崖，或矿坑滑坡塌陷，人身伤亡事故屡见不鲜。至今，此处矾山仍保存着一处矿口，地势极为险峻，名为“照面壁”。此处抬头可看到松桩排排的斧凿火烧的痕迹，不知世世代代上演过窑工们多少辛酸悲伤的故事。当年古人采矿，削桩为钉，搓麻为绳，壁顶缘索而下，悬于峭壁之上打眼钉桩，其险情不言而喻。附近村庄八九十岁老人们称“大照壁”上一排排木桩为“生死桩”，一桩桩传说，听来实为悲痛。

民国时期，地方又再启动恢复矾矿，这时山下一位德高望重的开明人士王渭川先生，看时局稳定，怀着振兴家乡经济的念头，即去湖北武汉市邀他的好友实业家何玉振、丁云汉来此投资开办矾矿，屡经周折终与地方达成合作协议。于是，招纳技术工人，正式起动开采，当时使用了先进的安全设备，使矿工积极性大大提高，产量更是逐年增长。谁料抗日战争爆发，日本人进攻长江沿岸，而土桥港口码头航运封锁，冶炼的明矾，运销不畅，使得积存矾石不得出口，资金不能及时周转，变成一潭死水，由此停采，剩余矾石堆积像小山包似的，同时，又受长年雨淋日晒粉化，最后全部报废，使人惋惜。

新中国成立后，1956年，实行了全国农业合作化，工业集体化。矾工自己当家做主，成立了无为县地方国营矾矿有限公司。该公司由县工交部主建，以工农大众为主体，公司运用全机械化开采、炼矾，促进了矾业发展，使矾量年产高达数万吨。后至1958年实行人民公社化，掀起了“大跃进”运动，矾矿因为过度开采又一次衰落萧条，至此，矾矿就这样无影无踪地消失，只留下植被遮盖山体。

三公山的矾矿虽是停闭，但它开采和冶炼的悠久历史，形成了它奇特的地形地貌和人文山水风光，令人叹绝。尤其它留下的唐宋元明清多个朝代的古矾矿、古洞穴、古坑道、古炼坊、古茶亭、古园林、古山庄、古驿栈、古寺观、古天桥等十类景点以及十分丰富的地下资源和地上文物，都是老祖先给后人留下的宝贵财富。

随着改革开放，人们物质生活水平不断提高，来昆山游览三公山风光，寻古探幽的旅客，纷至沓来、络绎不绝。当前无为县人民已经认识到这是一笔宝贵的文物资源，正抓住时机，着手对此进行旅游开发。相信这处资源丰富的景点定能带动当地的生态旅游业发展，促进人与自然的和谐相处，从而创造出一片宜居优美的环境，造福后人。

鹤毛乡牛鼻洞

太平天国战场旧址

童毅之

太平天国战场遗址收入无为县文物管理所编制的《无为县不可移动文物名录》第023号，古遗址位于无为县泥汊镇永安行政村大门自然村。该遗址南临长江，北侧为大片农田，东西长约400米，南北宽约100米，分布面积约40000平方米。

太平天国战场遗址于20世纪80年代文物普查时被发现，当地人介绍说此地曾是太平军江北大营的大门，现在的大门村名即由此而来。早年曾出土过“太平天国制”土炮，1962年被人偷卖。当时遗址上古砖随处可见，古战场战壕亦存残部。随着农村建设的不断加快，遗址上陆续建房形成村落，已难寻古战场的遗迹，只零散地分布着一些清代的砖块。

1853年3月，太平天国攻取南京后，改名天京，并以它作为都城。为巩固天京大本营，6月3日，洪秀全派副丞相赖文光率万余将士西征。6月11日，占领安庆。9月6日，攻占无为，拆除了无为州治、江防府衙等建筑，把建筑材料通过西河，经神塘河入长江，运到南京，用于修建天王府。可以说，现在的南京太平天国纪念馆（原天王府）里的许多木柱材料，都来自被拆除的无为县旧建筑。1956年，在无为县南门外张家亭村岔路口，发现了1859年太平军的一块分路碑。碑高1米，宽0.3米，厚0.1米。碑文为“路右到襄安，左至虹家桥，太平天国己未年梁口”，该石碑现存南京太平天国纪念馆。

太平军攻克无为后，又连克巢县、桐城、舒城等。1854年1月18日太平军攻克庐江县城，当时年仅18岁的孤儿丁汝昌和几位同乡青年参加了太平军。在争夺庐江的拉锯战中，丁汝昌每次都非常勇敢，始终冲在最前面，很得其上司程学启的赞赏。程学启将其视为心腹，“倾怀效能，意气相投”，结下了很厚的友谊。此后的每次作战，尤其在安庆保卫战中，丁汝昌一直奋不顾身，勇往直前，大受英王陈玉成的赏识。若不是随程学启投降清军，丁汝昌或许会成为太平天国后期的中高级将领。丁汝昌后追随李鸿章转治水师，甲午海战壮烈成仁后，埋葬在无为县严桥镇小鸡山。

得知太平军占领无为，清政府派李鸿章建立淮军，于1856年攻克无为。李鸿章因剿灭无为太平军有功而赏加按察使衔，张树声升为知府，李鸿章弟弟李鹤章提升为千总，后升任都司，赐花翎。清军攻克无为这么多人升高官，可见无为战略地位的重要。

1857年1月，太平军在忠王李秀成的率领下，又攻无为，继而克巢县，北进庐州，进行了著名的“三河大捷”，全歼湘军李续宾部6000多人，击毙曾国藩的胞弟曾国华以及文武官员400多人，使太平天国政权得以暂时平稳。

1860年，随着湘军在安庆占得优势，太平天国与湘军、淮军在无为的争夺战更加激烈。

1861年，安庆的太平军被围近一年，粮弹将绝，天京当局决定再从皖南调杨辅清部救援。杨辅清统军于7月下旬自宁国出发，渡江后自无为至桐城，会同英王陈玉成西进，救援安庆。10月，曾国藩之弟曾国荃占领无为，夺取太平军军粮二千石。为了修筑泥汊神塘河军营，拆毁了位于无为十里乡地王阁。程学启因为随曾国藩攻克无为有功，由游击提升为参将。地王阁始建于唐，盛极于宋。宋淳熙年间、明洪武年间曾大规模修建。清军拆了地王阁，把拆下的材料用于修建军营，可以看出无为尤其是泥汊在当时确为太平军和清军较为重要的战场。

1862年12月25日，太平军王洪春部进攻无为，“淮军同知李昭庆、张树声会合自金陵派来之湘军臬司刘远捷、水师曾泗却之”。

1863年3月，李秀成率军拟从无为至巢县，与清军相遇，经苦战退却。

太平军占领无为期间，百姓因为对“长毛”（民间对太平军的称呼，因太平军战士蓄长发，故名）不了解而躲避太平军，但也有些人加入了太平军。其中的童容海、童四海、童隆海三兄弟，后都被太平军封为“开朝勋臣”，朱凤魁成为石达开手下的大将。童容海本姓洪，加入太平军后，因避洪秀全讳改姓。1857年后随石达开独立行动，自江西赴浙江、福建，复返江西入湖南、广西，为观天豫。1860年9月，与彭大顺等率部脱离石达开。出广西，经湖南、江西至福建。次年五月彭大顺牺牲后，在转入江西途中，他杀将士以立威，自封燕爵，贪暴凶残，冒功夺权。九月，在铅山与李秀成会合，隶其麾下，随军攻广信（今上饶）。后封主将、天将，转战浙江，取杭州。1862年1月，封保王。旋又擅杀将领十余人，焚掠杭州城，走余杭。继赴安徽宁国府（今宣城）城东，对杨辅清孤军作战见死不救。七月，袭取广德，举城降清，步了程学启、丁汝昌等人的后尘。

草鞋岭古战场

程传衡

石涧太平山脉之草鞋岭,一路往北,自古就是通往省城合肥的要道。山路崎岖,树木杂丛。谷危壑险,悬崖壁立,有一夫当关、万夫莫开之势,素为兵战要地。清末、民国年间,在狭窄的两山峡道间,有座三间“串”房,南北连通,拱门匾额上刻曰:“太平亭”。墙内四边铺有条石座位,为太平山上一座供行人憩歇的凉亭。1949年初因解放军过江,在修筑炮车通过的巢无公路时拆毁。

草鞋岭为形如草鞋的山冈,传说八仙过海时,吕洞宾掉下一只草鞋,因而得名。另说,三国魏吴争战时,曹操四越巢湖,在此山与孙权军角逐,有支曹军为吴兵所败,狼狈不堪,溃逃时山路上丢弃很多尺八的草鞋,吴兵便疑魏兵多是北方人,脚一定忒大,体魄定是雄健,便不再追击。于是巨型草鞋化成了草鞋岭。还有一种说法,建炎三年(1129),金兵犯境,宋军程端中守此山战死。祭奠时,人们着麻衣草鞋,祭后草鞋堆集成山,故名“草鞋岭”。传说虽多有附会,然也是人们发思古之幽情的一种心结。

草鞋岭古战场,有三国时期曹军驻扎的几座营盘痕迹,因年代久远,难以考证。但草鞋岭上,太平军与清军对阵的战壕遗址,清晰易辨,有史有据。1853年(清咸丰三年)元月,太平军攻克武昌,3月29日定都南京并改名“天京”。不到半年时间,攻克太平天国京畿门户的无为县城。未儿，与清军交战于裕溪、运漕、黄雒等地，清军大败。此后，太平天国将领石国宗在汤沟、蛟矶庙、更楼寺、营盘村等地驻有重兵。曾国荃率湘军兵船60艘与太平军交战于裕溪口、运漕、黄雒河等地，被太平军重创。1861年（咸丰十一年）至1863年（同治二年）的两年间，太平军曾在泥汊、神塘河、凤凰颈、石涧等地驻扎。1863年太平军扼守泥汊、神塘，阻止清军沿江东下，清军掘开凤凰颈大堤，水淹太平军，太平军失利。同年10月，太平军失无城。据《无为县志·无为大事记》载：清同治二年（1863）二月，太平军从和州、巢县进至石涧，湘军（踞草鞋岭五座营盘）坚守不战（其中有座营盘被攻破一半）。时逢大雨，太平军行军困苦，加之疾病流行，又兼清军水陆大军援应，太平军只得撤围，改克庐江。这便是《李秀成自述》中，“在石涧埠与湘军相遇，因势力相当，小战而退。”据传，在此次攻守战中，太平军中不少人被清军炮击身亡。今草鞋岭北，卜头桥村西有处低矮山坡，埋有太平军遗骨。后人为追思太平天国将士忠魂，改此坡为“眼泪山”。

太平军在无为时，童容海、童四海、童隆海三兄弟加入了太平军。后被太平天国封为“开朝勋臣”。朱凤魁也成为石达开部下的大将。《无为县志》记载：童容海，本姓洪，因避天王讳，改姓童。另有史料记述：潘鼎新因随李鸿章屠杀太平天国将士有功，官至巡抚。潘在捕得太平军首领后，即嘱献金银，可以保命，而得巨金后竟杀之。

太平军在无城期间，曾拆夫子庙和无为州衙、江防府衙及地王阁等官署、寺庙，其木材砖石运往南京，建造天王府。城内遗留有太平天国铁炮与影壁画，虹桥道旁立有去襄安的路碑等遗迹。

1965年的冬天，为改变“有山不绿、有水无鱼”的落后面貌，县委和“四清”总团决定，县直机关组织一次野营拉练、绿化荒山的植树活动。

一支千人植树大军，红旗开道，雄赳赳、气昂昂地向草鞋岭进发。每个人的背包上都有一块毛主席语录牌。当年栽的油桐和马尾松，后来又发展成了经果林。如今草鞋岭一带已是遐迩闻名的桃花山，每年春季，人们来此踏青寻芳，分享“桃花依旧笑春风”的美景。

草鞋岭旧貌

草鞋岭新姿

九件国家一级文物

耿松林

无为地处皖江北岸，人烟阜盛，物产丰饶，文化积淀深厚，历史文化遗产丰富，其中国家一级文物多达九件，主要是青铜器和陶瓷两大类。下面依次作一介绍。

两面青铜镜分别是三弦钮四山镜和三弦钮蟠螭纹镜。前者于1996年7月在襄安镇白鹤村出土，系战国晚期青铜质，厚0.45厘米，直径13.8厘米。为四山字纹镜，圆形，三弦钮，双重方钮座，卷素缘。以羽状纹为地纹，映衬主纹山字纹及在山字间的花瓣纹，山字底边与方形钮座线平行，从钮座的四角延伸出八个花瓣。纹饰清晰细腻，黑漆古包浆，通体乌黑发亮，光可鉴人。四山纹镜是“山字纹镜”类（另有三山、五山、六山）中最常见的一种，大约在春秋晚期产生，主要流行于战国时期，至西汉初年仍有出现，主要分布在楚国境内。后者在距白鹤村不远处的甘露村出土，出土时间略早一点，为1996年6月，专家判定为西汉铜镜。厚0.4厘米，直径14.4厘米。出土时，置于漆奁内，为蟠螭菱纹圆镜，主题纹饰为四个大蟠龙纹，其身躯作菱形折叠，互相缠绕，镜缘为素低卷边。纹饰精细，包浆亮可照人。蟠螭纹镜所表现的是古代神话传说中的一种没有角的龙（蟠），作张口、卷尾、蟠屈状。此镜用宽平凸起的单线条，勾勒出互相缠绕、张牙舞爪的蟠螭，线条流畅，宛如一幅艺术剪纸。

青铜器的出现，是人类社会迈入文明时代的重要标志之一。据历史记载，商周时期，今铜陵铜官山是当时全国炼铜业的中心，青铜冶铸业有较大的发展。到了秦汉时期，江淮地区矿冶业发展迅速，今南陵、繁昌和铜陵等地成为汉代铜的主产区，一时“丹阳铜”闻名全国(《江南地理志》：“赭山丹赤，故郡名丹阳”)。1984年发现的面积约400平方公里的南陵县大工山古铜矿遗址群，证明这里是中国青铜文化的一个重要发源地。与铜的主产区一江之隔，应该是原地级巢湖市域内青铜器出土地点极为广泛的根本原因。

陶瓷类国家一级文物共有四件。第一件是1977年9月开城镇羊山出土的隋代青釉龙柄鸡首壶，此壶为酒壶，高44.5厘米，口径11厘米，腹围71厘米，底径15厘米。盘口，长颈，溜肩，深腹，腹下渐收，近底部微向外移，平底；颈部饰两道凸弦纹，柄为龙形，龙首曲垂，龙身细长，高高挑起，衔于壶口，肩部一鸡首，肩左、右两侧各有对称环形耳，均作双瓣重合状；通体施青黄釉，釉为半透明玻璃质，细冰裂纹，近底部及底部无釉，露灰白胎；腹上下对称刻莲瓣纹，腹间饰圆形戳印纹一周；造型优美，釉色淡雅，为寿州窑所罕见。此鸡首壶作为不可多得的隋代瓷器珍品，曾于1999年亚运会期间在北京展出。现陈列于安徽省博物馆。

第二件是1992年11月在蜀山镇白湖窑厂出土的唐代海棠形白瓷碗，高4.6厘米，长16.4厘米，宽9.4厘米。四瓣海棠式椭圆敞口，收身；椭圆圈足，釉色洁白莹润，器心海棠式花瓣内饰一圈连珠纹，连珠纹内一凸出鳜鱼形，生动自然，口沿两瓣连接处有一轻微磕伤缺口。海棠，又名“海红”“秋子”“花红”，因棠、堂谐音，所以海棠寓意“富贵满堂”“金玉满堂”。海棠碗为唐代的典型器物。此碗应为著名的唐代河北邢窑产品，而邢窑白瓷唐时为朝廷贡品。

第三件是长沙窑点褐绿彩双耳青瓷罐，1996年6月在襄安甘露村采集。罐高12.1厘米，口径7厘米，底径7.5厘米。圆敞口，短颈，深腹，直身，平底，双耳系，罐身用褐绿彩点绘大小圆圈纹；釉色青黄，近底处有部分剥落。造型端庄，有一种朴素之美，是唐代长沙窑产品。长沙窑始于中唐，盛于晚唐，终于五代，首创了釉下彩形式。初期是单一的褐彩，绘以简单的花草纹，后来逐渐演进到褐绿两彩。釉下彩的发明，突破了青瓷的单一色调，为后世釉下彩瓷的发展奠定了基础，是彩瓷发展过程中一座重要的里程碑。

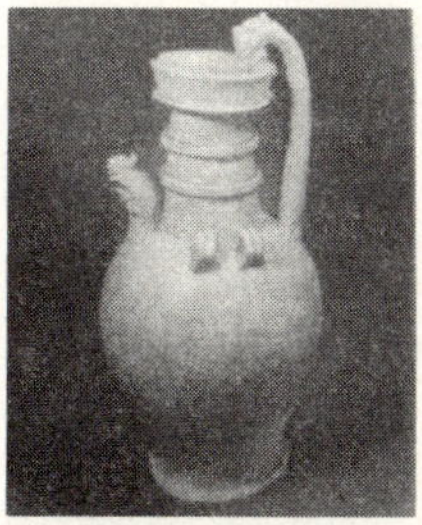
青釉龙柄鸡首壶

三弦钮四山镜

唐代海棠形白瓷碗

三弦钮蟠螭纹镜

宋代吉州窑绿釉刻花
“严家记”“如意形枕”

长沙窑点褐绿彩
双耳青瓷罐

第四件是宋代吉州窑绿釉刻花“严家记”如意形枕，于1987年在无为县城北郊窑厂出土。枕高8.7厘米，长27厘米，宽21.5厘米。长方如意形，枕面微凹，刻画一支牡丹花纹，枕沿不规则戳印圈点纹，枕面及四边施墨绿釉，底部露灰白胎，戳印一长方形“严家记示”。器形优美，釉色温润，刻画线条流畅生动，有爽心悦目之美感。枕呈如意形且饰牡丹纹，取富贵吉祥之意。古时人们喜爱瓷枕，认为能清凉沁肤，爽身怡神，甚至有

"明目益睛，至老可细读书"之说，所以"富贵贫贱，无不喜好"。瓷枕始创于隋，流行于唐、宋、元各代。此枕为江西吉州窑所出，为吉州窑绿釉器物之典型。它为低温釉陶，流行于宋金时期。

另三件文物是在无为中学校内的西寺塔拆除时，由中国历史博物馆从宝塔地宫文物中选调收藏的三件，分别是《印刷佛经》《桑皮纸古信记事》（两幅）和沉香黑色木罐。

祭谒花疃古墓群

程传衡

沧桑的花渡河在城西不远处拐了个弯,未敢停歇,就开启了汇入城河前的操演。河的右岸是东吴诸葛恪所建的新附城遗址,左岸则是无为宋明两代乡彦的古墓。野草萋萋,荒冢垒垒。有株形似蘑菇的枯柳,树围几人合抱,盘根错节,拳曲虬枝。似乎在与祭谒者诉说:历史风云散,却不曾带走那熟悉的姓名。宋米芾题碑的名医章迪,元丰八年的状元焦蹈;明徐皇后赠袍的邢宽,尚书薛祥和大理寺卿钱策,河南布政使仰升,工部主事沈桂及首任知州夏君祥等,无不是俊彦宿儒。这安放灵魂之所,地下虽无珍宝,然一抔黄土,难掩先贤曾经风流与动人凄美的传说。

邢宽进京应试前,知府曾预言邢宽落第。邢宽钦点状元当日,即回赠知府一诗:"邢宽只是旧邢宽,朝占龙头夕拜官;寄语黄堂贤太守,如今却是鳌牙酸。"成祖召见时,皇后为新科状元插花,邢宽偶然回首瞥了皇后一眼。此为大不敬,有杀头之罪。成祖龙颜大怒,所幸邢宽机敏,惶恐时急中生智:启奏万岁,臣观都城城垛,梅开五福,雄伟壮观,吉祥瑞气。臣想,倘皇上赐臣将家乡城垛修成京都模样,那样,臣虽不在皇上身边,只要登上家乡城墙向北遥拜,便可解臣思君之念了。成祖一听,转怒为喜,笑道:难得爱卿有此之心。遂传旨工部派员勘修无为城墙,所需银两着户部核拨。这便是无为城墙垛堞与众不同的由来。

焦蹈有"神童"美名,是宋神宗元丰八年(1085)乙丑科状元。本因寻金环失主延误考期，无缘及第，不料考场失火却让他得中状元。这好心有好报故事的后面，却有了多版本的传说："不因南宫火，哪得状元焦。""若要中老焦，只有贡院烧。"然命运多舛。据传，有一算命盲者，揣骨听声，能断生死。发榜之日，焦蹈询之，盲者不语，只是叹息，最后说了四个字："不能食禄"。众皆惊诧，已为大魁，安无官职？果然一语成谶，揭榜六日，焦蹈死矣。《庐州府志》《无为州志》与《太平府志》《繁昌县志》都载有焦蹈。这是何故？原来民间有个说法，焦蹈早年丧父，母改嫁繁昌。可见，争名人之风，古今皆然。

"公孙尚书"的薛村，今已是海南名区。薛氏在海南是望族。薛祥，字彦祥，无为人。素谙水性，有"混江龙"之称。元末随巢湖水师投奔朱元璋帐下，明定都南京，官拜工部尚书。后因亲属犯罪株连，与茹太素同为毙于明太祖杖下最早的人。薛祥获罪，其子薛能等四人谪往琼州。今海口市薛村与旧琼州府城小西门及儋州等地，有薛氏祖孙"尚书坊"胜迹。薛村路旁建有高6米、宽10米的"薛远故里"门坊，坊联曰："户部兵部薛家往昔留风范，泽民福民善述于今敦大同。"并有石碑刻录薛远生平事迹，成为无为文化远播海南的历史见证。往事越千年，花疃曾是"两岸杏林夹桃李，四野槐柳伴桑榆"的苍茫古原，如今演绎成新型美丽现代的村庄。

这是块文化寻根之地。只因俗务痴人累，俊彦宿儒奋向前。辞离时，有一种心灵回放与沉思，也仿佛是一次古今生命相遇的嗟叹！

状元焦蹈墓葬之争

李俊平　童毅之

有关焦蹈身世问题,《芜湖日报·繁昌版》曾载有张家康同志发表的《不得场屋烧 哪得状元焦》一文,公开提出焦蹈为繁昌人,理由是“清代《繁昌县志·舆地志》所记:“焦状元宅址,在狮子山东麓,宅外有焦家里井,状元名蹈。””状元焦蹈墓,在县外三十里七八都赤沙滩。”并说:“焦蹈回到家乡繁昌,父老乡亲早就守候在路边,焦蹈骑着马由县长牵马导引,穿过五彩绚烂的彩门,不绝于耳的唢呐声、鞭炮声和锣鼓声,混合成一曲喜庆的合奏。”并曰:“朝廷闻知焦蹈突然去世,既为失去英才而痛惜,又怜悯他的刻苦勤勉的精神,特拨款二十万丧葬费。”

状元焦蹈像

对于上述说法,笔者不敢恭维。其一,焦蹈是无为人证据确凿,自宋神宗始,各类史书及志书都证明这一史实。王鸿鹏编著的《中国历代文状元》认定焦蹈庐州无为人。另据臧励龢等学者编著的《中国人名大辞典》载:“宋焦蹈无为人。字悦道。四首乡荐。元丰中因礼部贡院火,别试。蹈为第一。放榜方六日而卒。”该书权威性高,所记载人名应准确无误。据《历代安徽省籍状元谱》载:安徽状元41名,休宁县17人,遥居首位,因而有“全国状元县”之称。其次是歙县为6人,一个县出两位状元的有合肥、宣城、无为、太湖、和县等5个县。

其二，无为州志（嘉庆版），由无为三位德高望重的清代官员顾浩（奉直大夫知无为州事）、宁贵（奉直大夫知无为州事）、吴元庆（诰授奉政大夫原任刑部陕西司主事）主纂。该志大量引用、考证宋代《濡须志》《无为志》《无为军图经》；元代《无为图策》；明代政德、嘉靖、隆庆、万历、崇祯五朝《无为州志》；清代《康熙州志》《乾隆州志》等雅训。该志上逮商周，下迄明清，是一部体例严谨的通史方志。该志从10个不同的侧面，翔实地记载焦蹈在无为活动的轨迹。如焦蹈少时在无为读书的芝山书院，明代修葺时，厅内祀有贾文肃（贾易）、焦、邢两殿元遗像。集览志载："元丰八年，小山复产紫芝一本百茎。是岁，州人焦蹈状元及第。"选举志载："两宋三百年间，无为登甲科者八十二人（含状元焦蹈）。世传'场中取定三千士，不及濡须十八人'。乡荐之盛，甲于两淮。"另外，焦蹈之前无为已产生二十七名进士，其中在神宗朝中为官的贾易、杨杰已名声显赫，所列进士榜应无瑕疵。焦蹈死后蹈祠、坊、街、墓、"二状元祠"碑记及明代《乡贤祀典考》："宋礼部员外郎杨杰，刑部侍郎赠尚书左仆射贾文肃公，易，状元焦蹈，太师魏国公枢密使王之道，参知政事王献肃公，蔺（宰相），状元侍读学士邢宽……"都是历史铁证，毋庸置疑。

其三，《江南通志》暨《庐阳郡志》载："宋状元焦蹈，元丰八年以省试。后期俄因南宫火改试，擢第一，故有'不因南宫火，安得状元焦'之谚。""状元焦蹈《郡志》并《通志》及他书皆曰无为人。其墓在州西三里花家疃。""别载，蹈墓在六安州焦家庄南，而繁昌县八图亦云有焦蹈墓。按：繁昌八图地名赤沙滩，至今尚多焦姓，或系殿元之裔自濡迁居，遂认蹈为繁昌人，并称有墓以实其说耳。又按：《六安州志·科甲人物卷》内，止称焦焕为状元，并无焦蹈名，乃以焦家庄南为蹈墓，而焦焕之墓反无闻焉。得毋讹焕墓为蹈墓欤?”(实际为宋建炎二年,公元1128年状元焦焕墓,比焦蹈中状元晚143年。)

其四,追溯濡须焦氏谱牒,“濡须焦氏祖居陕州,望郡中山,尊焦伯为焦氏始祖。唐时,四尧公赴濡须为官,见任地山清水秀,民风淳朴,气候温和,物产富饶,遂定居于二都黄公扎(今泉塘复元村大焦家一带)。宋哲宗1085年5月,焦蹈死后,除州人祭奠外,焦氏家族亦在家乡立复元庙祭祀,正厅塑英年早逝的焦蹈遗像,楹联曰:“奎壁辉煌,云汉天章;鳌头气象,万丈光芒。”将黄公扎,更名为复元村,寓意状元再现。明嘉靖十二年,焦蹈11世孙秀裔公,始续家谱;尊焦蹈为濡须一世祖,其后裔世代相袭,至今已传二十世孙,人口约5000人。

其五,繁昌县称焦蹈为繁昌人只是一家之言,无正史佐证。查遍全国各类国家级权威刊物及媒体,都公认焦蹈为无为人。至于繁昌的焦蹈状元墓,应是衣冠冢,系焦氏后裔自濡须迁居繁昌赤沙滩时所建,并非真茔。只是祭祖,缅怀先人,激励启迪后人勤奋读书,秉承祖业,光宗耀祖而已,并无甄别焦蹈籍贯之意。《无为州志》(嘉庆)载:“焦蹈状元墓在州西三里花疃,今为民宅占。”经考甄,此乃真墓。

其六,至于焦蹈死后,朝廷怜悯拨款二十万丧葬费,此事难圆其说。神宗殒,哲宗继帝位年仅十岁,由祖母高太后临朝听政,一切权力都集中在高太后手中,况且朝中新旧党派之争激烈,不可能为一个未授官的状元拨巨款。宋元祐元年(1086)68岁司马光病逝,朝廷赠太师、温国公,一品礼服,银绢七千两,谥文正,并以皇帝名义勒碑,上刻“忠精粹德”。试想,一个权倾朝野的首辅大臣,死时高太后仅赠银七千两,而一个名不见经传的小状元,既无政绩,也无功德,朝廷绝不可能厚赠。即使太后慷慨解囊,众大臣也会力排此议。另外,焦蹈中状元后回家乡的热闹场面及县长亲自牵马，都是后人杜撰。如果真有这种史实，宋史、元史、明史、清史应有记载，而张家康先生仅引用清代《繁昌县志·舆地志》作为证据，未免牵强附会。况且焦蹈乃北宋状元，焦蹈死后，其后裔生活如何未作交代，焦氏家谱渊源亦不知晓，仅凭清代县志就否定各类史志书，妄加蠡测，过于轻率。

其七，退一步讲，即使繁昌焦蹈墓铭及县志记载事实成立，但充其量也不过是清乾隆元年(1736)盛世修志和续修家谱时代的产物，与无为的焦蹈墓、坊、街、祠、碑记相比，时间前后相差651年；651年后重修的史志怎有651年前的历史遗迹更有说服力？中国人研究历史，讲究的是科学、严谨，史家无曲笔，文字玩笑开不得。当代人口若悬河，锦上添花，离开史实，也是徒劳。孰真孰假，明者自清。

章吉老墓与碑刻传奇

童毅之

章吉老墓遗址

章吉老墓收入无为县文物管理所编制的《无为县不可移动文物名录》第003号，古墓葬类别，位于无为县无城镇新民行政村王前自然村。章吉老墓因墓志为米芾所书而名扬海内外。

章吉老（1023—1101），名迪，字吉老，北宋年间无为军人。吉老精通医学，洞晓《素问》《内经》等医书，尤精针灸，被称为“神针”，针到病除，以其医术救人，不下数万，安人之危，超人之生，时人誉为神医。

吉老在几十年的行医过程中，致力于对人体脏腑各部分功能的研究。每年秋季行刑时，对无人认领的尸体，吉老以重金买之，细加剖析，精心绘制出心、肝、脾、肾、胃、胆、肠等脏器图数十幅，挂于壁上，日夜揣摩。对无钱看病的贫民，吉老则分文不收，病好后还送其盘缠回家。嘉庆《无为州志》载："一朝士官无为，后贫无归，迪为筑室置田，给药饵，逾三十年，无德色。"

正因吉老的高超医术和高尚医德，使时任舒州通判的王安石慕名而来，在延请吉老去舒州任职遭拒之时，王安石感叹之余写下《寄无为章吉老》诗："南阳居士北城翁，曾背禅那问色空。卓荦相超文字外，低回欲寄语言中。真心妙道原无二，末学殊方自不同。此理世间多未悟，因君往往叹西风。"

著名书法家米芾任无为军知军后，偶然读到王安石的这首诗，对章吉老非常钦佩，可惜的是吉老已逝。怅然中米芾得知吉老之子章济继承父业，誓救人三千，非常感动。为表彰吉老一生功绩，米芾于大观元年(1107)亲自为其题写《炎宋章吉老墓表》。墓表全文三百零一字，以表米芾对吉老的赞誉与景仰，刻石于墓前。《章吉老墓表》是米芾晚年最为得意之小字行书，其笔法精熟，锋势齐备，书峰随意自然，沉重古雅。遗憾的是"文化大革命"期间附近建电动站时，该墓碑被砸断当石块垫在其下，不朽名碑就此损毁，仅有拓本存于无为县图书馆。

在墓表中米芾盛赞章吉老针灸之术高超，"莫不刺肤透膜，随针病已，华佗氏不能过也！"并且不无遗憾地感叹："吾不及识君，观其子孙，廉洁自守，不以艺取人，知君隐施，夫行符药，除病救人"，故"愿表墓道。"

平生"未尝录一篇投豪贵"，向以"不与世俯仰""傲拜不群"著称于世的米芾，竟充满深情地为一个民间医生撰写墓表，正是章吉老高尚的品格折服了他。

可惜的是，章吉老墓现已夷为平地，无墓冢及墓碑，其墓冢及墓碑的修复亟待解决。米芾之后，还有许多文人写诗赞叹章吉老。

明无为州人朱至顺写有《过章吉老墓读米公碑记(墓表)》：

春郊寻芳章君墓，阴谷寒苔湿断碑。

古木无声山寂寞，野狐有迹草迷离。

神针异术名千载，妙墨颠书兴一时。

拂石细看情绪远，晚风吹雨正凄其。

明汤任尹也作诗《泛舟寻章仙米颠遗迹》：

小港频经折，山回次第行。

棹穿花岸艳，人对古松清。

仙胥埋云冷，颠书卧草平。

归船荡落日，不尽晚峰情。

明嘉靖进士、官至工部主事的无为州人沈桂写有《访章吉老墓》：

古末荒凉久，州人渐不闻。

江山经代谢，草树尽纷纭。

风撼茔间碍，云开石上文。

读来犹在梦，恍惚见章君。

这些诗篇对吉老的医品和米芾的书法都致以了深深的敬意。

王丞相父子三代皆英才

童有兵

在无为说起王丞相几乎家喻户晓，但许多人只是从上代老年人口述故事里了解一二，大都是关于王丞相去世，皇帝赐他金头御葬，出殡之日99口棺材出门之类的小故事。甚至有的人认为这个王丞相是杜撰的人物。其实，传说中的这个王丞相叫王蔺，他官至参知政事、枢密使，相当于丞相，他和他的父亲王之道、侄子王梂都是北宋南宋之交著名的文人。

王蔺，字谦仲。其父王之道子十人，仕者九人，其中数第六子王蔺最为出名。王蔺于乾道五年(1169)，擢进士第，为信州上饶簿、鄂州教授、四川宣抚司办公事。南宋绍熙元年(1190)光宗即位，任枢密院事兼参知政事。绍熙二年(1191)为枢密使，除授不当者即留不出，遭忌，旋被罢官。不久，起帅江宁。宁宗即位，改任湖南军主帅。庆元三年(1197)韩侂胄专权，排斥异己，被罢官回归故里，任奉祠。嘉泰元年(1201)去世，理宗端平年间追谥号“献肃明”，加封开国公。著有《轩山集》十卷、《轩山奏议》二卷。《大清一统志》记载：王蔺的墓在无为州的轩车山；嘉庆《无为州志》记载：开国公王蔺墓在开城乡轩车山，轩车山在州西北五十里。轩车山现位于严桥镇明堂村轩山自然村，海拔85米，与开城镇长城圩边的练墩村隔永安河相望。当地的人们至今还亲切地尊称王之道为老丞相，王蔺为小丞相。轩车山王蔺丞相墓虽有明确记载但至今仍未探明。轩车山顶现在修建了大风力发电机组，建设了简易环山公路，植被和山体破坏严重。

老丞相王之道（1093—1169），字彦猷，号相山居士，北宋无为军人，是北宋末年、南宋早期诗人、词人。尤袤《赠故太师王公神道碑》记载，宣和六年（1124），“公幼颖悟，八岁通一经，弱冠贡辟雍，与兄之义、弟之深同登宣和六年进士第，缙绅荣之，榜其所居堂曰：三桂”。“三桂堂”在今开城练墩，为王之道卜居相山前的住所。

靖康元年（1126）授和州历阳县丞，摄县令事，不久请求罢官回乡奉养二亲。南宋建炎三年（1129），金人攻陷无为军，无为军守臣李知几弃城渡江南逃，王之道率领族人乡党在无为西北胡避山一带开展抗金运动。绍兴二年（1132）因抗金功绩被朝廷授为镇抚司参谋。后因上书针砭时弊并反对宋金议和开罪于秦桧，贬为南雄州溪堂镇税，适逢大赦没有赴任，遂决意远离仕途。归家后卜居巢湖南岸相山之下，自号相山居士，以诗酒自娱，并开始了长达二十年的隐居生活。秦桧死后，起知信阳军，历提举湖北常平茶盐、湖南转运判官，以朝奉大夫致仕。南宋乾道五年（1169）病卒，终年76岁。嘉庆《无为州志》记载：“相山：距城西六十里，宋王之道以太师枢密使魏国公退此山，有林泉书院是其读书处，因自号相山居士，墓亦在焉”。

王之道出身寒微，同情百姓疾苦。曾自言：“之道生长在田间，自为儿童时，志在为民除害兴利。”又曾引苏东坡诗自勉：“吏民莫作长官看，我是识字耕田夫”。王之道任历阳（今和县）县丞时，有一年久雨成灾，境内有一大圩濒于溃破，当地豪绅要求官府派民夫替其筑堤保圩，州官照例同意，并下令王之道督办。这种官商勾结鱼肉百姓的事在封建官场上是习以为常的。王之道却不买这个账，他对那个豪绅说：“尔圩尔修,其责之谁?”当场用鞭刑惩罚其中一人。这一来,豪绅们只好自出民夫去修堤,他们向百姓转嫁负担的如意算盘落了空。

王蔺的侄子王栐,字叔永,号求志老叟,寓居绍兴府山阴县,1210年曾知泾县。因泾县旧城每年都遭遇水患,他主持把泾县城迁往旧城东二里的地方,其著作《燕翼诒谋录》成为后世研究宋代社会的主要文献。古代,传递文书依靠驿站,驿站的驿卒古称“递夫”,一般由地方上的“厢兵”充任。北宋初年,赵匡胤下令“诏诸道邮传以军卒递”,并成为定制。王栐在《燕翼诒谋录》中记述并评论说:“前代置邮,皆役民为之”,给百姓增加很大的负担;宋太祖即革此弊:开始“以军卒代百姓为递夫”,其后设置专门的驿站,从而减轻了百姓负担。据王栐的《燕翼诒谋录》卷二记载,宋代金银装饰衣物之风盛行,“不惟士大夫家崇尚不已,市井闾里以华靡相胜”。于是,朝廷屡有诏令颁行,要求“非命妇不得以金为首饰”,“自中宫以下,衣服并不得以金为饰”,等等。仁宗即位,“申严其禁“,但是仍然“有未至焉”。关于官员的俸禄,《燕翼诒谋录》记载说宋朝初年“士大夫俸入甚微薄尉月给三贯五百七十而已,县令不满十千,而三分之二又复折支茶、盐、酒等,所入能几何?所幸物价甚廉,粗给细孥,未至冻馁,然艰窘甚矣”。由此可知,北宋建立之初,即使是朝廷的命官,也只处于温饱甚至在贫困线上。《燕翼诒谋录》记载了宋设“无为军”之事:太宗皇帝以海内混一,四方无虞,乃于江南置太平军,江北置无为军,取‘太平,无为’之意”。王栐明确记载了“无为”就是统治者希望天下安于无事之意,“无为而治”,以德政感化人民,不施行刑治。王栐不图仕进,隐居山乡,后屡召不就。

早年王家王之道三兄弟同榜提名,而后王家三代都生活在那风雨激荡国难当头的年代,前仆后继皆奋身而出,秉报国之志,存忠义之心,为抗金筹谋献策，悲民瘼，抚疮痍，为民行利除害。他们的高尚品格和渊博学识永远值得我们景仰和学习。

轩车山顶的风力发电机组

吴廷翰墓葬教子湾

童毅之

吴廷翰像

吴廷翰墓位于无为县无城镇官镇行政村江西桥东北侧150米处原无为县化肥厂宿舍，是无为县重点文物保护单位。

吴廷翰生于明弘治四年（1491）农历九月初九，“生而颖异”，曾历任兵部、户部主事，先后在广东、浙江、山西等地任职。其为人亢直，尊老恤孤，尤重人才，因此往往忤逆权贵，于嘉靖十四年（1535）毅然辞官归里，时年44岁。

吴廷翰回乡后，既徜徉于山水之中，又从事著述，从不涉足官场。后任吏部尚书的张潮在任庐州知府时，曾慕名来无为拜访他，吴廷翰避而不见，只是赋诗答谢：“岁好犹难办租课，年荒眼看腹忍饿。时岁行乞到此村，十家九户都残破。”从中可看出朝政的腐败，人民生活的艰辛。

明朝中后期，由于商品经济的发展，资本主义萌芽产生，因此传统的程朱理学受到冲击，吴廷翰始终坚持朴素的唯物主义思想，反对唯心主义。史称吴廷翰“平生综览博洽，恶俗儒之支离，尝上书王阳明，又与顾南野、余玉崖诸公往复辩论”。在人性论上，主张只有气质之行，别无他性；在天理、人欲问题上，主张天理在人欲之中；在形神问题上，批驳灵魂不灭、死后轮回的见解；在认识论上，坚持“德性之知”必经由于“闻见之知”，肯定认识与学习和锻炼的关系；在知行关系问题上，认为知和行是一个问题的两个方面，知指导行，行非有知指导不可。他的这些思想都记录在他所著的《苏原全集》（含《漫录》《丛言》《翁记》《志略考》《湖山小稿》等）中，1984年中华书局编辑出版了《吴廷翰集》，为国内外学习研究其哲学思想提供了极有价值的资料。

嘉庆《无为州志》记载吴廷翰晚年“手不释卷，郡中论品学，推翰为翘楚”，对他评价很高。《无为州志·艺文志一》收录了他的《名宦乡贤议》；《艺文志二》收录了他的《增建预备仓记》《西仓储蓄记》《重建车津桥记》《郡城别记》《蕊珠洞记》《小三山记》六篇长文；《艺文志五》收录了他的五首诗，分别是《襄安道中》《登蛟矶》《灵泽夫人庙》《锦绣溪》《百万湖》；《集贤志三》收录了他的《钓台记行》长文。

吴廷翰对他所居的百万湖大加赞赏：“浪迹归来百万湖，满湖风景弄清娱。东门日日鱼成市，二月家家鸭引雏。杨柳绿连沙上屋，芙蕖江映酒边垆。此间疑有任公子，何处能寻越大夫。”真的是好一派世外桃源！

此外，吴廷翰还在其苏原别墅之大厅、醉轩、晓轩、一笑亭、养苏庵、药圃、五云洞、凉亭、槎墩等处自撰有不少楹联，后人辑有《苏原楹联抄》，共19幅楹联，反映了吴远翰的晚年思想以及归隐后的生活。

如大厅联：

寝无梦，觉无忧，身世想羲皇以上；

春有花，秋有月，情怀满天地之间。

养苏庵联：

康济原非栽杏手。

经纶独有养苏方。

醉轩联：

半醉天地倒；

独酌古今雄。

槎墩联：

半间留鹤住，湖亭夜宿槎墩月；

一亩占鸥鸣，江树晴悬荻港山。

明嘉靖三十八年(1559)农历十月初八日，吴廷翰病逝，葬于现无为城南祖墓，后无为化肥厂在其墓地上盖宿舍，使墓葬遭到了破坏，现正等待恢复。

吴廷翰是明代著名的哲学家，其哲学思想在日本曾产生重大影响，可与朱熹和王阳明相提并论。随着世人对其哲学思想认识的不断深入，吴廷翰的哲学地位也会得到不断的提升，其哲学思想定会产生更大的影响。

丁汝昌墓葬严桥

刘尧明

清代民族英雄丁汝昌墓位于无为县严桥镇沈斌行政村小鸡山，地处无为与巢湖市交界处，巍峨高耸，松柏苍翠，登山眺望，可见滔滔长江、洋洋巢湖亦可遥见丁汝昌的家乡庐江县。

民族英雄丁汝昌

丁汝昌（1836—1895），原名先达，字禹廷、雨亭，号次章。祖籍凤阳，生于庐江北乡石嘴头村（今石头镇丁家坎），同治四年（1865）移籍巢县汪郎中村（今巢湖市散兵镇）。丁汝昌后官至北洋海军提督，是中国近代史上著名的爱国将领、民族英雄。

丁汝昌早年参加了太平军，后被编入淮军。光绪十四年（1888）十一月，成为“中国近代第一位海军司令”——北洋海军提督。光绪二十年（1894）六月，日本侵略者挑起了甲午战争。丁汝昌积极主战，裹伤指挥，重创日军旗舰松岛号等数舰，迫使日本联合舰队仓皇驶逃。后奉李鸿章避战保舰之命，退至山东威海镇守。光绪二十一年（1895）一月，日军分海陆进犯威海卫。丁向清军驻守步兵求援不应，炮台失守，他冒死突围。日军逼其投降，他严词拒绝。终因孤军难敌，被迫于2月12日在刘公岛服毒殉国，时年59岁。丁汝昌悲愤捐躯后，清政府以其战败追责，将丁汝昌定为降将，下令褫夺职籍，没收家产，株连子孙。并将灵柩加箍三道戴罪，不准入土。1910年（宣统二年），清廷昭雪，恢复丁汝昌原衔，还其田产。丁汝昌始得与夫人魏氏合葬于无为县。当丁汝昌的遗体运回小鸡山安葬时，无为有个姓蒋的道台亲自参加了葬礼。他见丁汝昌的棺材上有三道铜箍，气愤地说："死后还要加刑，岂有此理！"叫人把铜箍去掉，并为丁汝昌写了墓碑。可惜这块墓碑也不在了。小鸡山位于巢南青龙山侧，丁汝昌的墓堂原是用青黄砖砌的，外层用条形石块垒成圆状，有六七尺高，石块之间用糯米糊砌成，坚实牢固。墓碑三尺多高，宽约二尺，碑上写有"清海军提督丁公汝昌之墓"。1958年被人用炸药炸毁。据知情者透露，墓里有两个紫檀木棺材，丁汝昌的尸体未腐烂，清代黑色囚衣尚完好，无贵重殉葬品，只有几十枚朝珠；另一个棺材里是个女的，已腐烂，有一顶凤冠和一个金戒指。他们抬走棺材，旋即焚尸，填平墓穴，遗址犹存（时丁汝昌的曾祖父、祖父、父母亲都葬在无为县小鸡山）。威海人民为纪念他，在刘公岛建"丁公祠"，以昭忠烈。民国初年，时人作挽联悼念先贤，曰："甲午丧师，替罪含冤，谋略难施颇牧；刘公仰药，以身殉国，忠贞远胜澂超。"（颇牧：战国时名将廉颇、李牧。澂超：清末吴大澂、叶志超。吴大澂，同治进士，官至湖南巡抚。甲午之战督师出三海关，兵败革职。叶志超，淮军将领，官至三定镇总兵、直隶提督。甲午战争时，任援朝诸军统帅，守平壤。左宝贵战死，他遂退逃归，被革职下狱。）

2001年，丁汝昌墓得以修复。墓园占地2400平方米，中央为高大的圆形墓冢，墓前3块墓碑为生平简介与保护标志，大理石铺设，石立柱，高石阶，显示墓园的庄重。现为市重点文物保护单位，无为县爱国主义教育基地。

丁汝昌墓

田间墓葬羊山

童毅之

田间墓园

田间墓位于无为县开城镇羊山行政村羊山头自然村，墓基座呈六边形，墓碑长121厘米，宽63厘米，厚15厘米，西南向，2008年由无为县人民政府颁布为全县重点文物保护单位。

田间于1916年5月14日出生在无为县城西北40里处童家老屋，祖父按本族班辈给他起名童天鉴。在无为方言中，天鉴和田间谐音同调，正好天鉴有名无字，“田间”便成了他非正式名字，以后又作为笔名，代替了他的本名。

田间很小的时候，就热爱劳动，喜欢拾稻穗、放牛。对于他度过童年的羊山，田间一直怀有无法割舍的感情。他在回忆中这样写道："我在傍晚时骑着老牛下山来，让它在池塘里饮完水，把它拴在大门前的树上"，"有时也跟祖母一起提着竹篮到园子里去摘瓜豆"，"还跑到打谷场去，稻谷的香味吸引着我，于是我和长工做伴，夜晚睡在棚子里"。

田间六岁的时候，经营木材生意的父亲特意为他请来一位姓程的私塾先生，教他识字、念古诗、读诗经、写毛笔字。这位程先生对田间的学习要求十分严格，《诗经》要从头背到尾，甚至要倒着背，以至于田间能把许多课文从头背到尾，因而深得先生赞许。同时程先生又教田间做对子，学写改良诗歌。一次，田间放牛看书入了迷，牛跑到人家稻田里都不知道。程先生知道后，便写了一个上联："天鉴放牛牛下田间稻被践。"田间思考了好一会儿，突然想起他有一个小伙伴名叫阮仲，经常帮家里放羊，于是对上"阮仲牧羊羊进园中菜糟蹋"，虽然不完全工整，但因对得尚可，所以没有挨先生的板子。田间常与先生吟诗作对，程先生出"雨打桃花桃花落"，他对"风吹柳絮柳絮飞"，先生上联为"水车车水水灌田"，他答下联"米筛筛米米充饥"等等。正是这种较早的启蒙教育，为田间打下扎实的古文基础，点燃了他对文学的热情。

在家读了两年私塾，田间便去王家大村的私立小学读书。1929年进入无锡辅仁中学读初中，一年后又到南京陶行知创办的安徽公学读书。接着以一个初中毕业生跳级考入芜湖安徽省立七中高中二年级，不久考入上海光华大学。

1934年田间赴光华大学就读。上海的畸形都市生活，无时无刻不在撞击着这个乡村青年的纯真心灵。这一切终于促使他拿起手中的笔，去揭露当时黑暗的社会现实，唤起民众向压迫他们的旧制度挑战。1935年他出版了第一本反映人民在日寇铁蹄下苦难生活的诗集《未明集》，1936年出版反映东北义勇军抗日斗争的诗集《中国牧歌》和以红军长征为背景、讴歌农民反抗斗争的《中国农村的故事》，1938年创作出反映抗战的诗集《呈在大风砂里奔走的岗位们》。田间在武汉的一个小旅社里一气呵成写成的372行长诗《给战斗者》，在胡风主编的《七月》上发表后，即刻震撼了当时整个抗战文坛，闻一多阅读后称田间为“时代的鼓手”，称他的诗“不只鼓的声律，还有鼓的情绪，……爆炸着生命的热与力”，这便是“擂鼓诗人”的由来。

田间最具代表性的作品，是他的抗战诗篇，脍炙人口的街头诗歌如《假使我们不去打仗》《义勇军》《坚壁》等。1938年，田间在延安与柯仲平等发起“街头诗”运动，以其简短有力、朗朗上口而得到流传，激发了延安和根据地军民的抗战热情，鼓舞了人们的抗战斗志，深受毛泽东等人的称赞。

“我从田间来，要回田间去”。田间自从1937年最后一次离开故乡就没有回家乡无为一次。新中国成立后，他长期担任河北省文联主席，但他始终不忘故乡，几次想回故乡看看，终因公务繁忙和后来的十年动乱，未能随愿，成为终生的遗憾。

1985年8月30日，田间因病逝世。其一半骨灰葬于八宝山革命公墓，另一半骨灰其夫人葛文遵照他临终嘱托，护送回无为羊山安葬。葛文在《羊山行》一文中饱含深情地说：“羊山人民，怀念自己的儿子——田间。诗人生前抗战跋涉没有来得及亲吻自己的故土，如今，回来的是一把骨灰，一把忠骨，撒在岗山下的柑桔园中”，这位诗人最终实现了魂归故里的愿望：

来自田间，回到田间。

戴安澜为何墓葬芜湖

李俊平

戴安澜（1904—1942），安徽无为人，号海鸥，名衍功，学名炳阳。受孙中山先生三民主义感召入黄埔军校第三期，参加东征北伐。1933年长城抗战中英勇抗敌，获五等云麾勋章。“七七”事变后，在台儿庄战役中获华胄荣誉勋章。武汉保卫战中立大功一次。1939年1月，任第二〇〇师少将师长，参加昆仑关战役负重伤，获四等宝鼎勋章。1942年3月，率中国远征军二〇〇师出师缅甸，抗击日寇，解救英军，“浴血东瓜守”，歼敌5000余名。“驱倭棠吉归”，重创日军，名震世界，大扬国威。后在返国途中，遭日寇伏击，身负重伤，1942年5月26日下午5时40分牺牲于缅北茅邦村，年仅38岁，追赠中将，入祀忠烈祠。美国政府追赠军团功勋勋章。1956年，中央人民政府追认戴安澜为革命烈士。芜湖市委、市政府拨款为其修墓园，塑铜像，供国人瞻仰。

戴安澜将军像

戴安澜异国捐躯，按照中国传统习惯，棺木应运回安徽老家无为安葬，由于当时芜湖、无为都是属日本侵略者统治，国民党政府远在重庆，戴安澜灵柩无法回归本土。加之各地公祭活动频繁，跨度时间长，戴将军灵柩所过之处，沿途各户均设路祭，各界人士亲往恭送，盛况空前。鉴于全州乃二〇〇师发祥地，戴将军家族乔居花溪镇，戴安澜墓葬异乡乃迫不得已。

1940年夏天，戴师长部队驻防贵州省安顺县，其长子戴复东小学毕业。为解决复东读书问题，戴师长颇费心思。当时贵阳有两所中学资质很好，一个是贵阳市内的国立十四中，另一个是贵阳花溪镇上的私立清华中学。最终戴师长动员儿子考入花溪镇上的私立清华中学，理由是花溪镇地理位置好，自然环境优美。清华中学位于花溪镇，在大将军和猴子坡两座山峰之间的下面，每到春天，漫山遍野的杜鹃花争奇斗妍，景色宜人。最下面沿花溪河一条简便公路，直达学校，交通便捷。为了让儿子能在花溪镇安心读书，戴师长特意在花溪镇购买几间瓦平房和几亩良田，举家移居花溪镇。因戴师长生前十分喜欢花溪山水，他曾在日记中记载："早餐后返全（全州），沿途见杜鹃花遍野，极为美丽，遂采折若干，插入车之周围。而藩、靖两儿，对此尤感兴趣。"戴师长殉国后，戴夫人即将戴安澜墓葬花溪。为了实现戴师长死后归乡入土的遗愿，1943年4月1日戴夫人在安葬戴安澜灵柩时，特意用两根长长的架子将棺木架空放在墓中，以便今后起运。每年清明、冬至，戴夫人携长子复东、次子靖东、三子澄东及女儿藩篱祭拜将军亡灵。

1945年8月15日，日本投降后，戴夫人王荷馨经过反复斟酌，决意全家回移迁老家安徽。为了筹集路费及交通工具，王荷馨带着女儿藩篱，次子靖东，长途跋涉，赴南京求援。在南京，王荷馨处处精打细算，节省开支。她外出总是步行，就连脚后跟裂开几道大血口，一走路就钻心的疼痛，也不愿就医，只在地摊上买块狗皮膏药贴上，继续东奔西走。在戴将军生前的亲朋好友的帮助下，历时半年，她终于如愿以偿。1947年5月，搬家那天，政府派出六辆美式十轮大卡车，一路颠簸到达衡阳，改乘火车到武昌，王荷馨只留下一部装载戴安澜灵柩的卡车，其余5部退还政府。在武昌货运装船时，码头工人装货不装棺，后听说灵柩是民族英雄戴安澜，遂踊跃抬棺上船。1947年9月，戴安澜灵柩及“私立戴安澜高级工业职业学校”余留校产运抵芜湖。全市人民停业迎柩，万人空巷，戴安澜灵柩暂厝礼堂，择地安葬。

戴安澜及夫人都是无为人，戴安澜灵柩为何只停芜湖不过江。究其原因有四：一是时局动荡不安。日本投降后，国共两党重新开战，无为是革命的老区，抗日反蒋工作如火如荼，当时无为县共产党领导下的民主政权有四个（无为县、临江县、无南县、湖东县，1949年6月，四县合一为无为县）。而无为县国民党政府势力范围只囿于城区，对农村鞭长莫及，灵柩过江，安全得不到保障。二是无为乡间土匪猖獗，打家劫舍时有发生，乡间地主老财纷纷避难逃往县城，庞大的安葬队伍如果冒险过江，无兵保护，恐遭不测。三是路途遥远，交通闭塞，二坝至无为县城百余里，县城至襄安20公里、襄安至洪巷、练溪戴家老坟山约20公里，抬着楠木棺材穿行山间崎岖小路，往返至少六天时间，除了费用不说，况且老家并无多少嫡亲，安葬规格场面不够隆重，国民党要员恐难参加，实际意义不大。四是芜湖濒临南京，交通便捷，在这里寻觅戴安澜将军墓地，虽然辛苦，但无后顾之忧。戴夫人为了给丈夫找一个理想的墓地，她起早贪黑，连续跑了很多地方，最后找到了小赭山。当时，小赭山是一座荒山，一棵树都没有，只是长着短短的茅草，虽说小赭山是荒山秃岭，但地势很好，前有滚滚长江，两侧山头如大鹏展翅，灵气十足。戴将军墓地选在小赭山半山腰，挖了一个很圆的水池，并用水泥封好。从山脚到墓地修了很多台阶，方便上下。1948年5月3日，由杜聿明、徐庭瑶等主持举行灵柩安葬典礼，送葬队伍长达3里，街道巷尾万人夹道，场面十分壮观。1956年10月3日，中央人民政府向戴安澜家属颁发了由毛泽东主席署名的"革命牺牲军人家属纪念证"。1978年，邓小平同志对戴安澜将军的墓地批示"抓紧予以修复"。1985年6月15日，国家民政部为将军家人颁发了"革命烈士证书"。

1978年，在邓小平同志的关怀下，芜湖市民政局为烈士墓立了墓碑。嗣后，政府曾多次拨款整修烈士墓穴。修葺后的烈士墓占地100平方米，墓穴为圆形混凝土结构，直径约5米，四周松柏环绕。墓的正面碑上镌刻着中国国民党革命委员会中央委员会主席王昆仑所题的"戴安澜烈士墓"六个大字，右侧碑上刻写着毛泽东、周恩来、朱德和彭德怀、邓颖超题赠的挽诗、挽联和挽词；左侧碑上刻着市人民政府关于烈士的生平简介。1984年4月4日，芜湖市人民政府举行竣工仪式暨祭扫活动。竣工仪式在迎宾阁举行，市政府、市政协、民革安徽省委、市委统战部、民革芜湖市委、农工党芜湖市委、民盟芜湖市委、民建芜湖市委、工商联芜湖市委等敬献了花圈。戴安澜烈士的长女戴藩篱、二子戴靖东、三子戴澄东及其亲属旧部应邀参加会议，并献了花圈。副市长袁少卿、民革安徽省委主委刘景素及戴安澜烈士的三子戴澄东分别讲了话。2002年，芜湖市人民政府再次拨款，对戴安澜将军墓地进行扩建和维修。著名抗日爱国将领戴安澜烈士的墓地，已被命名为"爱国主义教育基地"，供广大群众纪念、瞻仰和学习。

2007年8月15日，戴安澜将军塑像落成揭幕仪式在芜湖举行，芜湖市委、市人大、县政府、市政协四套班子领导及干部、职工、学生、戴安澜将军子女、亲属等百人冒雨在塑像前肃立祭拜。中共芜湖市委副书记臧国寅、芜湖市黄埔军校同学会会长阮相庭、戴安澜将军长子戴复东等在仪式上讲话。他们回顾了戴将军抗日救国、壮烈辉煌的功绩，表示要在中国共产党的领导下，发扬先烈的爱国主义精神，为实现祖国统一和致力振兴中华而不懈努力，做出更大的贡献。随后，在热烈的掌声中，芜湖市领导和戴安澜将军的子女揭开了覆盖塑像的红绸。塑像由青铜铸成，像高2.2米，底座高1.6米，合计3.8米，象征着戴安澜将军38岁的光辉人生。塑像底座上镌刻徐向前元帅所题“戴安澜将军”五个镏金大字。底座前方还有书卷状的石雕，上刻将军生平事迹。塑像位于赭山公园内戴安澜将军墓园下方，并新建上下山环道，便于群众前来瞻仰祭拜。戴安澜塑像与戴安澜墓园，相互彰显，互映成辉，必将成为芜湖旅游业的一个新亮点，戴安澜的光辉形象将永远铭刻在人民心中，成为永恒的丰碑。

戴安澜墓

川军与百孤坟

刘尧明

在无为县石涧镇街道附近的枣林岗，有一座独立硕大的土冢坟墓，面向西南。墓前立碑勒文。当地群众称之为“百孤坟”，与现在的石涧小学遥遥相对。经过了解，该坟的来历，关联着中国抗战中的重大事件。

在抗战14年中，我国共有300余万川军出川抗战，他们转战大江南北，几乎参加了抗战中的所有大型战役，有数十万人战死沙场。但其装备、补给乃至医疗条件，比中央军和其他地方实力派军队要差得多。1937年9月，川军第20军在杨森的率领下开赴上海参战。该军是川军中最穷的部队，装备也最差。“一个连仅有士兵八九十人，只有一挺轻机枪和五六十支步枪。有的枪使用过久，来复线都没有了，还有少数步枪机柄用麻绳系着以防失落，武器之窳劣，可以想见……”（高华《王铭章殉国与川军抗战》）但就是以如此装备，第20军26师却成为淞沪战役中战绩最优的五个师之一。1938年5月，日军攻陷徐州，为扩大侵略战争，决定先以一部兵力攻占安庆，作为进攻武汉的前进基地，然后以主力沿淮河进攻大别山以北地区，由武胜关攻取武汉，另以一部沿长江西进。后因黄河决口，被迫中止沿淮河主攻武汉的计划，改以主力沿长江两岸进攻。波田支队（相当于旅）由芜湖溯江西进，向安庆进攻。而国民政府在南京会战中，成立第7战区，以刘湘为司令长官，指挥川军第23集团军和由淞沪前线撤退下来的第8、第15集团军，在长江下游沿岸布防。这样，川军就与沿江西进的日军不期而遇，随之发生了激烈的战斗。当时，日寇在相继攻陷和县、含山、巢县后，沿着长江下游支流运漕河60余里向南突进，进攻无为县，与驻防无为的川军第20军133师、134师发生惨烈战斗。

当时，川军装备极差，各军部队的武器装备极为低劣简陋，所有步枪十分之八为川造，十分之二为汉阳造，更因使用已久，质量太差，以致大部不堪使用，打一两枪就扳不开枪机，有的枪上连刺刀也没有。至于轻重机枪，其数极微，每师多则十余挺，少则数挺而已。火炮方面，每师除数门迫击炮外，山、野炮一门都没有。其他装备方面，每人仅有粗布单衣两套(短裤)，绑腿一双，既窄且短的单被一床，小竹席一张，雨鞋两双，斗笠一顶。一连之中，仅有一两支枪打得响。至于机关枪一项，一个团或一个旅才有两三挺；手榴弹每兵只有三四颗；比较有战斗力的部队，还是靠“背插一把大砍刀”，一切作战配属都没有(如医药、救护、兵站、补给……)。更悲惨的是，由于后勤不足，川军的死伤士兵无法得到救治，甚至粮食都成问题，在进入战场时，都没有配属战时卫生部队(如医务所、担架队……)，故在战斗中，凡负轻伤、能行动者，就血淋淋地自个儿往后走；凡重伤或轻伤而不能行动者，多遗弃阵地或留置阵地后方的临时收容所，任敌杀戮，弃尸于野。只有待敌去后，靠当地人民出面掩埋尸体。因为部队没有配属兵站，一入战场，就缺粮食，官兵生活，虽靠当地人民支持，但亦类于征发，因而影响军纪甚大。长途行军，连餐不得食，弄得官兵饥疲不堪。

在这场运漕河战斗中，川军133师师长杨汉忠，亲率数千名官兵，在运漕、东关(含山)、黄雒河(无为)、钓鱼台(巢县)一线英勇抗击敌人。他们衣衫褴褛，脚蹬草鞋，手拿步枪(民众称草鞋兵)，和数千名装备精良的日军作殊死的搏斗，给日寇以重创，伤敌千余人。而川军自己也付出了沉痛的代价：杨汉忠及其属下数百官兵英勇壮烈牺牲，为国捐躯。实现了川人当年豪语："男儿立志出夔关，不灭倭奴誓不还，埋骨何须桑梓地，人生处处有青山！"

据石涧镇退休干部陈兆银、季学法、余能化、刘后权等老同志介绍，战事结束后，抗日英烈们尸陈荒野，无人问津。直至第十年，1947年，石涧埠（镇）开明士绅陈泽仙先生（红卍字会负责人）组织当地数百民众赶赴战场，收殓201具尸骸，抬置石涧埠附近枣林岗挖一大坑掩埋。后来，陈又率众捐款修墓立碑载序。但是因当时条件限制，烈士姓氏无法考辨，故此墓俗称"百孤坟"。原墓正面向西南（四川位于中国西南地区），主碑上方饰横批碑额书："碧血千秋"。两侧竖挽联碑书："夏夷肉搏吴山震，马革尸还蜀道难"。当时，无论是从墓形上看还是从坟势上看，烈士墓均很醒目，人们很远就可看见。新中国成立初期，石涧镇的中小学生每逢清明，也都给烈士扫墓。无奈，在"文化大革命"期间，由于极"左"思潮影响，此坟数次遭到破坏，四周砌石被人们撬掠殆尽，用于修渠筑路，仅留一人高的土坟荒冢，孤零零地伫立在一片农田之中。所幸，碑石为民俗忌用，抛于荒野，才免遭一难。几经风雨，碑石后被枣林岗一马姓村民看到，认为抛弃碑石是对先烈们的大不恭，就用板车将碑石拖回家，放在院内看管起来。主碑虽已满目创伤，但碑体完好，碑文大部分仍依稀可识。原饰横批碑额、两侧挽联碑，在原石涧公社大院内完好存放。2015年，无为县民政局和石涧镇政府共同出资，将烈士墓修缮一新，以慰烈士在天忠魂。

原碑文云："川军阵亡烈士公墓碑记。民国二十六年秋七月七日，卢沟桥中日开始战争，名曰'七七事变'。是年冬，日军占领上海，攻陷芜湖、南陵。二十七年四月间，复陷和、含、巢三县。陆军第二十军军长夏威，一三三师师长杨汉忠，一三四师师长口汉口口委员长令口仲川军来无为抗战。战线自运漕至黄雒河、东关、瓦储仓、陆家埂、钓鱼台，横亘六十余里。战斗激烈，日军伤亡千余人，我英勇川军亦有壮烈牺牲。本会曾奉世界红卍字会东南各会联合办沪总处来函曰："凡属流亡难民，各地院会赶办招待收容所，补助国家救济之不及云。"本会爰本道慈救济职志，仰口口政府爱民之心，及沪总处胞舆为怀，在石涧埠设立难民过境招待所七所，太平山设立难民长住收容所。口所救济人众多，费资甚钜。复以烈士忠骸暴露四野，目不忍睹。特派上年出发江西救济掩埋队队长陈守终，队副倪守民、季恒谅，率领队员夫役五十余人，截棺赴战场，将烈士忠骸集中二百零一具，虔诚收殓，抬至石涧埠枣林岗建立公墓，以慰英灵。墓之周围，均以石砌。呜呼！烈士为国家民族流热血、掷头颅，其英勇壮烈精神，足以动天地、泣鬼神。凡我党政军民莫不焚香拜奠，俎豆千秋。即是妇人小子，也当春露秋馨，口百伐口今而后，奉命成功，烈士光荣于青史，鹤归华表，枣林地美于黄花，际兹中日战争结束，允宜追念先烈慰忠魂。敬树墓碑，以昭不朽，兹以模范来兹，是为记。歌曰：'浩气还太虚，丹心照千古，身报国家恩，魂归天帝府。'壮哉！枣林岗，无巢烈士有功，有公墓，百世咏流芳。世界红卍字会无为太平山支会立。卍字会理事长陈泽仙沐手敬撰。中华民国三十六年岁次丁亥孟冬月吉旦。卍会监事勤业陈百川沐手敬书"（注：碑文中有字体残缺不清的，故用口代替。）

石涧百孤坟

宗祠·牌坊

古镇一瞥　　叶悟松 摄

戴氏一门“汉将功”

程传衡

在无为西南洪巷乡有一座建于清代早期的“戴氏宗祠”，门楣上横悬一块“濡南望族”匾额，为时任无为县县长所书，时年“癸亥”。

依据嵌在祠堂内壁一块刻于康熙三年的碑文推测，祠堂的建筑年代最迟也在康熙三年（1664），距今已有300多年历史。守护祠堂的一位族人介绍，祠堂原址是在靠近圩内河边的一个村庄，后来为避水患迁至这块岗地上。早年，祠堂门前曾竖立一根高大的旗杆，从那时起，祠堂所在的这个村子便改称旗杆戴。竖旗杆，在封建时代是统治者对有功名、功德和有声望家族的一种表彰形式。按规制，官员到此，文官下轿、武官下马，以示敬畏。可见，祠堂前的旗杆，当时曾为戴氏一族增添不少荣光。在祠堂左侧不远处，我们见到了当年安插旗杆的石鼓，可惜已分作两半，一半成为菜园墙脚，另一半被一村民移作石凳。石鼓直径约70厘米，围径有两米多。旗鼓相当，看来旗杆高度至少有八九米。

祠堂坐北朝南，三进五开间，配有厢房。祠堂大门曾有对联：“一经传旧德；五世振儒风。”上联出东汉经学家戴凭事典；下联典出唐代名人戴元益，桐城人。屋宇高大，立山重檐；雕梁画栋，彩绘格门；粉墙黛瓦，滚水天花。檐枋、斗拱、雀替、隔扇、槛窗与石础、石磉等构件的雕刻，都十分精美。地道的徽式建筑风格。新中国成立前，祠堂被族人用作学馆；新中国成立后，政府征用为粮库。所以，“文革”中得以幸免破坏。

然而，由于年久失修、风雨侵蚀，加之粮库弃用后又缺少管护，最后一进已是残破不堪，倒塌的地方草木葳蕤，小树有一人多高。所幸前进房屋及天井边厢屋还比较完好。油漆斑驳、彩绘陈旧的梁柱，仍能显示昔日的华贵。遍布门窗、房檐、梁柱的三雕图案，刀工细腻、线条流畅，非今日一些仿古建筑所能比拟。省文物专家在尚未见到那块碑文时，就从梁头上钩状半卷草纹认定，此等雕刻工艺定是出自清代早期工匠之手。祠堂门前原立有大小石狮各一对，而今幼狮父母不知去处，只剩下一对"兄妹"在不弃不离地守望双亲归来。祠堂大门上方，双龙戏珠的石雕，气势磅礴，生动传神。横亘"戴氏宗祠"门楣上的那块匾额特别引人注目，彰显戴氏曾经的辉煌。依干支纪年推算，癸亥应是1923年。省文物专家对这座祠堂仔细考察后，赞叹不已，誉称为"江北第一祠"。建议县乡政府申请省重点文物保护，积极创造条件，力争早点修复。

戴氏濡南的一支，称之望族有其历史渊源。历史上出过举人、进士，且与桐城派代表人物戴名世共祖同宗。清末民初乃至新中国成立后几十年间，戴氏宗祠可谓有着"功臣门第，代有簪缨；族人几黄埔，祖孙六将军"的殊荣。

首数戴端甫，尊之族老，提携后辈。早年就读武昌陆军学堂，1911年参加武昌起义，1916年毕业于保定军官学校，与张治中、白崇禧、黄绍竑、徐庭瑶等同为三期。曾参加北伐和长城抗战，在国民革命军，先后任少将处长和中将参谋长。在任粤军团长时，推荐家乡8位青年报考黄埔军校，其中戴姓就有4人。1934年出任无为县县长。期间，革新政治，倡导民主；移风易俗，关注民生；振兴实业，兴办教育。亲自创办"仁泉学校"，兼设民众夜校，很多学生由此走上了革命道路。乡人对他为人风范和忧国忧民思想曾多有赞誉。民国十二年，戴端甫在广州国民革命中已声名显赫,又有武昌首义和参与创建黄埔军校之功,称之革命元老,家乡县长为其宗祠题匾,当在情理之中。而称戴氏为“望族”,此语亦属不妄。

最显赫的是“黄埔之英、民族之雄”国民革命军第二百师师长戴安澜。族序“衍”字辈,称戴端甫为五叔祖,也是戴端甫引荐而进入黄埔戴姓4人中的一人。戴安澜为国内最早参加抗战的爱国军人,与叔祖戴端甫及时任国民党军17军军长徐庭瑶,同为“长城抗战”的无为人。1941年以第200师少将师长率部赴缅作战,扬威异域,令日寇丧胆,让英军叹服,获美国政府勋章。1942年于缅甸茅邦殉国,追升中将。毛泽东挽诗:“浴血东瓜守,驱倭棠吉归。沙场竟殒命,壮志也无违。”在纪念抗日战争胜利60周年大会上,胡锦涛代表中共中央赞颂国共两党抗日将领中,就有戴安澜将军。他是无为历史上伟大的民族英雄。

此外,国共两军中授有军职军衔的还有:

戴慰文,国民党军少将,与戴安澜同下广州参加国民革命八名青年之一,1926年黄埔军校四期毕业,北伐战争中获铁血勋章。抗日战争中,参加过湘北、桂南诸战役,在昆仑关大战立有战功,获勋章一枚。1948年参加民革组织,1949年于徐州病故。

戴翔天毕业于黄埔一期,北伐战争中阵亡;戴汝明黄埔三期,东征惠州阵亡;戴衍顺黄埔五期,北伐阵亡;戴子锋、戴恒亮叔侄同为陆军交辎学校的军校生,亲历南京保卫战,突围时戴子锋牺牲,戴恒亮逃过一劫。后去了台湾。

戴恺华,国民党军少将。去台后任孙立人侍从副官、金门防卫司令部办公厅主任。

戴子雄,去台后曾任台湾陆军少将通讯处长。

戴克,1925年出生于练溪,1940年加入革命队伍,同年8月加入共产党。曾任中国人民解放军武汉军区工程兵部部长。

此外,还有戴复东、戴子庄、戴聿昌、戴恒铭等教授学者、博士院士,均为国内外享誉极高的各界精英。

我伫立宗祠门前,不由感慨。试问,“一姓一门”,既有武昌首义元老,又有驱倭民族英雄,一县有几人?一省又有几人?今“濡南望族”之戴氏宗祠与戴安澜将军故居,分别为县、省级文物保护单位。

洪巷戴氏宗祠堂

仓头季氏宗祠话古今

刘尧明

历史上，季氏宗祠经历三次大修，若干次小修，成就了现在的规模。古制，平民百姓不准自立家庙，祭祀先祖。但因季氏先祖元礼、子成因孝入乡贤祠受春秋祭祀，所以季氏得以自建宗祠祭祀先祖。初建于嘉靖年间，时仅三间房屋。二建于万历年间，加盖前厅三间。三建于万历后期，至此固定宗祠格局。其后，多有修缮，最后一次在民国15年。在历次修建时，宗祠地址一直在仓头原地未变。进入21世纪，由南京季永兴发起、推动，仓头季族重建了新祠。季永兴先行赞助50余万元启动资金用于修路及征地、拆迁等。一条贯通祠堂与无仓路的水泥大道于2007年9月10日开工，次月建成。两天后，新祠开工。此后季永兴又率子陆续捐款共210余万元，经南京嘉盛集团认真实施，新祠终于2007年年底竣工。

整个建筑结构紧凑，布局合理。放眼望去，粉墙黛瓦，门楼高耸，牙檐高啄，气势恢宏，蔚为壮观。其内部功能齐全，设施完备。第一进名曰万年台，两层，高9米，底层设中门兼前厅，二楼为议事厅。第二进正厅为“宣晖堂”，始姐图南公像供奉正中，龛下红烛高照，香烟缭绕，令人肃然起敬；两侧走廊东西对称，共16间，为展厅及族人活动之地；中间宽广的大院，是举行各种仪式的理想场所。第三进为寝堂，正厅五间，供奉祖先牌位；庭院深深，松柏苍翠；走廊石栏精美，环境肃穆静谧，是祭祀先祖之地。房屋继承了老祠的徽派风格，新祠占地面积3000余平方米，建筑面积1800余平方米。祠旁有一古井，约开于宋时，名“刘公井”，今仍能汲水。古祠原有一套门额四块石匾“季氏宗祠”，字体雄浑，颇具神韵。但因祠堂屡毁屡修，终在“文革”中，门额石匾四遗其一，尤为首字“季”，重修之时，只好由族人代笔补白，但失去了历史的风采，为一大憾事。然族人仍然不屈不挠不放弃，遍访当地耆老，不放过细微的线索，用大海捞针的精神，终于2016年在祠堂前老塘水旐旁边的淤泥中，起出遗匾，成为季氏一大幸事。

根据姓氏学考证，季姓起源于西周姬。春秋时，季氏有两个重要的分支，一个在鲁（今山东一带），一个在吴（今江苏一带）。据传，季氏之得姓源自鲁季友和吴季札。按族谱记载，仓头季氏应是鲁季友的后代。

无为仓头季氏始祖为图南公。季图南于宋靖康年（1126），随朝廷南迁至无为，统领军队，凭借长江天堑抵御金兵入侵。时应当地绅士刘绍祖（即恩公）之邀，帮助密谋起义大事而至濡须。季图南游草鞋岭（今无为石涧北），见有金鸡玉兔从林中出，以为吉兆，遂有安居之意。不久刘绍祖密谋泄漏，被官兵剿灭。而该族始祖幸免于难，在仓头聚族居之。《无为州志》（嘉庆版）载：“宋南渡时，值盗贼起，乃建义旗，募壮士千余人，励以忠义，欲抵御灭之。战不利，殁于东关之绿柳坡，一门同死。戚季姓收其骨，葬之村东，四时祀焉，墓碑今犹存。”

据《季氏宗谱》记载，“吾祖自图南公后同居八世，先朝（南宋）有‘八世同居’之匾额悬于祠堂。”到南宋天顺五年（1332），八世祖庭宗考虑到人口繁衍，与九世祖仕显共议分家析产之事。将五世祖元庆、元礼、元智兄弟三人子孙列为三分，其田地房屋园场等家产悉照三份分授，这也是三房分的由来。

经考证，从始祖后三代为单传，人口不多。自四世祖后情况大有改变，至分家时季家的人口在百人以上。如此众多的人口共同生活在一个屋檐下，历经8代，和睦相处200余年，不能不说是一个奇迹。

在这种和睦相处中，包蕴着每个家庭成员高度文明的自我约束；当家人的公平正直、大公无私、忍让宽容；其中不乏父母的慈爱，子孙的孝顺，兄弟间的谦让，姑嫂妯娌中的宽容。

八世同居，体现了季氏家族深厚的文化道德底蕴，互助友爱、同舟共济的团结协作精神。670多年后的今天，为我们构建和谐文明的社会和家庭，敦亲睦族树立了典范，仍具有深远的影响。

季氏也以文才传名于世。最杰出的当是明清之际的季孟莲、季步骝叔侄。季孟莲为"崇祯八大家"之一，与董其昌同列，其词入选《四库全书》，孟莲数首词收入近代出版的《全明词》，孟莲114首词和步骝的16首词被《全明词补编》收入。孟莲的《月当楼诗稿》8卷和步骝的《懒蚕居士遗稿》7卷俱被收入《四库全书禁毁丛刊》。

季氏宗祠被无为县评定为县级文物保护单位。

仓头季氏宗祠

一个村庄的丁氏祠

童毅之

丁氏祠收入无为县文物管理所编制的《无为县不可移动文物名录》第107号,古建筑类别。该祠位于无为县开城镇六店行政村大燕里自然村,始建于明代,因风灾和年久失修,祠堂原建筑已于早年毁失,2010年虽加以修复,但只有砖雕门楼为古建筑。该门楼高5.2米,宽1.45米,砖质四方形,小瓦覆顶,仿木鸳鸯交手,两侧花草纹撑拱及莲瓣纹垂花座,纹饰细腻,雕琢精美,是无为县目前为止所发现的不可多得的砖雕建筑。

丁氏祠遗址

按传统习俗，聚居一县或数县的同姓族人都建有宗祠，如无为的丁氏宗祠就坐落在百胜镇的花桥行政村。丁氏祠则是大燕里自然村的丁姓一村祠堂。在丁氏宗祠之下又建有丁氏祠，实属罕见。

为何又建丁氏祠？据传大燕里自然村所处乃燕窝之地，被认为是风水宝地。传说明朝时，该村村民在离村不远的猪头山（即都督山）放牛，群牛纷纷拥向青草茂盛的山顶吃草。傍晚时，牧童将牛群从猪头山顶的九丈石（即西九华寺所在地）赶回时，发现原来的99头牛里多了一头牛，变成了100头牛。查找后发现多了的这头牛全身通体发亮，两眼炯炯有神，嘴巴时开时合，念念有词，好像牛郎所养的天牛一样，知道这是老天下凡的神牛，来帮助村民脱困解危，故而诚惶诚恐，精心伺候。

到了元朝末年，统治腐败，人民痛苦不堪，各地都暗中准备起事，推翻元政府。大燕里地处燕窝之地，当时一著名的风水先生来此考察后告诉村民，该地有帝王之气，如果率先起事，日后能出帝王。该村村民受其鼓舞，纷纷暗中准备。在风水先生帮助下，操练兵马，打造兵器。因该村所在的山满山遍野都是毛竹，故而在里面练兵外人毫不知情，起义大计在有条不紊地进行着。不料因一小事村民得罪了风水先生，风水先生怀恨在心，故意设计蟒蛇吞燕之计暗中告发，破坏起事大局，后被天师明镜所查，告知元朝皇帝，皇帝派精兵来大燕里斩杀村民。为绝后患，又砍尽竹林。所惊奇的是斩竹时每棵竹子里都现出血丝，据说是快成型之将士的兵器和战马的鲜血，故有了“竹人竹马竹刀枪”的传说。

其实，上述传说反映了元朝末年统治者的暴政给人们带来的痛苦，人民敢怒不敢言，故而以传说发泄心中的不满和无奈。但鉴于传说越来越神奇，加之大燕里地理位置的特殊性，故明朝时期大燕里丁氏族人便兴建了一村祭祀的丁氏祠。

据理力争保宗祠

童毅之

刘氏宗祠收入无为县文物管理所编制的《无为县不可移动文物名录》第108号，古建筑类别。该宗祠位于无为县开城镇都督行政村瓦屋自然村，据祠内重修碑记记载，该宗祠建于明嘉靖十六年（1537），清道光及民国年间重建。现存三进建筑，后两进梁架均存，墙体新建，前进后建。后进梁上朱漆书“民国十四年重修”字样，前天井为原有石板铺设。2008年重修完毕，现存塔纹上马石1个，旗鼓5个，石鼓2个，条形石刻1个，重修碑记1通。

刘氏宗祠原有宗祠分前、中、后三厅，整体雄姿壮美，内部雕刻大气华丽，闻名遐迩。中共抗日民主政权湖东办事处以及新四军七师官兵曾在此办公，新中国成立后一度为六店乡政府驻地。新中国成立初，无为县政府曾将刘氏宗祠列为全县重点文物保护单位。

1952年，六店乡人民政府为了筹建六店小学，因缺建材决定拆除刘氏宗祠。刘老村的刘启榜（十六世裔孙）、刘乐贵（十七世裔孙），瓦屋村的刘启学（十六世裔孙），去巢县槐林镇上刘村，托村上的宗亲将此事告诉刘启科（十六世裔孙，原江西省上饶市军分区司令员），刘启科又转告北京铁道部任职的刘启怀（十六世裔孙），刘启怀等联名给当时的无为县政府写信，希望县政府能将宗祠作为公共设施和历史文物予以保留。几经辗转，刘氏宗祠幸免于难。

由于年久失修，加上不合理修缮，特别是经历了“文化大革命”，刘氏宗祠内部很多珍贵的历史遗存遭到毁灭性破坏；地方政府曾征用刘氏宗祠作茶叶收购站使用达几十年，祠堂的前厅被瓜棚行政村（旧称大队部）拆除另用，后来瓜棚行政村在前厅的旧址上盖房，直到2006年才归还。

幸运的是刘氏宗祠上述的上马石、旗鼓、石鼓等尚存。这些文物能够幸存，得益于住在祠堂旁边的十七世裔孙刘乐义。“文化大革命”开始后，红卫兵们冲进祠堂要打碎一切旧社会遗留下来的东西，气势汹汹。因刘乐义家世代贫农，他看到红卫兵们要破坏祠堂，拿出砍刀和他们据理力争，驳得他们理屈词穷。红卫兵们看到拿着刀、红着眼的刘乐义，又看到不断涌来的刘氏宗族人，最终心生怯意，致使宗祠部分文物得以保存下来。为了不使文物被破坏，刘乐义和家人将石鼓、门铛、上马石等推进祠堂门前的水塘。20世纪90年代有多批文物贩子出巨资购买，均被他全家人严词拒绝，终使祠堂重修时得以面世。

老祠遗舍

六店刘氏宗祠

百年沧桑童氏祠

童毅之

泉塘童氏宗祠

童氏宗祠位于无为县泉塘镇郭巨山行政村务里自然村，2008年8月由无为县人民政府公布为全县重点文物保护单位。

童氏宗祠系砖木结构。据《童氏宗谱》记载：原宗祠为三进五间，分别为“崇先启后”“崇本堂”“昭穆先灵”。现有建筑于2002年复建，原建筑构架虽然改变，但后进基本保留了原有的梁架柱础，基本布局较完整。

童氏兴于上古。清康熙《童氏族谱题引》记述道：“盖闻颛顼生老童，吾宗得姓”。自元末，童氏一支迁至无为、巢湖一带，历明清、民国至今，已经600多年。童氏宗祠是无巢两地童氏宗族后人注目的中心。民国时期，日本侵华，童氏宗祠遭到严重破坏。解放初，宗祠设“务里小学”，务里（以前叫坞里）分支自发进行一次较具规模的维修性扩建，较好地保存了原先的部分厅堂。后又建务里粮站，使宗祠再次遭到破坏。2002年，无巢童氏十一分支齐心合力，历四年本着“修旧如旧”的原则重修童氏宗祠，于2006年大功告成。

童氏宗祠所在的务里村，位于祁雨山余脉，一半平岗一半圩，“河水绕其北，崔嵬拱其南。虽非名山巨川，然地以人传，仰郭巨孝友之高风，至今犹昭昭为烈也”。清时务里人文鹊起，名播濡须，一些名人和主政者推崇有加。有的登门造访，和童氏受访诸先公把盏临风，共剪西窗；有的慕名前来寻神仙异迹，访郭巨高风；有的则撰文礼赞：“凡诸巨族皆属神明之胄，而通州士民所交口而极称者咸曰‘世德相承，诗礼传家，惟西乡坞里居其首’”。

童氏祠堂既是童氏宗族精神文化的教化圣殿，又是坞里一带宗族文化的根源。坞里一带数百年间，源于祭祖，渐渐形成了正月十五祭祀关公的习俗。这天天刚黑，人们就络绎不绝地赶往祭祀场地。活动一开始，大家便很快地融入那火鞭狂舞、炮花四溅、红光照天、一片欢腾的惊心动魄的情境，深情注目关公徐疾有度、旋转奔突、气吞万里的威武形象。抬关公像的四位壮士踏严寒、斗鞭花，彪悍轻捷，无所畏惧，俨然是撼天动地、叱咤风云的英雄。

童氏宗祠自兴起之日起，族风一直淳朴敦厚、大雅脱俗。“忠孝传家”“诗礼之家”“耕读为本”是《童氏家训》的重要内容，同时也是童氏族人的根本行为准则。清时重修宗谱时正名定派二十字：“洪文开万祀，懋业达天朝;忠孝传家宝,贤才正国豪”,这二十个字前十字的两句和后十字的两句,正好构成一首珠联璧合、浑然天成的五言绝句,不仅集中表达和抒发了童氏宗族的崇高理想和深广情怀,以及对后进子孙的无限期待,而且“忠孝传家”的理念犹如一根红线贯穿其中,使之具有一种厚重的历史纵深感。

古往今来,童氏宗族一直友善四邻、亲戚乡里,人文和畅,口碑极佳。在宗祠所在地郭巨山务里,在无巢十一分支的发祥地,雁门郡崇本堂一帜独树。南宋大理学家朱熹在披阅《童氏宗谱》时感慨万千,不仅深情设问“且以强嬴秦之兼统,仅传位于再世,何童氏历世之远而子孙弗替乃尔?”而且还慷慨陈词:童氏“积善之家,必有余庆”,对童氏一族给予了极高的赞誉。

“万千间画栋雕梁,如鸟革如翚飞,色色空空,难报宗功祖德;十一分支繁派衍,能承先能裕后,亲亲长长,佑启子孝孙贤”。

悬挂于童氏宗祠内的对联充分地彰显童氏宗族孝悌高风,以及敦化睦族的优良传统。2008年重修族谱时,童氏宗族又新增正名定派十个字:“荣华呈吉庆,宝贵兆祥和”,旨在报本追源,展示宗族自信,期望后进子孙效法先贤,尊崇传统,放眼未来,无愧于宗族,更无愧于伟大的祖国。

叶氏宗祠渊源

叶明松

无为泥汊叶氏，本源中华叶氏族群。明初由江西南昌迁徙至此，迄今已历六百多年。目前，以泥汊为中心包括周边的高沟、新沟、姚沟等乡镇，共聚居叶氏人丁两万余人，占无为叶氏总人口的一半以上，堪称江北一大望族。

据现存的叶氏谱牒考证，明朝中叶泥汊叶家闸处曾建有叶氏宗祠，因年久失修而倾圮。清雍正年间，复建宗祠于河滨，即今泥汊镇南侧老河口。因其地势为右长江，左大河，水环玉带，远眺祠堂犹莲花出于荷叶之上，故坊间又有“荷叶宝地”之说。因临江滨河，其间曾遭水灾七次而七修。咸丰末，太平天国兴兵，扼据长江一线。为御清兵西进，拆祠筑营，宗祠几成废墟。至同治年间，族人方集资于原址重建。抗日战争时期，又遭日寇轰炸，多有损毁而无大恙。20世纪中叶，为了筹建大江中学，祠堂被拆，所拆砖、瓦、木、石等全部为建校无偿所用。宏华高广之百年古祠，就此为建校育人奉献了它的身躯，祖宗泉下也可慰欤。

时逢盛世，民生小康。经济繁荣，社会和谐。治世之年，人心思本，人心溯源。本着以加强亲情纽带联系，弘扬“爱国守法、明理诚信”的族风为宗旨，以团结互助、共筑和谐社会为目标，2008年，叶氏族人开始了第五次续修宗谱。历时两年于2010年6月功成谱就。新谱面世，族人亢奋，万众同心，乃议重建叶氏宗祠事，遂于次年农历二月初二正式破土动工。其间，几经周折，困难重重，在族人的共同努力和社会各界的关心下，宗祠鸠工五百多天，于2012年12月竣工落成。新祠坐落无为大堤北侧，恰与原祠隔堤相对。主体建筑共占地近2000平方米，地面基础为钢混框架结构，分前、中、后三进并及两厢。前为门厅，其二楼设有接待室、办公室等；中进为祭祀大厅，供族人祭祀、瞻仰。后进摆立先祖亡灵神位，两厢另配有碑廊、展厅等。整个建筑，浑然一体，楼宇宽敞，画栋雕梁，既具徽式传统，又不失现代气派。可谓临山近水，物华天宝。蕴天地毓秀，极风云大观！著名诗人、书画家叶晓山先生为祠堂题写了匾额柱联，更使祠堂增光增彩，锦上添花。

泥汊叶氏，自明初开基以来，已延三十余世。依二谱及后续谱牒新增厘定的辈序“日正有宗道，人文万世荣，显明承祖德，光耀继前英，思行高远，修齐治平”序列，目前最幼一辈为“德辈”，可谓人丁兴旺，合族昌隆。六百年间，簪缨传世，休养生息，叶氏族人爱国守法，明理诚信，勤劳奋进，有作有为，为社会做出了应有的努力和贡献。特别是近百年来，无论是革命战争时期抑或和平建设年代，都涌现了一大批为国为民、奋进奉献的叶氏子弟。如渡江战役中的“第一船船工”叶世春烈士，文化战线上的叶晓山。尤其是改革开放大潮中，叶氏族群中更是人才辈出，业绩骄人。如拥有十多亿资产、年纳税在数亿以上的华宇电缆集团董事长叶明竹；实力雄厚、效益显著的华源电缆集团董事长叶明茂；以及特力电缆集团董事长叶明生；国华电缆集团董事长叶明玉；等等，他们为国家为社会创造了巨大的财富，也成为族人的楷模。

高山巍巍，流水长长。在奔腾不息的人类历史长河中，泥汊一叶数万族裔，将继续奋进拼搏，一振雄风，继往开来，大展风采！

李氏六箴堂渊源

李俊平

李氏，乃当今世界最大姓氏之一。据史书载称：李氏出自黄帝(轩辕)、昌意、颛顼、帝喾、帝挚、女华、大业，得姓于皋陶(血缘始祖)，迄今已有五千年的历史。皋陶字庭坚，为尧时执掌刑狱的“大理官”。子孙世袭其职，代为理官，以官命族，遂称“理氏”。理氏历经虞、夏、商三朝，传承二十六代。

商朝末年，纣王无道，理征(字德灵)以直言劝谏，遭杀害。其妻陈国契和氏携子利贞逃难于伊候之墟，食李子得全，遂改“理”为“李”。利贞也娶契和氏之女昌祖，仕陈为大夫。周康王时赐苦县为采邑，遂迁家于苦县。传至十五世孙李干，为周上御大夫，娶益寿氏女婴敷生李耳，字伯阳，又字聃，周平王时为太史，著有《道德经》八十一章。唐明皇追尊老子李耳为“圣祖混元上德皇帝”，即世称道德真君。

春秋战国之际，李氏人才济济，屡出将相。据《新唐书·宗室世系表》及《古今姓氏书辩证》记载：李耳(字伯阳)传至九世孙李昙(字季远)初为赵相，封“柏人侯”，入秦为御史大夫。生四子：崇、辨、昭、玑。崇字伯佑封陇西郡南郑公。其子李信，字有成，为秦大将军，率军伐燕，将燕太子丹追杀。信生超仕汉大将军，渔阳太守。有二子，长曰元旷，官居侍中，次曰仲翔，为河东太守，晋封征西将军，讨叛羌于素昌，战殁，赠太尉，葬于陇西狄道东川。因家焉，其子伯考历仕陇西、河东二郡太守。自李崇至伯考，祖孙六代，出三位镇将、三位郡守，其生平业绩，多在陇西，奠定了“陇西李”的基业，因而李崇被推为“陇西李”鼻祖。“陇西堂”由此而生。

陇西李氏自李崇开宗立派，历汉、魏、两晋，以陇西为基地，先后迁播于宁夏、陕西、河南、河北、山西、山东等地，大致呈现为“一干五枝”的辐射势态。所谓“一干五枝”，当首推“成纪李氏”，此为陇西李氏之主干。据《新唐书·宗室世系表》所载，李伯考生二子，长曰尚，次曰向。“尚，成纪令，因居成纪”，向为范阳令，系范阳房始祖。尚生子广，为前汉将军。猿臂善射，才气天下无双，匈奴畏之，号“飞将军”。广有三子，长曰当户，次曰椒，三曰敢。敢生二子，长曰禹，次曰忠。忠为顿丘房始祖。禹字子通，子孙历仕汉室，或为郡守，或为大夫，繁衍迁徙开宗立派，分为渤海、申公、丹阳三房。上述“一干五枝”，范阳、顿丘、渤海、申公、丹阳五房，散处各地，支分派别，但溯源寻根，均冠以“陇西李”三字。其中尤以丹阳房枝繁叶茂，英才辈出。东晋隆安四年(400)，陇西堂李崇第二十九世孙敦煌公李暠立国称王，拓殖西凉，史称西凉武昭王，奠定了李唐王朝的基业，被追尊为“兴圣皇帝”(吾脉鳌头皇帝)。丹阳李氏，从东晋到隋末，任郡守、刺史者达五人，其中三人被赐予公爵。盛唐时期以卫国公李靖为人望的京兆李氏和以西平王李晟为始祖的西平李氏，均为丹阳房后裔，丹阳房也是五代、宋元之际李氏南迁的主要衍派。

吾脉始祖李晟(字良器)，公元727年即唐开元十五年五月初一生，官至太尉(正一品)兼中书令，西平郡王，加封一千五百户，赐京兆万年县永崇里第，御制碑记，皇太子亲书立石东谓桥。贞元四年三月(788)诏封先世立五庙。贞元五年九月赐李晟图像于凌烟阁。贞元九年八月初四薨，寿六十七岁，赠太师，谥号忠武。当年十二月十六日葬高陵县奉正塬。

无为一世主李文中，西平王李晟第二十二世孙，明洪武十七年由江西横海卫武职迁濡，历经630余年，传二十五代。吾族迁濡后，与祖籍地江西赤海李氏同修五次宗谱。自清康熙戊午年(1678)首创李氏六箴堂宗谱，至2013年5月8日共六修宗谱，三次建祠。原宗祠“状貌雄伟，图记灿然。清咸丰癸丑逆匪蹂躏，尽成瓦砾。”同治二建宗祠后，族人代代修葺。由于1954年大水，宗祠日渐颓废。后因宗祠无人管理，县政府改建泥汊粮站至今。因原宗祠住户居多，收回得不偿失。2015年5月27日，李氏六箴堂宗祠另择地破土动工。族人共捐资2000余万元，上海宇培集团主席李士发一人独捐1200万元。

目前，宗祠占地约20亩，其中建筑面积约7000平方米，停车场占地3000平方米。纵观李氏宗祠，大气磅礴、雄伟壮观、飞檐斗拱、彩塑熠熠生辉。其中有石雕、木雕群、水晶玻璃、青铜铭文、文研中心、食堂、文化长廊、人物彩塑、文化底蕴等九大亮点，被中华世界忠武王李氏宗亲联合会主席李晓炎誉为全国第一。对于宗祠的整体布局和建设，修谱建祠总指挥、副会长李业玉功不可没。阖族宗亲鼎力资助，无私奉献的精神亦将为后世所铭记。

钱氏御赐孝子牌坊

李俊平

牌坊,古名绰楔。绰者,阔也;楔者,木框也。隋唐以来,闾巷兴盛于都市,为方便管理,官府便于闾巷之首,立个木框,木框上书写该闾巷之名。

隋唐初兴科举取士,于是乎,许多中举寒士,均出身于闾巷。科场高中,报喜队伍将旌幡之物悬挂于"绰楔"之上,以示风光,于是,绰楔便有了旌表之意。

牌坊,是封建社会最高荣誉的象征,是皇帝为表彰功勋、科第、德政以及忠孝节义批准所立的建筑物。牌坊亦是祠堂的附属建筑物,昭示家族先人的崇高美德和丰功伟绩,兼有祭祖的功能。牌坊起一般采用木、砖、石和琉璃等材料建成,造型美观,结构讲究。形式有双柱、四柱、六柱、八柱数种,柱间额坊上置斗栱,安屋顶脊饰,有的为重檐甚至三重檐,坊柱两旁有坚固的斜戗。

徽州牌坊是中华建筑的瑰宝,无为牌坊亦不逊色。全县共有四十八座牌坊,其中"状元坊""进士坊""大司空坊""御制孝子坊",争奇斗妍,独领风骚,可惜"文革"拆毁至罄。

牌坊分四等,依次为敕建、圣旨、恩荣、御制。敕建,是最低级别。若官绅或平民,事迹突出,恩泽乡邻,足需旌表。由地方官员或德高望重士绅逐级上报,直到朝廷。皇上准行,口头允准,建造牌坊资金自筹。

圣旨，也是由地方逐级呈报到朝廷。皇上准行。圣旨书覆，建造牌坊资金自筹。

恩荣，不需要地方逐级呈报。而是皇上根据掌握的情况，对有功臣民、政绩卓著的达官贵人，主动提出立牌坊旌表，取皇恩浩荡，荣及乡里之意。但皇上颁旨赐名不出钱，建造牌坊资金亦需自筹。

御制，是牌坊中的最高级别。顾名思义，皇上御批，并从国库中支付资金，名副其实的“御制”，政治待遇极高。我国的“御制”牌坊很少见，就是在牌坊林立的棠樾牌坊群中，也只有“慈孝里”牌坊，才是“御制”牌坊。

无为御制孝子坊有二。一在仓头，乾隆四十年为监生季国瞻庐墓建。二在治西大安街（黄泥湾路首，左侧观震潮，右侧原一中南大门前，南有月牙塘，古称泮池。正前方与明福建左参政朱昂登云坊遥相呼应，互映成辉）。嘉庆元年（1796），为庠生钱承禧庐墓建。该族谱载：钱承禧，生于乾隆八年（1743），享寿七十有八，系钱王十八世孙。少年时期，聪颖过人，尊长爱幼，至孝性成。祖母卧病，为父分劳，每天为祖母洗涤溺器、衣物，日益问安侍膳。祖母殒，代父守墓三载，沉默寡言三年。父丧，悲痛欲绝，面深黑糜烂而不知苦，泪长流不息面未节哀，遂又守墓三载，表率乡里。两江总督、安徽巡抚、学政将其德孝品伦禀于朝廷。乾隆五十九年（1794）正月二十七日朝廷恩诏“钱承禧为康熙皇帝孝子贤孙”，并赐银三十两，修建跨街牌坊，并载入志书，明示旌表，此等殊荣全国罕见。后人赞道：

庐墓六载恩报双亲　乾隆敕号动天地

德孝仁和品伦端重　百姓颂歌传神州

原“孝子牌坊”，今无踪迹。2010年5月，由钱氏宗祠后裔捐资重建。该“孝子牌坊”位于宗祠东侧，坐落于大别山脉银屏山九龙岗之首。

“孝子坊”高11.8米、宽12.6米，巍巍矗立，处处传神，恩慈四溢，栩栩如生。该坊选料考究，山东纯天然青石雕琢，简洁古朴。全坊凿槽镶嵌，天衣无缝。牌坊上端镌刻乾隆御书赐额“忠顺贻庥”四字，静谧肃穆。两对天降倒挂狮目光炯炯，镇守坊门。

牌坊下，有一对麒麟，十二尊生肖石雕，惟妙惟肖，形态逼真。穿越古色古香的祠堂大门，扑面而来的九龙壁熠熠生辉，九龙造型神采各异，奔腾在云雾波涛中的蛟龙浮雕，堪称建筑群中巅峰杰作。开山之祖彭祖篯铿，跨鳌远游，寿长八百。两只雄狮翘首眺望，成为钱氏宗祠忠实守护神。月牙塘囊括了“四水归明塘”“肥水不落他人田”之说。宗祠亭坐落在园林美景中，斗拱月梁，走廊环绕，石柱精美，绿树掩映，花丛隐榭，构思其特，是族人拜祭休憩的好地方。

怀德堂占地6000平方米，共建宗祠、宗祠广场、宗祠亭、月牙塘、停车场、管理房、储藏室、大门楼、院墙、天坛式宝鼎等十大建筑物约2600平方米。宗祠四厢三进，两层双间900平方米，是一座古雅与现代、质朴与时尚、浑厚与华丽为一体的徽式建筑。龙凤呈祥、错落有致；气势恢宏、巍巍壮观。是凝固的美妙音乐、令人陶醉的建筑史诗、五彩缤纷的现代画卷。

宗祠中供奉钱氏先祖钱镠王后裔，无为怀德堂十五世祖支脉至58代祖宗神灵牌位。七修谱序为中国航天之父，“两弹一星”功勋，全国政协原副主席钱王33世孙钱学森亲为审签。无为钱氏宗祠谱牒封面“寻根认同、共振中华”，为全国政协原副主席、中国科学院院士、上海大学校长钱氏35世孙钱伟长所题。

置身祠坊，心旷神怡，祠坊辉映，相得益彰。祠坊间，亭阁微微风，月塘潺潺水，松柏尽翠绿，树竹皆长青。花齐放，鸟争鸣，香火旺，颂歌扬，景如画，意无穷。“孝子坊”昭示钱氏子孙，忠孝当力，福缘善庆，赡父侍母，因苦弗离。敦圣克陋，业建名扬，家园和谐，万事吉祥。

钱氏宗祠前孝子坊

钱氏宗祠

洪巷周氏宗祠

程传衡

祠堂不只是一座有宗族象征的建筑和祭祀祖先活动的场所，也是后裔精神的驿站，有着族脉、人脉与文脉的合聚力与向心力。

周氏宗祠

在圩田密布、丘陵起伏、广袤绿野的田园风光里，隐藏一座极具姓氏文化价值的古建筑。它就是位于无为西南腹地洪巷镇的一座清代早期祠堂——周氏宗祠。

古祠位于洪巷镇联合村的周村西侧，大门朝南，迎面一对石狮、石鼓，门前有三级台阶，门楣上书“周氏宗祠”匾额，大门两侧有“祖德振千秋大业；宗功启万代文明”对联。匾额、对联均为描金大字。大门两边墙下分别嵌有四块大理石字牌，左边第一块，上端一排小字：全省重点文物保护单位；中间四个大字：周氏宗祠；其下列两排小字：安徽省人民政府公布，2012年6月。左边第二块，其上大字：周氏宗祠；其下小字：始建于康熙丁未六年(1667)。右边墙下也嵌有两块石刻，一块是县级文物保护牌；另一块是简介，所书：周氏宗祠坐北朝南，三进三开间，前堂为“崇前启后”，中堂为“敬思堂”，后堂为“昭先灵穆”。前后有两个天井，两边为厢房。占地面积509平方米。始建于康熙丁未六年(1667)。康熙六十年(1721)重建。

宗祠布局完整，方方正正。结构奇巧，营造别致。青苔砖石，雕梁画栋。檐枋、斗拱、雀替、隔扇、槛窗与石础、石磉等构件的雕刻，都十分精美。多为花卉、卷草与八仙人物图案，刀法粗犷浑厚，线条简约明快。秀丽、质朴尽显其中，为雅人俗爱与俗人雅品之兼有。仅阁楼木板无存，整个建筑保存基本完好。经省市文物与古建筑专家、学者多次考察，认为周氏宗祠，就其建筑年代、建筑风格、存续状况及其地域文化价值，在全省均不多见。是安徽省公布的第六批重点文物保护名单中，芜湖市唯一的古代建筑。古祠朝向方位、选址都十分考究更令人赞叹的是，古祠顶部多用海棠式八角形藻井，这种藻井艺术十分罕见，是由印度建筑“九龙沐浴”演变来的，与皖南古建筑有明显区别，属无为仅有，江淮少见，为研究江北民居与祠堂建筑，提供了不可多得的实物见证。

依据嵌合在后堂右墙的“重建祠堂碑”记载，该祠堂已有350年历史。听周氏村民介绍，该祠堂在1954年至1990年间，一直被用作粮库，所以未受文革“破四旧”影响，有幸保存至今。这是周氏族人之幸，无为乡间文化之幸，乃至中国古典建筑文化之幸。

据《周氏宗谱》载：自清雍正十年至民国九年，其间续修过五次，2009年维修为第六次。周氏先祖原籍江西道州，元末兵乱，林一公率兄弟五人由鄱阳再迁濡南。据宗祠的管理人介绍，无为周氏今有人丁大约5000人，每年清明冬至族人都聚集祠堂祭拜。昔日，祠堂大门两边曾有雕刻的对联：上联“功高细柳，”下联“泽普爱莲。”有位族人说，记得老辈讲过，上联典出西汉丞相周亚夫屯兵细柳营，当时，汉文帝称其为“真将军”。

唐代王维、温庭筠亦分别有诗赞周亚夫:"勿过新年市,还归细柳营";"铁马云雕共绝尘,柳营高压汉宫春"。下联典出唐代文学家周敦颐的传世之作《爱莲说》。

我在周氏宗祠前沉思:祭祖是对家族乃至民族文化根基的强固与宣扬,也是族人情感密码的演绎与传承。若乎火树,百枝煌煌。连接着过去,也连接着现在和未来。在周氏族人郁郁葱葱的记忆里,宗祠承载着情感记忆、审美情趣与文化内涵,而更多的是时光的消逝与血脉的丰沛,是曾经的生命的鲜活和族史的厚重与辉煌。亦如一块巨型的图腾雕石,光芒万丈地俯瞰着、照耀着尘世间的后裔子孙,引领他们延续祖先生存记忆,一路前行,让热汗涔涔的族魂,不敢有丝毫的游移与停歇。我想,这可能就中华民族文化之根存续不绝之所在。

和刘氏官庭相遇

耿松林

刘氏官庭位于无为县昆山镇石门行政村昆山老街公路边。这是一座建于前清的宅第民居，现在的房主人是双双年已七十多岁的刘玉松老夫妇。宅第坐北朝南，是典型的清代砖木结构建筑，现仅存两进三开间，两进之间有天井，天井两侧为两层阁楼，天井后为敞开式议事厅，建筑形式独特。刘氏官庭建筑长30米，宽9.2米，建筑面积276平方米。此官庭初为刘氏家族议事之所。新中国成立前后，辟为染坊、药店，现为刘氏后代住宅。”文物部门介绍并评论道：“正门朝南，青砖铺地，天井周边为青条石铺设，有别于祠堂建筑。”“建筑形式独特，梁架木刻精美。”“因一直有人居住，整体保存较为完整，局部墙体后期翻修过，但未破坏整体格局。”

2017年7月20日下午，笔者有幸在昆山镇人大负责同志的引导下，参观了刘氏官庭。远远见到青砖小瓦徽派风格马头墙，在现代民居之中卓然独立，品格不凡。刘玉松夫妇热情地打开大门，邀请我们一行参观。进门左侧曾作为店铺的痕迹十分明显，右侧为一较小房间。徽派建筑的典型代表——天井，呈长方形位于两进房屋之间。天井地面有长方形的雨水收集池，寓意四水归堂，财富汇聚。池中间卧有一块平整巨石，为方便人们行走。后进是敞开式议事厅，前有两个腰鼓形石础上立着两根大木柱支撑着，面积大约在40—50平方米，因为天井的缘故，光线明亮。刘玉松老人介绍，由于年久失修，部分阁楼楼板朽坏。2010年以后，他们夫妇迁入新居，此屋再也没有人居住了。我们本想上楼近观精美的木雕，此刻只好作罢。当问到具体的房屋建造时间，问到有没有产生较大影响的议事会议，老人家摇了摇头，遗憾地说不知道。

昆山镇地处无为、庐江、枞阳三县交界处，境内的三公山又名三官山，处于镇域西南，海拔675米，是芜湖市的最高峰。遍山林木葱郁，翠竹青青，景色宜人，是名副其实的大氧吧。镇域东北为平畈、洼地，相对平坦。东临竹丝湖，烟波浩渺，水光接天，鱼肥虾美，水产丰富。昆山古时是知名矾矿产区，宋、明时期曾位居全国七大矾都前列。近代采煤业也很兴盛，一度成为镇域支柱产业。得天独厚的地理条件和丰富的矿产资源，促使昆山街经济繁荣，历史上居民众多，街市繁华。有资料介绍，昆山老街建筑以鲍、张两姓宗祠最为显赫，居民以马刘阮高、洪徐周李诸家居室最具徽派风格，有的还有亭阁晒台。特别是刘氏老屋门户对开，连墙隔壁的房舍几乎占了西北半条街。门前立有县文物保护碑石的刘氏官庭，曾经的跑马楼与接官厅，残存的抱柱楹联，高悬匾额、石狮石础，砖雕窗花，尚存的几进廊庑迴复，足见其原先的宏大架构规制，亦可想象出当年的气势与恢宏。由此可知，刘氏曾是昆山望族，人丁兴旺，财富众多。宅院建有宽敞的议事大厅，格局大，故有"官庭"之称。

刘氏官庭历经几百年风雨，仍然挺拔存世，不能不让人慨叹建筑工艺的精湛和刘氏传承人代代接力，精心保护之功。如果进行深入的挖掘与研究，串起那些散落在"官庭"这样老房子中的一个个故事，就能清晰地看到昆山镇近几百年来的发展历史，也能折射出一部中国近现代史的缩影。刘氏官庭是非常传统的中式院宅建筑，粉墙黛瓦，青石台阶，门楣镌刻，虽然不语不言，却透露出一份内敛的儒雅。它与昆山街市互相守望，任岁月默默流淌，那一份笃定与从容，那一份慈祥与宽厚，令我辈与之“相遇”者，为之敬佩与感动！

无为县的文物工作者十分敬业，他们不辞辛劳地前往踏勘，认真地拍照、测量和记录，并立碑宣示保护，表现出可贵的尽职尽责。但现状是刘氏官庭已是危房，因为不能住人而老化加速。如果任其下去，可能让数百年的风华毁于一旦。我祈望有关部门尽早予以修缮，恢复刘氏官庭旧制，并像徽州地区那样，用传统技艺经常为古建筑“养生保健”；祈望能提升刘氏官庭的保护等级，更加地善待刘氏官庭，让这一徽文化重要的直观体现者，这座作为昆山镇古建筑文化名片的庭院，成为向子孙后代，向世人展现中华民族优秀传统文化的靓丽窗口。

刘氏官庭外观

山朱村大宅屋院

童毅之

山朱村大宅屋院收入无为县文物管理所编制的《无为县不可移动文物名录》第109号，古建筑类别。该屋院位于无为县开城镇独山行政村山前朱自然村，始建于明代，因年久失修，现仅存残破房屋一栋，墙体倒塌但梁、架、柱犹存。屋前围墙底部还存有原建筑内石雕2块，以鹤、雀、鹿纹为主题，寓意福禄寿，边框如意祥云纹，石质细腻，雕刻精美。

开城山朱村大宅

据《朱氏宗谱》记载，朱氏祖先从宋徽宗时从江西婺源辗转到达无为，耕读传家，宗族不断发展扩大，至明朝时成为无为州的望族(《朱氏宗谱》老谱载有明状元邢宽为其作的序，大加赞赏)，于是开始在独山前按各房序列兴建宅院。宅院按徽派结构建设，大门为五进，正门经风水先生谋划，设计为歪大门(同背后山型不能冲突)。各进房均有独立院落，内里房屋都为十至二十间。各房之间均有风火山墙，防火工作做得非常好。《朱氏宗谱》载，朱氏宅院建成后从未发生火灾，这在以木建筑为主的过去实属罕见。各房之间均有楼梯相连，并有隔门，进正门——歪大门的左手边有一方几十米长的花墙，全是砖雕、石雕，漂亮至极。围墙内地下全是青石板铺地，工整平整。行事、祭祀等另有三个大堂屋，各行其是。遇有喜事从大门进出，丧事从后门进出，并且有专用的通道通至村后的山边，进出都很方便。所有房屋的顶部、房檐均有雕刻，砖雕、瓦雕、石雕并存，让人仿佛到了真正的徽州。可惜的是这些优美建筑在“破四旧”运动中遭到严重破坏，木料、石条均被拆除运走用作建造六峰水电站、独山五里拐、万村天河闸等，甚为可惜。

精美石雕

山朱村大宅屋院还有一特色，就是建立了良好的排水系统。大宅院的屋面一般皆向天井内倾斜，屋顶四面接下雨水，通过天井地下蓄水池先聚集起来，再经明沟引出房屋，汇入村中排水系统。因此不仅各家之间通过各自的天井排水，而且在建房时都已在各天井下留有阴沟，上用青石板铺垫，可定时检修，这在古代亦属先进。正因为大宅院自身有很好的排水系统，雨水不会流到邻居家，既避免了纠葛，又活化了空间环境，还增添了自然情趣。俗称“四水归明堂，肥水不流外人田。”故大宅院建好后，一些他姓宗族建房时都纷纷参观、学习，清嘉庆《朱氏宗谱》为此还津津乐道。

过去在六店地界享有盛名的山朱村大宅屋院，如今只剩一栋残房。希望有关部门能加以修缮保护，不使古建筑遭到更大的破坏。

寺庙·传闻

六店西九华　　叶悟松 摄

千年古刹双泉寺

童毅之

双泉寺

双泉寺位于无为县百胜镇周家大山南麓，1986年10月由无为县人民政府公布为第一批全县重点文物保护单位。

双泉寺原名福源寺，东吴赤乌年间(238—251)始建。东汉末年，中国北方战乱不断，洛阳、长安一带的居民和僧侣避难于江淮，客观上促进了当地佛教的发展，加上吴主孙权信奉佛教，当时隶属于东吴的周家大山地区就建立了安徽佛教祖庭之一的福源寺。从东吴、东晋到宋齐梁陈，天井山周边始终为兵家必争之地，常年战争不断，“南朝四百八十寺，多少楼台风雨中”，福源寺也就在这样的兵火之中，屡遭洗劫而逐渐衰微。

唐太宗李世民登基后，信奉道教的同时也笃信佛教，因此广泛建寺度僧。碑记：唐贞观二年（628），太宗皇帝赐金建福源寺，顶梁有“李世民御建尉迟敬德监造”11个涂金大字。寺外建造回龙桥一座，作为寺内外之分界，并规定：即便是皇帝过回龙桥时也需下马步行入寺，以表示对菩萨和寺庙的尊敬。唐永徽四年（653），伏虎禅师重建禅院，因寺外有双泉胜景，故而更名为“双泉寺”，此后一直未改，沿用至今。伏虎禅师是开建双泉寺第一代始祖高僧，禅师出家后曾遍访各地名寺名贤，研学禅要。《庐阳名胜便览》载：“唐建冶父寺，有僧或半月休粮，或经旬入定，夜行村落，虎患屏息，赐号伏虎禅师”，禅师为天井山及其周边地区佛教的发展发挥了极为重要的作用。

滚龙桥

北宋时期，太祖赵匡胤下令“诸路州府寺院，经显德二年停废者，勿复置。当废未毁者，存之。”双泉寺不仅保留了过去的寺庙建筑风格，还新建了佛塔。明清时期，为了维护统治，各朝统治者都大力推崇佛教，双泉寺更得到进一步发展。

双泉寺名称的由来和其所依托的天井山有密切的联系。据《明一统志》记载：“天井山，在无为州西九十里。山顶有二泉，左曰青龙，右曰白虎，故又名双泉山，山下有楚云洞。”双泉山又名天井山，现已成为天井山国家森林公园。山上仍留存有天井一口，又名“一壶泉”，终年不枯不涸，成为双泉寺的不竭水源。山下寺旁，双泉深碧，形若游龙，流经回龙桥（又称滚龙桥），汇入弯似月牙的放生池，绮丽秀美。寺东侧有一棵已1700多年的古青檀树，高约20米，树围要七八个人才能合抱，树荫盖地面积约1亩余，苍翠欲滴。寺东山石嶙峋，岩下有观音洞。南坡建有安葬历代高僧塔群，分列屹立在幽静的山林深处。唐宋时期的墓塔刻字经风雨剥蚀，字迹模糊，已难以辨认。惟宋嘉祐年间碧天和尚和明宣德年间方洲和尚墓碑字迹清晰可识。

千年古青檀

无为米公祠内，至今保存着出土于双泉寺地宫的一方石碑即塔铭，碑文十分清楚。由碑文可知，北宋嘉祐年间，南越僧崇泽募缘造金棺银棺及金银舍利水晶舍利相和，佛舍利葬于宝塔内，永不朽用，壮福四庶。出土的金棺通高为3.5厘米，长8厘米，宽6厘米，方形，盒状，有梯形盖，盖面上錾有"南越僧崇泽募缘造佛舍利金棺嘉祐三年五月二十五日打造人张宴"28字铭文，出土时里面装有200余粒"舍利"。同时在地宫中被发现的还有《同缘芳号别录》一卷。

《无为州志》载有多篇描写双泉寺的诗歌，摘录几首以供欣赏：

宇文同的《无为山寺》：

一絙危磴绕峥嵘，上彻幽深入化城。
烟外川原谁绣画，云中楼阁自阴晴。
老僧高论都元著，古佛真身宛若生。
闻道军持新咒水，愿倾涓滴纤尘缨。

明陈廷乐的《初过双泉寺》：

青山谁似武陵春，聊向双泉学问津。
到寺忽惊畴若梦，前身疑是住山人。
危崖石洞供禅悟，古木泉声净俗尘。
谁谓巢由山不买，饮牛应作力耕民。

清人赵宽的《游双泉寺和同人韵》：

世外寻出一径偏，禅关指在小桥边。
霜烘柏叶欲烧寺，风送秋声将上天。
客座裁诗分片纸，僧厨沦茗试双泉。
相携游屐好收拾，会挥西岩巨石巅。

永宁寺与将军庙

李俊平　陈先传

永宁寺山门

永宁寺又称将军庙，始建于唐末宋初，衰落于元朝。1367年，明太祖朱元璋东征吴王张士诚，徐达领军在此安营，大战黄花滩，收取无为州，破吴军于此，寺因兵战而毁。明太祖昔曾为僧，善事三宝，所过州县寺庙以礼待之，帐下诸将亦如此。永宁寺因毁于战火，殿舍皆无，徐达出榜招纳僧众，出重金重建。后人改永宁寺为将军庙，塑徐达像于殿中，以彰其德。将军庙地处无为州姚沟镇黄花滩，临长江，控内河，此地商客云集，经济繁盛，寺庙香火不断。待徐达封王后，寺僧闻之，又添建殿堂寮舍数10间，其寺院规模香火之盛，为当时无为州之首。清帝入主中原，马跃长江，将军庙累遭劫难，延至民国初年，仅存殿堂10余间。民国三十四年(1945)日军战败投降时，又将将军庙焚之一炬，片瓦无存。

新中国成立后，将军庙未能迁址，仅有当地香客所造庙堂一座，但规模不大，且佛像与将军像共享一殿，极不谐调。2002年11月，宗慧法师入住将军庙，决心恢复永宁寺古庙，四处化缘，开始规划建设。在众多居士的鼎力支持下，历4年建成，包括山门、将军殿、观音殿、东方三圣殿等建筑，并将寺院从初建时占地1亩扩展到13亩，使古刹重光，释子有赖。现在的永宁寺已成为长年钟声悠长、梵音不绝、众信徒崇敬的一方佛国净土，也是县级文物保护单位。

徐达将军塑像

永宁寺将军庙

羊山顶上的报国寺

童毅之

报国寺坐落于无为县开城镇羊山行政村万祠自然村南侧，2008年被无为县人民政府公布为全县重点文物保护单位。

报国寺山门

报国寺始建于东汉末年，原名“阳山寺”。乾隆《无为州志》载：“阳山去城西四十里，坐开城乡四图，世传曹操屯兵此山之阳”，故名阳山，现改名为羊山。因此山由三小山组成，自西向东，依势渐上，翘首东方。观其形，依次若羊头、羊身、羊尾，整体形似一只卧羊，故名羊山。

关于羊山，有一个美丽的传说。因此山常年云雾缭绕，远观若隐若现，仿佛绣阁佳丽，欲语还羞。尤其日落时分，山岚隐约泛出红光，山顶几抹云霞宛若金边，美丽异常。一日，太上老君驾云飞临，观之，祥云四射，遂欲小憩于此，刚一落脚，恰踏羊背，未料神羊不堪重负，旋垮之，血染满地，皮肉化成白泥。自此，该山土壤红白相间。又传，远古天庭一山羊，因贪吃仙草，被玉帝贬下仙界，下凡至此，化为羊山。

因此当时的建寺者一看此处背山面水向阳，地势南低北高，三面环山，一面临水，恰似宝座，聚风聚气。加之这里视野开阔，气吞万里，地形地貌皆佳，正是一个好地方，故择此地建“阳山寺”。后相传因明太祖朱元璋早年兵败到此得救，后赐名“报国寺”。

报国寺原建有99间半房屋，同时建有一画廊与西南一公里之外的圆通庵相连。寺庙建筑雄伟宏大，是我国独有的庙庵合建的寺院。报国寺和含山县华阳山上的褒禅寺、庐江县的冶山寺并称为古无为军三大寺。报国寺大门楹联为“羊岐不返何须问；山静忘归自在多”。大殿楹联为“浮生真若梦，且放屠刀，毋当明镜台前，空贻悔恨；果报岂无因，须岂太璞，免致尘寰劫里，苦受蹉跎”。

据嘉庆《无为州志》载：“报国寺在开城乡，元至正元年僧宗明开建，明天顺五年僧定浦、元衡及州民花文贵重建。正德、万历间寺僧继修。国朝顺治五年住持僧祖诚置田九亩，复募骆正纲、潘应捷施田九亩，以供香灯。乾隆五十七年寺僧募修”。1943年，日军占领开城镇，又进犯羊山，寺庙遭兵毁。“文化大革命”期间，古刹遗迹遭毁灭。

出生本地的僧人释弥解自1996年起发愿心率众恢复古刹，欲重现报国寺昔日的鼎盛，教化一方信众，祈祷一方平安。释弥解几经磨难，艰苦备尝，为报国寺的恢复重建做出了巨大的贡献。经多方化募借贷，1997年购地3.6亩，在县宗教主管部门和县佛教协会的批准下，于1999年四月初八日开始重建。寺庙原址位于羊山村羊山学校校园内，新址选定位于开城镇开羊公路西侧羊山村和山垴村交界处。寺庙坐北朝南，地势高拔，四方一览。

1999年10月，报国寺对外开放，共建成大雄宝殿、地藏十殿、天王殿、广德堂，庙舍殿堂一共36间，建筑总面积860多平方米。寺内供奉的佛像、菩萨像、天王尊者像，神情各异，栩栩如生。大殿内的一对千佛灯宝塔，熠熠生辉。寺院内有古井一口，宝鼎一尊，是甘甜与清凉、庄严与尊贵的象征。寺内建有为民桥，门前的荷花池中还立了一尊观音菩萨像。

清无为籍著名史学家、编纂《史外》以补《明史》不足的汪有典在他的文章中就说过“阳山故多古刹”，并亲临报国寺及圆通庵考察、游览，足见其声名远播。

羊山报国寺

江北名刹西九华

童毅之

西九华

西九华寺位于无为县开城镇都督行政村都督山巅，与巢湖市、庐江县山水相连，乃江北名寺。为区别于佛教名山青阳的九华山，且又在无为的西乡，故称西九华。2008年，西九华寺被无为县人民政府命名为全县重点文物保护单位。

西九华寺建于宋景德二年（1005），原名岩台寺，后毁于金人南侵；元至元年间重建，后毁于元末农民战争；明永乐年间再次重建，后毁于清兵入关；康熙年间又重建，至咸丰年间复毁于战火；光绪年间重建，1938年毁于日军飞机的轰炸。新中国成立后尤其是改革开放后，经多次扩建、修缮，目前寺庙总占地十多顷，建筑面积五千多平方米，百余间房屋顺着山势，错落有致。地分布其间，美丽又壮观，独有特色。

西九华寺庙建于悬崖峭壁之上，整个寺院依山而立，向南北拓延，与兀立的危峰相映衬，构筑了几多神圣与神奇。寺院周围，林茂竹葱，奇花异草，千姿百态，景色诱人。更叹为观止的是，寺庙山顶有一巨石，悬于半空，石身高达九丈，仰观似有顷刻降落之险，当地人称九丈石。相传地藏菩萨刚来中土的时候，九丈石是他第一落脚处，第二处是往南五公里左右的陡壁，第三处是江南的小九华。因此三处地面都比较软，留不住大神，所以地藏菩萨最后才选择了今天的九华山。而九丈石（即猪头山，又称都督山、豹儿寨山、胡避山等）和陡壁、小九华一样都有陡峭的悬崖，都是地藏菩萨路过时，踩下的足迹，充满佛光瑞气，不可不在此建庙。据说九丈石是地藏菩萨夜深人静之时盘坐思悟之处，宋朝枢密使、魏国公王之道为此赋诗一首；“峭壁林暗松惊风，丈石周边水淙淙；二十三点灵境在，只留胜迹山石中。”明刘汝佳曾作《岩台寺》诗；“岩台山下路，强半采樵行。牧竖穿云滑，牛羊度岭平。潭空摇树影，石泉咽泉声。薄暮闲归寺，山儒共晚羹。”说的就是该寺的景奇境幽。

到得都督山脚下，老远就可看到山门上一副对联；“都督灵山蕴藏南北千般景；九华古寺永结江淮万里缘”，将都督山与西九华的特色恰如其分地表达出来。关于都督山来历，一般的传说是东吴大都督周瑜因带兵路过此地驻扎故名。实际情况是，周瑜从未率军驻扎过无为，路过都督山的是东吴大都督朱桓。朱桓不但做过濡须都督，而且曾经督兵都督山，这在《三国志》和《无为州志》里都有记载，当为信史。我在《无为周刊》上曾经发表《都督山史话》一文，做了详细论证。但有这两种说法，更增添了西九华的奇异。

从山门拾级而上，天王殿、三圣殿、钟楼、念佛堂、斋堂、客堂等设施齐全，寺内大殿建筑雄伟，三尊大佛盘坐云台，两边十八罗汉喜怒哀乐，神态各异；莲台观音，手提杨柳；地藏菩萨，广度众生；晨钟暮鼓，出境清雅；游人身临其境，顿感神志纯清。

西九华寺也是旅游观光度假休闲的好地方，每年三次的传统庙会（农历除夕与大年初一至十五、农历二月二十九、农历九月十九），都吸引着成千上万的八方信徒和游客前来敬香、观光，甚至有从芜湖、青阳远道而来的，盖因此地乃九华山之西大门也。是时，民间灯会、文艺演出、经贸往来等活动盛极一时，到处是车水马龙，香火缭绕，爆竹齐鸣，乐音阵阵，让人流连忘返。

目前，无为县旅游局正在进行《西九华旅游区总体规划》建设，打造一心（入口服务中心）三区（宗教体验旅游区、生态度假旅游区、乡村休闲旅游区），其中的宗教体验旅游区即以西九华寺为核心，深度挖掘西九华佛教文化内涵，打造集观光旅游、文化体验、修学考察、宗教朝觐为一体的旅游项目，强化宗教设施建设，提高宗教旅游吸引力。2017年，国家旅游局发布了最新出炉的680个全国优选旅游项目，西九华荣幸地跻身其列。

红庙山中迎山寺

王谦林

迎山寺，坐落在无为县红庙镇闸北行政村西南。它是无为红庙镇"三色"旅游板块之一（红色板块：新四军七师人文系列景观；绿色板块：五千亩花卉植物景观；黄色板块：迎山寺佛教文化景观），近几年来，一直以其奇特的佛教传奇和恢宏壮观的庙宇建筑风格，展示着它那独特、靓丽的色彩。

迎山寺，坐北朝南，现有五进院落，分别为：天王殿、千手观音殿、大雄宝殿、五百罗汉殿以及地藏王菩萨殿。

寺内，每天香火不断，游客如云；寺外，水秀山清，花香鸟语。再加上晨钟暮鼓气息，深深衬托着浓郁佛教文化氛围，是一个修身、养性的好去处。

然而，很多人并不知道，现在这座雄壮的庙宇，它原先并不叫迎山寺，它原名叫银子庵。

相传明朝洪武二年间，在一个初冬的傍晚，有一位无为籍武进士项可，只身一人骑马路过此地。那时候此地是荒山野岭，野兽成群，人烟稀少。不知怎的，一贯行走如飞的马忽然不能动了，而体格一向健壮的他也突感全身乏力，口渴难忍……而此刻耳边还似乎听到野狼的嚎叫声……

就在这呼天不应、求地不灵的关键当头，一位不知从何处而来的僧尼来到他的身边,递给他一钵清水,他接过一口饮干,顿感浑身通爽……而此时坐骑也恢复原状。他甚感欣慰,正准备向僧尼拜谢时,已不见僧尼踪影。他隐约感觉,救助他的不是平常人,而是南海观音。

于是他决定去南海还愿。果然还愿朝拜时,又隐约感到菩萨身影。从那里回来以后,他感悟很深,决心要在此地建造一座庵堂,专供观音菩萨。

正巧,当地有一本家项氏大姑,时年19岁,因家世坎坷,愿出家为尼,表示庵堂建成后愿坐庵修学终身。

就在庵堂落成当日夜晚,天空突现五彩霞光,庵堂内外通体透亮。接着天又降一物,光芒四射。大姑捡起一看,原是一件银器,她顿感此银来历不凡,于是为庵起名:银子庵。

大姑坐庵以后,每天潜心修学,日日积德施善,并先后收徒近百人,直到83岁圆寂,圆寂火化后,现出许多舍利子,由其徒弟们在后山建塔封存。

当年六月十九,有万人来庵朝拜。据传,朝拜时又见观音身影。

从那以后,该庵远近闻名,香客、信众往来不绝,烧香求签,都夸该庵菩萨最灵。

清朝年间,有位法号袾宏的大德高僧来庵参学,住了较长时间,临走时,悟出十六字:本来无佛,可以念佛,佛之一字,吾不喜闻。

从那以后,又不知过了多少年,一日,有一僧来庵挂单,夜上宝塔取走了舍利子。

从那时起,庙庵逐渐萧条、败落,直到20世纪80年代,宏怀大师重新决定坐庵,庵庙才有转机。

宏怀大师,俗名李福俊,号道远祖,籍贯无为,他先在江西真如寺出家,后发愿朝拜名山大寺。1980年他来银子庵挂单时,当时该庵已破烂不堪。在众居士苦留之下,他决定留在该庵。后大师去北京会见赵朴初会长,并汇报该庵历史、近况……赵老听后,感慨不已:佛教文化是中华文化一部分,应当发扬光大。并指示大师回庵后,要好好整修庵堂,可改庵为寺。从那以后,就以迎山为名,称为迎山寺。临走时,赵朴初还特赠对联一副,至今仍在寺内保存:

"借来南海半瓶水;化作东山一片云。"

1983年,安徽省省委原副书记张恺帆来红庙参观访问,抽空来到迎山寺,并说该寺庙在抗日战争与解放战争期间,曾给新四军七师和革命群众有过不少帮助和支持,为此曾遭日寇、蒋军焚烧。感慨之余,也特赠对联一副:

"水库龙藏广致五洲慈泪雨;迎山虎立护物万事太平花"

1984年,这座曾经辉煌,而又历尽沧桑的迎山寺重新对外开放。

1989年宏怀大师圆寂,由其爱徒释弥清接管迎山寺,从那以后,在释弥清大师与众僧积极努力下,在中华传统文化浓郁氛围中,迎山寺从2015年重新建造大山门开始,规模不断发展扩大,焕发出新的青春与活力。

1997年11月,该寺被定为安徽省重点文物保护单位。现在这座恢宏壮观的迎山寺院正风光无限,随着中华文化不断发扬光大。相信这座人文深厚、历史悠久的庙宇将更加灿烂辉煌。

红庙迎山寺

妙智庄严地王阁

程传衡

城南地王阁

无为城城南的息气桥古称新附桥，桥名缘于东吴诸葛恪所筑的新附城。由此前行，眼前显现一片宫殿式建筑，掩映于绿树之中，那便是五龙攥珠地王阁。东望龙安，南视麒麟，西观宝塔，北眺伏虎，小南山居中，五山环抱。丘冈起伏且临五里长河，虎卧凤阁，龙跃天门，故有五龙攥珠之称。

地王阁迎面开三座门，中间及两边门上各有一副对联，分别是："笑世人不肯回头；问菩萨缘何倒坐。""觉后空空无大千；梦中明明有六趣。""看看世上摇摇手；想想人间点点头。"地王阁原名延福寺，相传古新罗国王子金乔觉来中原择地修道，曾来此留宿月余，后来金乔觉在九华山得道，被尊为地藏王化身。为纪念这一佛教盛事，便在延福寺内增建地藏王阁，并将延福寺易名为地王阁。

依据庙内留存的几块古碑方知，古刹始建于唐朝贞观年间。屡废屡建，相沿不辍。《无为州志》载，宋淳化三年、明洪武七年曾大规模修建。延至清初，庙宇仍宏大巍峨，有地王阁、文昌宫、观音阁、常志寺等建筑。

清咸丰十一年，地王阁庙宇，为太平军叛将程学启拆毁，木材大部运至南京建造天王府，余者为修筑神塘河兵营所用。据民国三十五年县佛教支会资料记载，其时地王阁尚有大殿8间、僧房7间，庙祝宏世和尚主持佛事。

地王阁庙院

明代著名哲学家吴廷翰致仕回乡，最初便是寄住延福寺。吴于庙四周遍种紫苏并筑苏歌台。驯养鹿鹤禽鸟及种植花草，栖志典籍，著书立说，过着“沐风而歌，酒阑欹枕”的恬淡生活。住庙期间，吴完成了《吉斋漫录》《椟记》《瓮记》和《湖山小稿》《诗集》《文集》《洞云清响》等文集，悉心于哲学思想的研讨。《吴廷翰集》流传海外，在日本广为影响。吴还随兴所至，将庙园里一些清幽小景取名为穿云径、借云亭、看云台，乃至亲自将庙名延福寺改为白云寺长达数十年。

地王阁历来不仅是敬香礼佛之地，亦是文人墨客观瞻之所，留有许多诗文。吴廷翰住庙时常有朋旧造访，诗文唱和亦是常事。有时访客未及谋面，而吴驯养的白鹤早已飞迎。吴诗以记之：“白鹤高鸣映彩霞，一双舞罢各衔花。盘旋忽向湖边起，为报先生客在家。”同为明代的朱镛、庄昶，也以《延福寺》为题互有唱和。朱诗：“望入松阴一径赊，更无鸡犬有桃花。芸香竹色闻啼鸟，水影山光见落霞。夜雨梵钟翻贝叶，春风石鼎试新茶。也知心地清如许，肯信人间鬓有华。”而庄诗曰：“十亩祇园一望赊，绕堂多种款冬花。山中高士投莲社，石上禅僧坐晚霞。红叶大书门口树，小溪清酌雨前茶。大颠须识簪缨好，莫向空门老岁华。”

今地王阁为20世纪70年代在原址上重建的。2004年以后曾有过多次扩建。现占地近7000平方米，有大雄宝殿、观音殿、天王殿、地藏王殿各一座，禅房、寮房四十多间。远远望去，殿宇峨巍，古木参天。外墙一有排硕大红字："南无阿弥陀佛！"在阳光下格外炫目。院内有两棵数人合抱的榆柏和一株珍贵的观音柳，树龄有五百多年，曲干虬枝，翳天蔽日。庙内有两座千佛灯，和一座飞檐翘角、顶饰飞龙的四方香炉及一座宝鼎式的五米七层地藏铁塔。大殿重檐歇山，僧房拱门粉墙。前殿檐下六根圆形石柱，中间两柱旋绕盘龙。迎门一对石狮，走廊里游龙悬壁。高约九米的地藏殿，列四尊七米樟木地藏王佛像，其他各殿，菩萨或坐或立，有的骑着白象、狮子，有的头披红巾。慈善的观音像两旁各立一尊菩萨，背景似乎是众佛会于须弥山的雕塑。罗汉神像慈祥微笑，哪吒神像踏风火轮。每尊佛像皆仪态祥和，慈眉善目。

地王阁殿宇与僧房的对联，也是妙智庄严、空灵寂寥的佛国景象。让人观照现实生活，去静思、咀嚼与遣怀。如观音殿："西方竹叶千年翠；南海莲花九品香。"金刚殿："善心不染世间尘；金刚降魔护三宝。"后殿："龙吟虎啸登宝座；狮吼象鸣传法轮。"僧房："佛门深似海；佛法大如天。""十方共成十方事；万人同结万人缘。""诚心礼拜必感应；行善积德降吉祥。"给人一种以禅境的启迪与心灵释然。每逢农历七月三十的地藏会和二月十九与九月十九的观音会，地王阁便俨如十方丛林圣地，四方信众纷至沓来，热闹非凡。

寺内古树

拾级而上的寺门

千年迎河寺

童有兵

开城迎河寺

《无为州志》载:“西广德寺在开城镇,唐贞观二年僧守安开建,宋元符二年僧本宪重修,国朝(清)康熙五年僧崇祐重建,乾隆五十二年僧宗德募修。西广德寺乃为迎河寺前身。

迎河寺位于无为县开城镇开城桥畔水鼓墩,具体位置为开城镇保胜村郭庄自然村,原开城粮站西侧。因门迎永安河得此名。迎河寺占地4000余平方米,天王殿三间、大雄宝殿五间,十王殿五间,念佛堂五间,寮房五间,斋堂五间,讲经堂三间。地形显敞,寺舍垒起,庭院宽阔,丹楹炫日，翘角迎风，磬声迢递，香雾氤氲，伽蓝雅静。

永安河流域两岸土地肥沃，物产丰富，经济繁荣，民户殷实，人文荟萃，风俗淳朴。

唐武德三年(620)曾置巢州分襄安立开城县。唐代佛教鼎盛。贞观二年(628)僧守在开城募缘开建西广德寺。传说西广德寺宇雄伟壮丽，金碧辉煌。殿内陈列着唐、宋、明、清各式的铜铸、泥塑、木雕造像。

僧人本宪法、崇祐、崇德这几位高僧贤德慈悲，道行高洁，蜚声大江南北。很多僧人千里迢迢慕名来到开城迎河寺，都是仰慕诸位僧人高尚的品格宏深的学问而来。可惜近百年来，战火不断，西广德寺的很多佛像和建筑被毁，但一直以来宗风清正源远流长，延续地方深厚的佛教传统文化。

正值改革开放大好形势，西九华寺住持释弥安一心向佛，仰慕守安、品格高洁慈悲，于1995年来开城，到处化缘筹备复建西广德寺，由于西广德寺原遗迹已经荡然无存且地势低洼，于是他找当地郭村村民协商，在水鼓墩上200米高岗上以每年租金1000的价格租用郭村地皮开建寺庙，释弥安呕心沥血，事无巨细事必躬亲，不久迎河寺就初现规模。

现在的迎河寺住持名叫释满意，蜀山镇黄姑人，年逾70，一心向佛，爱国爱教，开城周边信佛人士心怀虔诚，很多人慷慨捐款扩建改造寺庙建筑。

今天太平盛世，社会飞速发展，宗教信仰自由，我查看当地佛教资料，简单写就迎河寺由来，供人们参阅。

桥梁·故事

平安桥遗址　　　　叶悟松 摄

横步桥的传说

程传衡

横步桥位于无城镇凌井村花渡河畔,桥名有一段美丽的传说。如今横步桥一带村里上了年纪的人,还能记得当年建造横步桥时,有一首歌谣:“娘娘横步过,消灾又弭祸。……步步免你石匠死,准保老少平安过。”花渡河本名应为花溪河,发源于县境西北群山的南麓,起于福路的魏家桥,流经石涧、严桥、开城、无城等乡镇,由花渡闸转上三溪汇入西河。流域面积246平方千米,全长20.5公里,是无为县的第三大河流。

花渡河两岸曾是苍茫的古原,土地肥沃,蒿草丛生;桃李夹岸,林木茂盛,缤纷落英把河水装点得五彩缤纷,是名“花溪渡”。历史上花渡河有渡无桥。那时沿河两岸土地荒芜,人烟稀少。据葛剑雄《中国移民史》和凌井村张庄的《张氏家谱》记载:为了填补因元末战争造成的江北地区造成人口锐减,明代初年朝廷下诏从全国各地移民江北。张氏一族便是洪武三年,由南陵县西乡移居无为花渡河东岸落脚的。开荒耕种,营造家园。村庄兴起,人口增多。明洪武四年无为州署为方便往来行人,便在花渡河上建起第一座青石拱桥,结束了花渡河有渡无桥的历史。

横步桥是无为一处文化遗存,属县级文物保护项目。桥距城西北7.5公里,1958年县城至开城公路未开通前,横步桥是无城连接花渡河西岸严桥、开城、石涧一些乡镇的唯一通道。其时,凌井村是个东西通衢的街村,有小店、茶亭供行人歇息。村庄未改造前,几座石槽推板门窗可为见证。建于明洪武四年(1371)的横步桥,为三孔青石拱桥。桥长27.8米,宽5.35米,孔径3.5米,桥面用青石板铺架,墩基呈方形,是花渡河上三座明代古桥之一。相传,当年横步桥上梁时,有位农妇带着小孩要从桥上通过,被石匠恶意栏住:“女人桥上走,灾难躲不过。不是石匠死,便是人遭祸。”农妇明知,这是石匠因心怀封建思想、迷信鬼神且轻蔑女性而有意刁难。农妇未多解释便抬腿登桥,横步而过,并笑道:“桥上有灾祸,娘娘横步过。娘娘横步过,消灾又弭祸。前三步,后三步;左三步,右三步;横三步,竖三步;不前不后又三步,步步免你石匠死,准保老少平安过。”桥上梁后未见凶险,周边的村庄也都六畜兴旺,人寿年丰。由此这位智慧过人的农妇被传为神仙,而横步桥的名字也留了下来。1945年,日军于投降前夕将桥炸毁,抗战胜利后桥得以修复。然世事沧桑,桥体多有损毁,21世纪初县政府拨款重建。曾有几块桥栏石板坠入河底,经打捞复原于桥栏处,石上浸有水痕印迹。花渡河上共有三座明代古桥,另两座桥一为同建于明洪武四年(1371)的平安桥;一为建于明万历辛卯年(1591)位于石涧镇汪冲村的魏家桥,清乾隆二十八年复修时更名太平桥。这三座古桥结构相似,均为青石三孔拱桥,桥的长、宽与孔径、跨度亦大体一致。

横步桥

走近汪田大桥

耿松林

最早从何福安先生编著的《记忆——无为文化遗产图文集》中认识了你，今天有机会来到了你身边。此刻山风习习，满眼葱郁，在夏日的早晨，因为时光尚早而感到舒适凉爽，全没有骄阳似火时的白光灼眼，热汗蒸腾。

眼前是一座五孔石拱桥，高大敦实，有明式石桥风范，呈东南——西北走向，引桥有石阶可以拾级上下，十分独特。除东端引桥有所毁损外，基本保存完整。翻开书本，知道汪田大桥位于无为县昆山镇汪田行政村枧槽江家自然村（又称江渠自然村）江渠南侧，是20世纪60年代初、中期“四清”运动时建造的。主桥高4米，长31米，宽3.3米，用当地产花岗岩条石垒砌而成，桥墩基北呈方形，南呈尖形。现在因为江渠改道，该桥已成为废弃不用之旱桥。好奇枧槽江家这个村名，查资料得知“枧”读“jiǎn”，是一种通水器皿。出版于1990年10月的《安徽省无为县地名录》解释道：我县用于村名，因该村边有一条河流经过，故名。这条郭公河（西河支流，也是无为县唯一一条由南向北流向的河流）上游的枝杈河流已然改道，无水的故河道草木旺盛，一片青翠。汪田大桥孤独、清寂，有一份默默无语中的禅意，也有一份看尽世界花开花落之后的冷静与苍凉。

听老辈人介绍，当年的“四清”运动开展得轰轰烈烈，那是一个抓革命、促生产的年代，现在已经不能得知是何人领头号召，究竟有多少人出力出汗参加建桥劳动以及大桥竣工的确切日期，但一座体量巨大，造型宏伟、工艺优美的汪田大桥，在那个年代飞架江渠之上，让昔日的天堑演变成今日的通途，极大地方便了当地群众的生产与生活，让大人的出行和孩童的就学，一下子变得畅通起来。共产党好，人民政府好，成了周边群众的切实感受。共产党和人民政府将众人组织起来，修建出这样漂亮的巨大的从前不敢想象的大桥，人们当然要竖大拇指，当然要说："展！"

望着这座与我本人基本同龄的大桥，望着这古道苍颜的黄花岗岩条石砌块，望着这弧线优美的五孔拱形石桥，不由我对劳动产生美生出深深的认同。那些保持自然原貌的山岩沟壑，是一种天然去雕饰的自然美。而这座凝聚着众人血汗和智慧的桥体，因为它包含着人类劳动的价值，因为体现了人类的文明，并没有因为石桥的默默无言而淹没了她含蕴其中的劳动之美。

一桥变通途。桥下的河水在淙淙流淌，在低吟浅唱；桥上的人流与物流，在通达之余让人感到心胸敞亮，满满呼吸的都是山野的芳香。桥体高大厚实，正是山里人纯净、朴实的真实写照。希望大桥能多一些承重，希望大桥能永远结实、健康，是山里人最切近最真实的愿望。当你多一些虔诚、敬畏之心，当你多放下一些包袱，去悉心地感悟一座桥梁，你就有可能较多地读懂一些大桥背后的故事，你就有可能更深切地贴近山乡父老乡亲的内心。到了那个时候，你也就有可能很好地走进自己的内心，你就有机会读懂了自己的世界。

有一天桥下的河水没有了，桥上也少有了行人，大桥的周边一天比一天沉寂，大桥的桥体一天比一天苍老，大桥孤零零注视着桥下自己的投影。好像经过了长久的等待，今天好不容易等来了我这个与他对视的客人。道理其实很简单，建桥之初的喧哗与热烈，与今天清风绿影里大桥的坚定与沉寂，都是一种客观的自然存在，正如人们执笔写字，有起笔必然有收笔，有收笔又必然有下一个起笔。作为一个生命体，汪田大桥和我们所有人都一样，都正走在自己生命演进的路上。到今天作为一座旱桥，他仍然是一个具象的实体存在。汪田大桥这样耐心地等待着我的到来，我的心底一下子柔软了起来。此刻，我对着山谷高声叫喊，我很愉快！

汪田大桥美姿

新附桥头话古今

耿松林

舒城县军埠至芜湖市鸠江区二坝镇的道路简称军二路，当你来到无为县十里墩镇镇政府南大约3公里处的路段时，就可以见到一座钢筋水泥大桥，此桥古名“新附桥”，今名“息气桥”。桥名为什么有这样的一音之转，还要从三国时代孙吴屯垦说起。

汉末战事连绵不断，造成了人口的大量减少和社会生产力的不断萎缩。昔日富庶的中原地区“白骨蔽于野，千里无鸡鸣”，当初繁华的市镇也是“空而不居，百里绝无民者”，当时尚未得到很好开发的长江中下游一带，更是人口稀少，社会生产力低下。而人口资源的多寡，往往决定着国力的强弱和战争的胜败。因此，魏蜀吴三方不约而同地在攻城略地的同时，十分重视安定流民，开荒垦地，兴修水利。曹操在统一北方和中原地区不久，大力开挖运河，屯田安置流民，发展农业生产，从而成为三方中国力最强盛的一家。孙权也不甘落后，为增强国力，抵御曹魏政权的南下，在长江沿岸，从夷陵（宜昌）、江陵（沙市）至濡须（无为）、慈湖（马鞍山）等地，布置了18个重要军屯据点。

在收服了今苏皖江南及浙、赣、闽山区土著即“山越”之后，嘉禾六年（237）冬，诸葛瑾之子、诸葛亮之侄诸葛恪，被派到江北濡须屯田。《三国志·吴书》有“平山越事毕，北屯庐江”的记载。为安置新近归附的人，诸葛恪在现在的无为县十里墩镇筑新附城，在附近所造的桥梁也就取名新附桥。清嘉庆《无为州志》卷四“古迹”:“在州南十五里,吴诸葛恪筑,以居新附之人,今其地为新附桥,俗为息气桥”。清顾祖禹《读史方舆纪要》对新附城也有类似记录:“新附城,在州南十五里,三国吴诸葛恪筑此以居新附者,因名。”

该桥北依广阔的丘陵岗地,自然条件十分适宜人类居住,适宜开垦屯田。屯垦集聚了人口,做到了兵精粮足,发挥出重要的政治、经济和军事作用,让孙吴尝到了甜头。仅在无为附近,就有诸葛恪筑东兴堤(今无为黄雒集镇一带),在牛屯河上建“遇旱则积,遇涝则启”铜城闸,让原本易受水患的田地“遂成膏腴”。根据《无为州志》《无为大堤志》等史志记载,三国时代开始的长江滩涂围垦开发,拉开了农耕文明大发展的帷幕。今天无为地区的练塘圩、二十四圩、新成圩、上下九连圩这些无为大堤内侧的内成圈圩,总面积约59万亩,均为高产稳产良田,是无为人民战天斗地抗洪水所留下来的宝贵财富。无为大堤从无到有,从小面积的圈圩开始,到数个圩口的联圩并圩,到清朝的最后成型,是在一代代人与自然灾害的不懈斗争中,逐步发展与完善的。如今的无为大堤保护面积4520平方千米,其范围包括安徽省会合肥市及巢湖市、无为、庐江、含山、和县、肥东、肥西、舒城等九个市、县,不仅在农业上保护着427.3万亩农田,而且关系到流域内的工业、国防和交通运输等重要设施及人民生命财产安全。尽管诸葛恪后来因故被吴王孙亮杀害,并被夷灭三族,但他作为一名有眼光、有贡献的政治家和军事战略家,作为一名实干兴邦的历史人物,却是永远载誉史册。

随着时光的推移,新附城毁坏不再,新附桥被附近的乡民们讹误成声音相近的息夫桥、息气桥,并附丽上有教育意义的一些传说。最有名的传说是,清道光年间,无为南乡牛埠镇戴姓兄弟在此息诉息讼的故事。

传说戴姓老大是粗通文墨的山村教书先生，老二靠打猎兼种地为生，双方为着老坟山林木，经年争吵不休，很快从兄弟争吵发展到妯娌参与，戴老二的妻子竟将大伯子戴老大头部打了一个窟窿，矛盾发展到对簿公堂的地步。为了争胜，戴老大准备拿出十两贿赂银子，戴老二的岳家比较富有，也拿出十两银子供女婿打官司。当来到息气桥处，正值大雨过后的山洪暴发，戴老大骑驴刚踏上木桥，不料朽坏的桥板咔嚓一声两断，戴老大连人带驴一起跌入桥下的激流之中。小书僮哭天抢地喊"救人"，正好戴老二赶到，不由地顿生骨肉同胞之情，跳下水死命救出戴老大上岸。此时戴老大气息奄奄。生命危急，戴老二口对口地做人工呼吸，终于使戴老大苏醒过来。兄弟俩不由地抱头痛哭，觉得彼此是打断骨头连着筋的血亲，再打官司上对不起父母，下对不起妻儿，还是"冤家宜解不宜结"为好。俩人商议不打官司了，将带来的二十两银子就地建造石桥，以方便来往行人，也算做了桩修桥铺路积阴德的好事。至于桥名，就叫"息气桥"。此桥建好后，但凡附近有吵嘴打架闹得不愉快的，往往被亲友带到"息气桥"上进行教育，待双方情绪平稳之后，再令其到桥下各喝一口清澈甜美的河水，使其清净灵魂污垢，痛改前非，幡然醒悟。

多少年来，此桥真正起到了乡土教材的教化作用。

正是三月春深日，放眼原野一片青。站在新附桥（息气桥）上，不只是观赏桃红柳绿和广袤大地，更有历史的烟云在心中翻滚。向好、向善是古今皆同的追求，也是人类不断前进的永恒主题。让我们共同努力，朝着费孝通先生提倡的"各美其美，美人之美，美美与共"目标，不断向前迈进！

留家桥沉浮录

丁雨林 赵同峰

明朝时期，无为县城西郊，有户姓刘的人家，出了个当地最大的官，人称刘都督。在功成名就，衣锦还乡时，为了还愿，他打算出资在离家不远处的花渡河上，建造一座石桥，以方便南来北往的行人，积德累善。经过反复勘察，决定建造一座三拱桥，需用十五块麻石条，每拱五块，桥宽2.2米，总长24米。因为是刘都督个人捐款新建，所以取名为“刘家桥”。

在刘家桥东头，还有一座寺庙。那是刘家桥建成后，刘都督和百姓共同捐款新建的，刘都督出多数，百姓出少数。平时烧香拜佛，祈祷风调雨顺、家庭幸福。从遗址可以看出，寺庙是三间正屋，二间厢房。刘家桥建成后，成为南北交通的主要通道，人流量特别大。当地的一户许氏人家，抓住商机，在寺庙中开了个客栈。来往行人可以喝茶、吃饭、住宿。久而久之，方圆百余里的范围内，都知道这个为行人提供方便的客栈，并亲切地称这座桥为“留客桥”。不知什么时候，两个名称演变合并成“留家桥”。

过去百姓出门做生意，全靠赶驴推车，肩挑手提，披星戴月。南去襄安、白湖、灰河等地，挑鱼贩菜。北上石涧、红庙、徐岗赶集，采购竹木、仔猪等。桥上日夜行人客商络绎不绝，给百姓生活带来了极大的方便。

1943年，抗日战争时期，新四军就住在留家桥一带，打击日本鬼子，招兵买马，为新四军补充兵源。日本鬼子占领了襄安，设立了据点，经常从留家桥经过，到二埠和赫店，沿途无恶不作。两岸百姓生活在水深火热之中，对日本鬼子深恶痛绝。在两岸百姓的强烈要求下，新四军决定对日本鬼子进行一次沉重的打击，灭灭威风。一天，经过精心准备，知道日本鬼子过桥后，新四军和当地百姓迅速行动起来，掀掉了桥面上的麻石条，撬毁了中拱，使桥中断。然后在桥的北面打伏击，日本鬼子向南节节败退，必须从桥上经过，返回襄安。谁知，到了桥头，早有另外一部分新四军在桥南面等候，打得日本鬼子无路可走。这次战斗，狠狠地打击了日本鬼子，使其死伤惨重。此后，住在襄安的日本鬼子，再也不敢过留家桥骚扰当地百姓了。也就从这时开始，百姓发誓不修留家桥。南来北往，就用小船摆渡，使日本鬼子无可奈何。

抗日战争胜利后，当地百姓才用粗木料，立起了中拱，铺设了桥面。虽然没有恢复原貌，却也勉强能通行。

新中国成立后，国家还十分贫穷。为了发展农业，大搞水利建设。原来的苏塘公社和百姓忍痛割爱，拆留家桥新建抗旱排灌站，桥上的麻石条，全部运到苏塘一级站。从此，近六十年来，两岸百姓来往，只能靠小船摆渡。重新建桥，只能成为两岸百姓的梦想。

改革开放以来，随着国家的强大，物质水平的提高，国家对农村基础设施建设的投入也不断加大。村村通公路工程，使得留家桥两岸都通了水泥路。在两岸百姓的要求下，各级政府十分关注，决定投入资金，重建留家桥。2008年下半年，留家桥在原址正式破土动工，现已落成。两岸百姓终于梦想成真，一座雄壮的留家桥又重新展示在百姓的面前。这桥给百姓生活带来了方便，推动了当地经济的发展。它见证了祖国落后的屈辱，也见证了祖国富强的扬眉吐气。

“瘦骨铜声”华林桥

程传衡

无为县城自古就有“芝山秀水，景色宜人”的美誉。华林桥这个从祖辈传下来的名字，闻之便令人赞美而神往，遗憾的是她已不是昔日的胜景。倘若时光能倒流，这座铺满沧桑的千年古桥，即如初浴少女，那样羞花闭月；亦如出闺少妇，那般绰约风姿；或是半老徐娘，风韵依旧。然而，岁月烟尘像一柄无情的利剑，把一个楚楚动人的白花仙子，虐杀、蹂躏成残肢断臂、蓬头垢面、衣衫褴褛的老妪。她似乎被历史遗弃，让人们淡忘，凄冷无助、无奈地瘫在一旁。让人睹之嗟叹，思之怆然！

华林这个地名可溯至宋代以前，桥名原于河名。古时这里傍河依冈，森林茂密。夏天浓荫蔽日，冬日白雪皑皑，更有春满绿枝、秋黄染叶的瑰丽，曾引得无数游人寻访。史料中与华林桥相关的最早记载始于元末明初，元至正二十三年(1364)，归附朱元璋而被委任为无为首任知州的夏君祥筑城，开挖护城壕堑，引华林河水灌之，方有护城河。尔后，明崇祯八年华林桥拆毁，清康熙十一年州人徐可传募建，乾隆三十四年重修，为石条垒砌的单孔拱形石桥。曾是古代无城与周边乡村的重要津梁。

山环水聚的无为，有着河渠纵横、彩虹夹水的水乡风情。人称“河在城中游，城在水上漂，”是一个不太多见的中国式“威尼斯”“水城”。“水城”诸多亮点，桥是不可替代的角色。据邢容钦《无为旧闻琐话》称：无城桥多，不仅四座城门有桥，城外还有通济桥、华林桥；城内尚有三思桥、光裕桥、见龙桥、回龙桥、斗锦桥、青龙桥等小巧玲珑的袖珍“虹桥”。水光潋滟与桥的曲线为斜阳草树、寻常巷陌的城景增添了无限秀美风光。

华林桥位处仓埠门外。顾名思义，仓埠门为全城物资交易与货运仓储的重要场所。舟帆轻卷泊柳岸，车辚马萧市如潮。20世纪80年代，这里还是聚集木材、竹料、山货、土产、盐业和农业生产资料公司的仓库与销售点。在计划经济、物资统一分配年代，华林桥一带曾是无城最繁华地段。

尔今的华林桥，虽桥面残破，但孔拱完好。两边横排的青石凹凸不平，中间竖码的花岗岩桥脊也有缺损。南侧桥肩无存，西侧桥肩完整。桥肩两端石板的立面，刻有卷云状与四瓣花形的纹饰图案。“向前敲瘦骨，犹自带铜声。”外形虽残，然内质却有着傲骨铮铮的情怀。

有位参军去了新疆伊犁的无为老乡，探亲回来总要去护城河与华林桥那里走走，他曾无限感慨说，在新疆我常到伊犁河边转悠，喝几口伊犁河水，在河里逮几条鱼，就仿佛回到家乡。有位在广州工作的博士，他家就在华林桥边，和很多旅外的老乡一样，都希望无城环城河、华林桥能及早修葺。这是在外的无为人心底抹不去的故乡情结。所幸今已开启“活水靓城”工程，依据“一环七园九桥”景观规划，华林桥列于其中。

人们期待着“瘦骨铜声”的华林桥，必将以崭新的面孔重现昔日容姿；连同那三座城门大桥，也会脱去强加在他们脊梁上的钢筋砼土包裹的“铠甲”，露出原本属于她们自己的秀美腰姿，一起唱出古老生命而充满活力的青春之歌!

东津桥的前世今生

程传衡

无城东门古称朝阳门，桥名东津桥，俗称东门大桥。伫立桥头，云空杳渺。人走桥上，桥在河间。河水环绕城池，桥上印着一代又一代人的足迹，桥与桥的故事，飘撒在岁月的烟尘里。推翻帝制，桥头聚集剪辫子的人群；北伐东征，“打倒列强、除军阀”的歌声，从桥上飘过；抗战初期，“平津抗日救亡团”，走过大桥，开进无为；1949年解放，桥前红旗招展，锣鼓喧天。还有一化三改造的浪花、“大跃进”的狂潮、“文化大革命”风暴等时代风云，一桩桩、一件件，无不收藏在大桥的“秘密”盒子里。

车马盈盈，河水澹澹。城河与阮元杂诗极为契合：“交流四水抱城斜，散作千溪遍万家。深处种菱浅种稻，不深不浅种荷花。”《无为州志》：东门大桥，“明永乐间游僧宗南以木为之；正统间州守王仕锡易以石；嘉靖间州绅邢渭、袁淳等重修。崇正八年以流寇之乱，折中一梁。嘉庆十五年(1881)重建。”

今东门大桥，是改建后的公路桥，原古桥被水泥覆盖。笔者查阅无为档案馆县交通局案卷，20世纪80年代的交通史资料，附有改建前的古桥照片。照片及文字显示：无城东门大桥，为石拱桥，1646年，清朝建造，孔数三孔。孔径：中孔为3至5米，两头孔为5.65米，全长24米，桥面净宽5.1米。除照片信息外，我的印象中，古桥桥面两侧青石横排，中间三道竖形条石，桥肩秀丽，桥栏两端的石板立面，刻有云纹图案，是座雄伟俊美的古桥。穿越时空，宋明时期东门大桥外，又是怎样的情景呢？宋代诗人王苇有诗记之："台下弥漫百万湖，丛生萑苇伴菰蒲。自从围作民田后，每遇凶年一物无。"丰水期，东门外长江与百万湖及护城河几乎连成一片，白浪滔天。《水浒传》"宋江智取无为军，张顺活捉黄文炳"一节，就见证了这一点。书里说，张顺等人上了江滩，翻过北城墙，把黄文炳家烧了。到了明代，百万湖畔已变得适宜人居。湖中可行船，湖畔可夜宿。吴廷翰《百万湖》诗云："浪迹归来百万湖，满湖风景弄清娱。东门日日鱼成市，二月家家鸭引雏。杨柳绿连沙上屋，芙蕖红映酒边垆。此间疑有任公子，何处能寻越大夫。"湖鱼压断街，花香伴酒香。荷花映日，鸥鸟翔集。杨柳依依，桃花灼灼。群鸭戏水，白鹤高鸣。是城东桥外湖景桃源胜地。

往事越千年。今东门大桥内外已是一片新天地。通江大道与京福高铁连着无为开发园区与城东新区，使无城千年古镇正朝着现代化、信息化、都市化的新型城市迈进。

李家石桥十二景

刘希玲

李家石桥位于濡须郡(今无城)南李文若村(今姚沟镇飞雁行政村石桥自然村)的孔家河上。因为这里有一座李姓族人独家义建的石桥而得名。

濡南自古为泽国水乡,每年夏季汛期多为一片汪洋。乡人出行受阻,沉船溺水事故频发,于是人们纷纷建桥,故桥多。这些桥大多为僧人募化而建,也有的是众乡亲捐资共建。唯孔家河上这座石桥是李姓独家义举而成,故名“李家石桥”。

李家石桥建于明朝崇祯年间。乾隆三十年(1765)被洪水冲塌,次年由泾邑人胡氏重修。嘉庆三年(1798)再次因水患浸毁,李姓族人再次捐资重建。

石桥东达高镇(今高沟镇),西连姚镇(今姚沟镇),北通濡郡(今无城),水陆都为濡南要衢。李姓当时义建此桥,十里八乡百姓都赞之为“霖雨济世之桥”。

年代久远,世事更迭。李家石桥雄伟状貌已无从稽考,唯有建桥巨石至今仍静卧在旧址路旁,似乎在向今人展示当年石桥的雄姿。除此之外,还有“石桥十二景”流传民间。《清朝诗类》·《无为州石桥十二景》现载于《李氏(六箴堂)宗谱》第二卷第十四页,李氏族人素人先生吟诗十二首,尽意赞美李家石桥村大美景观。

李家石桥村地处平川，一望无际，绿杨万树，与长天争碧。全村掩映在绿树丛林之中，黄鹂吟唱，杜鹃轻和，翠鸟鸣声清脆。村庄四周碧流环绕，琪树成行。石桥坐落在村前孔家河上，斜跨水中蓝天。伫立石桥之上，眺望江南，雨后矗立的山峦格外清新。

村中农家亦耕亦渔，又是远近闻名的漕运世家。日过中午，小河岸边的绿杨树下小舟中，渔家悠然吹着渔笛，和着渔歌。落花肥草的河埂上，牧童横骑牛背，口吹芦管结伴而归。

石桥南去有大湖，叫民家冲，荷叶荷花十里飘香，采莲姑娘轻摇兰桡折花斗艳。村北有永丰庵，门对方塘，松扉静掩，朝夕梵呗不歇，落日西斜，便现“芳塘浸月”美景。石桥之右有茅轩，那便是文若书社。书屋紧接瓜菜地，沟渠直通水稻田。在书社读书的农家子弟，忙时种地，闲时读书，不畏穷困而知书达礼。

一阵秋风，水横落叶，天横彩虹，夕阳余晖遍撒原野。小河两岸芙蓉鹚戏行舟，箫声回转。桥下渡口，征帆卸下；天际群雁不离不弃，双宿双飞。十冬腊月一夜寒风，白雪漫野，杨柳森森，归鸦千点，犹如大师笔下《寒林积雪图》。

诗人李文若以一首回文诗《石桥小景》概述了全村十二景：湖添夜泊柳堤倾，远渡停风晚照明；桥柳绿藏莺语细，岸花红绕牧歌清；迢迢水映湖光晓，郁郁秧连野色晴；遥望隔窗峦带翠，芰荷深处酒帘轻。

李家石桥村景也醉人，诗也醉人。

说说护城河上石拱桥

王惠舟

回览历史，七十多年前，我们这个县城，是一座中国传统城池模样。出了城门就是如锦似带的护城河。东南西北门的护城河上依次有东津桥、九华桥、大安桥、迎恩桥。但是从祖辈起就都叫东门大桥、南门大桥、西门大桥、北门大桥。还有小东门外的通济桥，仓埠门外的华林桥。通济桥百多年前就无影无踪了。

这些古老的青石拱桥，都有着稳固坚挺的墩基，极富张力的拱券和弧度悦目舒缓的桥面，是内刚外柔造型典雅的艺术杰作。东门、南门、西门三座桥，都是三拱，北门大桥和华林桥只有一拱。

诸桥当中，最繁忙、最热闹的是东门大桥。因为这里的濡须河段，是县城外联的水上通衢，下通长江，上达县内西南集镇，河面巨舸舢板云集。全县稻米麦棉油菜籽外运，竹木煤炭和百货内销，都在这桥头城墙脚下宽阔的河滩上集散。大桥外，有私人开办的无为至芜湖每日一班晴通雨阻的汽车客运，加上无为在商贸、交通等方面对芜湖的依赖和需求，客流量很大。秋收季节和腊月皇天，这大桥两边更是千商聚会，万人涌动。

东门大桥在解放战争中还有过重大贡献。1949年春，每当傍晚总有夜行的解放军队伍从县城西门进城，避开闹市区，经体育场、绣溪公园，出南门转向东门大桥，直奔无为大堤，准备打过长江去，解放全中国。在行动之前，一个揪心的疑虑却阻挡在面前：东门大桥是否能承受大炮车的重压？在试着过了几辆炮车后，大桥竟依然稳如泰山。军民见状，皆大欢喜。

南门大桥离县城近一里路，背依县城，桥南有一字城关隘护卫，桥北紧靠南门大桥楼。这些都给大桥平添了几分险要和神秘。当年太平天国部队曾到过无为，后经南门大桥而去，并在一字城外分路口立石碑作路标。新中国成立后，此石碑便收藏于南京太平天国史馆。这是南门大桥与太平天国难得的一缕情缘。

北门大桥景况凄清。出城过了桥，脚下是两边水塘夹着弯弯长长的堤埂，半边高半边低，大风天、雨雪天叫人举步维艰。走过堤埂是一片洼地，被恶称为“老母猪街”。上坡的小街有不多的住户和小店，叫下草城。城边荒坡上有牛集、小猪行与柴草行。北门大桥也有值得纪念的历史，1931年7月29日，中共无为县委书记夏子旭和两位战友，不幸遭国民党反动派逮捕，被残忍杀害在这座大桥上。古桥承载着英灵，与景仰永远同在。

最可惜的是西门大桥。1938年日寇轰炸无为县城，古城惨遭破坏，西门大桥被炸成乱石堆。大路不通了，人们自发地在大桥旁建起简易的小桥，以供通行。那时，国民党县政府根本不想再造西门大桥，干脆铺上黄土变桥为路，切断了护城河。随后，从西到北到华林桥，护城河被分割成七断八截的死水潭。这实在是县城生态环境的一个重大创伤。

千年古城在不断进步，城市的面貌也日新月异。护城河上古老的石拱桥渐渐有了新的模样。东门南门两座大桥，在老桥旁拼上钢筋水泥桥，两桥连体拉平达20米宽，可称为鸳鸯桥。北门大桥改建成双拱平面桥。早就消失了的西门大桥，路面已被加高加宽，成为县城西向交通的咽喉。特别是通济桥，再现惊世华美身姿，如今这些古桥，虽隐去真身，但灵魂仍在。不停地人流和飞转的车轮，正日夜为这些古桥吟唱着古老而年轻的生命之歌。

唯一尚存的华林桥，有幸成为县级文物保护单位。虽已容颜苍老，肢体不全，但应该相信，随着护城河环境的全面整治和美化，它一定会如茂林修竹般再现历史的光华和鲜活。

独山遗址和独山古桥

童有兵

独山遗址，位于无为县开城镇独山村独山自然村北部的独山上，现隶属于无为县严桥镇象山村，由西向东分别有马村、独山和山脚三个自然村。1991年之前隶属于原六店乡独山村。独山遗址和开城镇独山村独山自然村之间由独山石桥相连。遗址为一较大的台地，高出周围5—10米，分布面积24112平方米。东、北、西三面沿永安河，西面是孙桥水系、北部是明堂水系，俩水系汇合入永安河一路向东注入长江。独山形影孤独，故名曰独山，1985年第二次文物普查发现，遗址有大量古城砖，推断是一处古代的城堡。《无为州志》记载：开城乡竹山有明福王城堡，竹山和独山仅一河之隔，此遗址是否为明福王城堡待考。现在遗址的一侧高3米处，由河水漫溢形成断层，文化层清晰可见，下层

独山遗址

为原始碎石层，上层为商周文化堆积层。

独山古石桥位于开城镇独山脚下，潘明王庙侧。横跨永安河，为三孔石拱桥，桥长22米，宽3.8米，双墩基呈尖形，具有清代拱桥建筑风格，两侧桥墩呈方形，为民国所建。

《无为州志》记载：独山桥在城西五十里，潘明王庙侧。潘明王，汉代人，世代务农，为人质朴，敏锐强悍，名扬乡里。有一次遇到敌人，他左手将一头牛轻松举起，右手用耕犁击打对方，对方数千人被他击退。遇到盗寇泛滥的时节，他就团结带领当地勇士扎营竹子山，保障当地群众生命财产安全，盗寇闻风丧胆不敢侵犯，因此大家尊称他为明王。现在他的墓在竹子山上，当地群众建立明王祠来纪念他，人民永远爱戴他，大家都说来这里祭拜祈祷非常灵验有求必应。潘明王庙联：独山孤庙一关公单刀匹马，双河两岸二渔翁对下钓钩。古庙毁于破四旧，现存万云庵。传说独山遗址为一龙珠，严桥明堂山脉为一龙，竹山向南九里十三山头为一龙，二龙戏珠，现在登高仍可以看到形状。

独山桥的由来无法考证，桥下的水发源于巢湖无为交界处的猪头山（现西九华风景区都督山），经瓜棚、六店老街、孙桥村，拐弯进入独山河，汇入永安河，一路向东奔向长江。独山桥是两个村路之间来往的要道，有四个桥垛，古时候四周围一圈长石条，中间填充鹅卵石，外面坚固内部松散，一旦遇到雨季洪水简易桥梁即被冲倒，加之桥垛也是木质的，木头随洪水漂向下游，这个交通问题令当地群众非常苦恼。

据说，丁氏族人丁斐然听说这件事后非常同情乡邻，就将这件事向族长汇报了，族长非常认同他的怜悯之心，毫不犹豫带头捐了一大笔钱。在他们俩的号召带动下，当地能人富人都争先恐后地捐款，一共筹得银圆990多两。购买石块500余方，还有其他的诸如椿树、石垛等材料。椿树作基础桩疏了就补充密集一点，桥垛虚空了就补充填实。桥梁在树桩上加石块承重，俩侧修有木栏杆，整个桥梁坚实宽敞厚重。可以抵御数百年风雨侵蚀而不损坏，于是大家将桥名更改为永固桥。

开城独山桥

名山·记闻

三公山竹海　　　　叶悟松 摄

祈雨山的传闻

蒋克俭

据乾隆年间修撰的《无为州志》记载:先民们因不堪忍受旱魔的连年肆虐,在山上修建了一座“普润寺”,长年累月的供奉香火,以表达祈天求雨的虔诚。据说“祈雨有应”,祈雨山也就因此得名。

祈雨山位处无为县泉塘镇境内,面积三四百亩,海拔二百余米,不过是一座毫不起眼的平原微丘。登临其上,绝无雄险峭拔之感,一切都显得那么质朴、平凡。然举目四顾,却不乏独特韵味。灿烂的骄阳下,处处是夺目的浓绿。散落在浓绿中的村庄,星星点点,似有若无。西、南山麓有两座水库,平静得不由人不想到超以想象以外的意境。极目远眺,田畴广袤,阡陌纵横,连缀着远远近近断断续续的岗峦余脉,好一幅巧夺天工的水墨丹青。

与我同行的泉塘镇党委宣统委员宣远华是本地人,堪称祈雨山通。他指着山东北麓的一个村庄,给我讲了一个婆婆与媳妇的故事。那是一户徐姓人家,婆婆年轻守寡,好不容易将唯一的儿子拉扯大成了家,不幸儿子又病亡了。面对着如同自己当年一样美丽年轻的媳妇,婆婆有心劝她“出姓”(改嫁)。媳妇想,婆婆体弱多病,自己走了,谁来照顾她呢?婆婆懂得媳妇的心思,为了不再拖累她,便选择了投井自尽。媳妇知道婆婆是为自己而死的,内心非常愧疚,处理完婆婆的所有后事,也投塘追随婆婆而去了。当地的后人为彰显这样婆媳两代的贞节,将那口井称为

“婆婆井”,呼那口塘谓“媳妇塘”,一直流传至今。如今,当我听完这凄婉动人的故事,看到的并非是那个时代所倡导的贞节,而是人性中那与生死俱来永不泯灭的善良的光辉。

在山正北面,有一座不大的岗峦,草木葳蕤,透发着灵秀之气。老宣告诉我,那叫象(相)山。我顿生惊诧。什么“象”?是“象”还是“相”?老宣也搞不清楚,这使我顿生疑窦。

乾隆《无为州志》记载,宋宣和年间,无为出了个进士,名叫王之道,字彦猷,号相山,累官宰相兼知枢密院,晚年以宋太师枢密魏国公头衔退居相山。无为民间一直把王之道称为王丞相,据说他死后,家人从四个城门同时出殡,目的在以假乱真以防日后其坟墓被盗。但传说无可查考。

老宣还告诉我,东北稍远处那座小山,名叫郭巨山,据说就是郭巨埋儿的地方。郭巨埋儿是中国古代“二十四孝”中的一个故事。受鲁迅先生观点的影响,我曾对这个故事很不以为然,古代儒家强调“父慈子孝”。郭巨作为儿子,为救母埋儿或许是尽到了“子孝”,但作为父亲,要亲手埋杀自己的儿子,岂不违背了“父慈”?

伫立祈雨山头,我有过一段短暂的沉思。小小一座祈雨山,平凡的没有多少人愿意多睃它一眼,然而它却蕴含着那么深厚的历史文化积淀,这大概就是平凡又有不平凡的辩证法吧。回顾自己一直想来探寻点什么,或许正在于此。

郭巨山的故事

刘尧明

郭巨山位于泉塘镇东北6公里处郭山侯家村，海拔50米，东西走向，山之东为宝山集镇。山上岩石属白麻石性质。山冈并不高大，在董家圩之中。山冈之上葱葱郁郁，鸟语花香；山上之水潺潺流下，汇入永安大河，令人喜爱。山上有一个流传千古的故事。

在汉朝，当时山上住着一户人家姓郭。家中有三个儿子，长子叫郭巨，字文举。郭巨生性友爱，为人敦厚，平素乐于助人，又不计个人得失。在郭巨年轻的时候，父亲就病逝了。丧礼三年到期后，郭巨就把兄弟们叫到一起来。他和蔼地对大家说："俗话说，树大了要分叉，男大了要分家。现在父亲去世了，你们也长大了，我们大家分开过，兄弟们好好生活吧！"在分家产时，他将家产及父亲的遗产二千万钱分成两份，给两个弟弟各分一千万钱。他说自己是老大，应多尽义务，就一人独自承担赡养老母的责任，自己只与母亲住在租来的房子里，夫妻两个帮人打工，用来养活母亲，以减轻弟弟们的负担。

有一天，村里人把郭巨找来，大家商量一件事。原来，村子里一所空宅子，因为发生过凶险事件而在房子里死过人，成为绝户人家，长期以来无人敢进去入住，连左右邻居街坊都感到害怕。村子里一到晚上就人心惶惶，风声鹤唳，小孩子们更是心惊肉跳，早早上床蒙头睡觉。乡亲们想，如果这样长期下来，那座房子成为鬼宅，村子岂不成为鬼村？要是有人在屋子里居住，邻居们就自然而然地放心了，可是谁也没有这个胆子。大伙一合计，想到肯于助人的郭巨，就商议着找他谈谈，看他肯不肯为大家冒这个险。看到乡亲们这般情急和信任，郭巨二话没说，就一口应允了，并当天晚上就住了进去。住进去后，他尽心地整理房屋，把它修缮一新。他的行为，受到乡亲们的称赞。

住了有些日子，妻子生下一个男孩儿。郭巨心想，养育孩子要花时间，妨碍专心侍奉母亲，这是其一；老人有了吃的，喜欢分给孙子，这样老人要少吃许多，这是其二。怎么办呢？他心中着急上火，竟然想到一个极端的办法。他悄悄地在院内挖坑，想把儿子埋掉。谁知挥锄崛起第一块土时，挖到一块石盖，下面有一锅黄金，锅里有块帛布，上面用丹砂写道："孝子郭巨，黄金一釜，以用赐汝。"

望着这笔意外巨财，邻居们纷纷上来贺喜，说他好心有好报，这是上天的安排。郭巨却憨厚地拍拍手说："这是大伙叫我住的，我才得到金子，这个金子就不能归我。"他立即叫上乡亲们，抬着金子，一道去县衙上缴县官。县官仔细地询问了黄金的来龙去脉，就采纳了乡亲们的意见，当堂做主，把黄金判给郭巨，以表彰他孝母慈弟、助人为乐、拾金不昧的高尚情操。郭巨接受黄金后，一回到家，就留些少许供养老母，大部分分给了村里的贫苦人家。

后人为了纪念这位高风亮节的农民，就把这座山称之为郭巨山。郭巨的故事也被晋代《搜神记》及清代嘉庆年间《无为州志》所记载，当地人民代代相传。

郭巨是古代二十四孝子之一，关于他的故事历来有多个版本，从古至今就有许多学者对故事的内容加以批判，甚至对故事的真实性表示怀疑。

在《朝花夕拾》中，鲁迅十分反感《郭巨埋儿》这个故事，并加以评判，说："彼时我委实有点害怕：掘好深坑，不见黄金，连'摇咕咚'一同埋下去，盖上土，踏得实实的，又有什么法子可想呢。我想，事情虽然未必实现，但我从此总怕听到我的父母愁穷，怕看见我的白发的祖母，总觉得她是和我不两立，至少，也是一个和我的生命有些妨碍的人。后来这印象日见其淡了，但总有一些留遗，一直到她去世——这大概是送给《二十四孝图》的儒者所万料不到的罢。"

袁枚《随园诗话》记载，袁枚有个姑母，三十岁的时候就守了寡，从此没有再嫁，后来回到了娘家居住，同时抚养自己的侄儿。她最不喜欢的古人就是郭巨，她就充满感情地写了这首诗来谴责郭巨。《郭巨埋儿》："孝子虚传郭巨名，承欢不辨重和轻。无端枉杀娇儿命，有食徒伤老母情。伯道沉宗因缚树，乐羊罢相为尝羹。忍心自古遭严谴，天赐黄金事不平。"

郭巨，一说晋代隆虑（今河南安阳林州）人，一说河南温县（今河南温县西南）人。

毛公山与藏经洞

童毅之

藏经洞收入无为县文物管理所编制的《无为县不可移动文物名录》第118号，位于无为县开城镇都督村毛公山南侧，与巢湖市、庐江县相接。该洞属天然岩洞，入口处为西侧天然岩洞形成的狭长缝隙，自山巅向下，全为裸露岩石，陡峭绝壁。因为相传洞中石壁刻有《诗经》，所以自汉代以来，藏经洞就令人神往，其所在的毛公山一直游人不断。

藏经洞

关于“藏经洞”的由来，有两种说法。

第一种说法，据宋《太平寰宇记》记载，秦朝时毛亨、毛苌为避秦始皇

“焚书坑儒”之乱，携《诗经》来此，并将其刻成石碑深埋于巢湖之南夏桀流放地南巢的一山洞内，故洞名“藏经洞”。因《诗经》以毛批本为最（俗称“毛经”），故此山亦称毛公山。

第二种说法，就是那位“捧檄慰母”的汉代孝子毛义陪伴母亲于此，将《诗经》刻于洞中石壁之上，故名。这种说法在无为流传更广。生于东汉庐江郡关河城（今蜀山镇关河社区）的孝子毛义，是无为县出现在中国历史正史典籍的第一人。《后汉书》记载：“庐江毛义少节，家贫，以孝行称”，“捧檄慰母”的故事由此而来。说的是朝廷征召毛义为安阳县令，毛义捧着官府的檄文，递交母亲，博取病中老母欢心。母亲病逝后，毛义遂将安阳县令檄文双手捧还官府，隐居毛公山，潜心读书，拒不为官。因此，古往今来历史典籍和戏曲都对“捧出真心归大隐，檄来强喜慰慈亲”的毛义给予极高的评价。

据《无为州志》记载：毛公山，“汉毛义隐此，有毛公读书洞，石凳、石窗犹存。洞旁产白牡丹，每岁所生不一。其地相传，义父母甚爱此种，义望天哀吁，少顷，遍山雪坠皆花。后遂种延不绝，盖天生异卉也。洞中石壁书刻毛诗。”毛公山自汉代开始，一直成为文人雅士游览胜地，并留下大量诗文。如宋王之道写有《游毛公洞》诗：“旋披荆棘入山来，洞口晴烟翳不开。试问真人竟何处，他年相就谒蓬莱。”还有如明董全作有《毛公洞》诗：“秋到毛公洞，空山黄叶轻。云流溪径湿，风洒石门清。捧檄当年事，操瓢此日情。令人成 感慨，苍莽暮烟生。”清汪洋更写有《毛公洞阻雨》诗：“嶙峋峭壁削山腰，古洞空明射碧霄。碑藓细磨支字碎，石体小憩雨风骄。增人逸兴从相阻，何日晴游再见招。欲向毛公问消息，飞泉聒耳响 清寥。”足见人们对毛公洞的神往。

据我故叔祖父童达寿介绍，他和几个少年伙伴在20世纪40年代初期曾经进入过“藏经洞”。他们先从洞口进入，不久遇一开阔地，有一石桌和四个石凳，石桌上放一竹篮，他们一碰即成灰。再向前有一石桥，桥下听得流水声，桥上满是苔藓，他们走到一半因为害怕就赶紧退回，以后再没敢进去过。“文化大革命”期间，据传有反革命分子躲入洞中，有一队民兵以扫“四旧”的名义携枪入内，打算既寻人又寻找《诗经》刻石将其毁掉，途中火把突然熄灭，于是仓皇逃了出来。后来，山民怕孩子好奇进洞危险，便垒起石块封堵了洞口，游人只能在外面窥探了。

2000年，当时的毛公行政村曾组织村民开挖，从中发现清代铜钱30余枚及瓷片若干。目前只能入内15米左右，面积约200平方米。在毛公山自然村背靠洞口的公路上有一块“藏经洞”指示牌，指示藏经洞方向及上山路线。

如何开发藏经洞？在做大做强旅游的今天，如果规范合理地挖掘古代文化遗产，若是真的挖掘出了石壁刻诗，一定会对文化界、考古界、古文字学等方面产生深远的影响。因为这可能是最好的《诗经》版本，可能比汉以后以讹传讹的各类《诗经》版本都要好。退一步说，就是没有发掘真正的“诗壁”，也可以凭借美丽的传说，如毛公山和毛公洞的由来、“捧檄慰母”的故事、“仙人种树”以及”山顶钓鱼台”的传说等，将毛公山、藏经洞与西九华寺、都督山以及泊山洞、万年台等连在一起，打造成无为西部旅游带。

泊山洞的故事

刘尧明

泊山洞

中国山中溶洞本来多为江南喀斯特地貌特征，江北地区鲜有溶洞，偏偏江北无为县就有此奇观。泊山洞位于无为县西南蜀山镇境内的下泊山，地处无为、庐江、居巢三县区交界处，离县城38千米，省道军二公路横亘洞前。据《徐霞客游记》记载，下泊山因在白湖之畔，常有来往船只在此停泊，故名之。

泊山洞形成于2亿4千万年之前，是江北最古老的石灰岩溶洞，结构层次纷繁，景观独特奇妙，尤其是晶莹的石枝、洁白的石旗、盛开的石花和精美绝伦的石鹅管，在我国同类溶洞中非常罕见，被誉为“江淮奇观”。

泊山洞面积约4000平方米，洞深500余米，共有3层，分18大景区，有86个景点。洞道高低起伏，幽邃曲折，时窄时宽，时上时下；洞厅层次迭出，景象万千，怪石密集，琳琅满目。内有山水、龙王、水晶诸宫，宫宫景色不同：“山水宫”内“黄果树瀑布”似飞流直下，虽没有澎湃的水声，却有直插万丈深渊的磅礴之势；“长寿宫”内，八仙向太上老君祝寿，人物神形各异，四壁灯火辉煌，犹如琼瑶仙境；“泊山龙潭”内，龙头高高竖起，龙身潜入水中，乍看像要云游洞天；“石花厅”里，石花竞开，石枝吊挂，洁白美丽，如真如幻，仿佛置身"海底世界"；"水晶宫"里，石旗、石鹅管晶莹剔透，在灯光衬托下，显得五彩缤纷，绚丽无比，犹如进入"地下宫殿"。石枝、石旗、石花、石鹅管，美妙绝伦，为泊山洞的"四绝"；"灵霄宝殿"、鳄鱼汲水""众仙祝寿""萝藤蔓挂""冰川雪岭"等景观，鬼斧神工，宛如真景再现。曾有传说，黄姑是唐末著名农民起义领袖黄巢的侄女，她文武双全，曾带兵来下泊山安营扎寨，与军师李俊儒喜结良缘，在泊山洞举行婚礼。该洞有个厅叫"黄姑出嫁"，"洞房"虽不甚豪华，却也古朴典雅。洞壁上贴的"喜"字、"寿"字依稀可辨，女兵们送的玫瑰花和化妆品，仍摆在"梳妆台"上；洞房中有一只寿龟，似在道贺。

洞内美景

泊山洞口，有座泊佛寺，坐落在泊山风景区山腰中，又名镇湖寺。创建于明代(1566)，先后几遭毁坏，1995年经政府批准重建。该寺现占地面积3000平方米，建有大雄宝殿、地藏殿、观音殿，供奉佛像有：释迦牟尼佛、药师佛、阿弥陀佛，观音菩萨、文殊菩萨、普贤菩萨、十八罗汉、地藏王菩萨、道明僧者、济公活佛、千手观音、齐天大圣、华佗医圣；还有冥官、十殿阎罗。大雄宝殿对联："晨钟暮鼓惊醒世间名利客，经声佛号唤回苦海梦迷人。"

清风阁位于泊山洞风景区泊山之巅，建于1996年8月，体高21米，建筑面积400平方米，三层框架结构，是泊山洞风景区标志性建筑。

泊山洞边有个古老的集镇叫黄姑镇，山上有座庙叫慈姑庙，均为纪念黄姑所建。山上苍松如海，山下溪水环流，一派田园风光。

青苔洞探秘

刘尧明

石洞青苔洞

青苔洞位于无为县西北石涧镇青苔行政村的青苔山中，与巢湖市交界，距无为县城16千米，巢湖市区20千米，并与银屏山风景区相邻，省道巢无路、县道石凤路纵横交错在青苔山边。

青苔洞总面积2万平方米，为江北第一大洞，游程约4200米。洞形成于2.5亿年之前，洞体深长，景观奇特，气势宏大。全洞由天池洞（上洞）、清泉洞（下洞）和大峡谷（地下大裂缝）三部分组成。

上洞为山体断裂和岩层面发育而形成的，称天池洞；洞长1200米，蜿蜒曲折，跌宕起伏，最高处达26米，最低处不到0.4米，须匍匐前进。上洞中一段地下大裂缝，叫大峡谷。谷高约百米，长1200米，气势雄浑，景色壮观，在中国乃至世界极为少见，为专家叫绝。

下洞，长1000米，为一条地下大暗河，称清泉洞。终年泉涌，雾气腾腾，以致岩溶极为发育，各种形态的碳酸钙化学沉积物琳琅满目，应有尽有，集中了溶洞雄、奇、幽、险等方面的特色，形成丰富多彩而又精美奇特的地下景观。

青苔洞几乎集全国诸多溶洞内的钟乳石、石笋、石柱、石旗、石瀑布、石幔、壁流石于一体，最奇特的是美不胜收的方解石晶体：晶莹的石枝、透明的鹅管、洁白的晶花，玲珑剔透，赛冰雪，似玉雕，宛如一个奇丽的琉璃世界。该洞内景点众多：有回流的清水河、巍峨的“宝塔山”、待发的“火箭”、“倒挂莲花”、“鳄鱼昂首”、“翘鼻大象”、“雄狮献瑞”等，其中一块8米多高的红色石瀑布，有一股清泉自顶端倾泻而下，形成一幅水帘，飘飘洒洒，跌入3.5米深的龙潭，为国内溶洞中难得一见的奇观。

洞外四周环山，山上树木苍翠，郁郁葱葱。山顶有辉耀宕，凹陷若盆，形似天池，为一天然水库，青山倒映，碧水涟漪。其旁有一座庙宇称“天池庵”，建于明末清初。庙宇边有一脉清泉，长年注入漏斗形的上洞洞口，由下洞洞口流出。明代士人仰升有《天池寺》诗一首：“孤云一握与天通，谁凿清池出半空。仙仗迥临飞鸟外，禅房都在翠微中。冷猿夜堕千岩月，古柏秋生万壑风。胜境可人诗兴好，宦情从此薄三公。”

青苔洞文物保护碑

长期以来，因为青苔洞地处偏僻，好景“藏在深闺人不识”。到20世纪末，石涧镇政府组织力量进行开发，镇长杨斌带领有关村镇干部身系绳索，足蹬长靴，手持电筒，肩扛摄像机，蹚水入洞，全程探险，制作了珍贵的原始影像资料，由此揭开了青苔洞的面纱。

2000年1月，经北京旅游专家组实地考察评审，青苔洞列入全国大洞穴之列，并命名为“无为地下峡谷风景区”。该洞目前尚未开发，仅能探险旅游。

牛埠南山小岭古道

王定平

牛埠南山小岭海拔高度560多米，上与枞阳县施村毗邻，下与无为县万村接壤，两端长度十五里之遥。怎么说是小岭呢？其实，民间有首谚语曰：“小岭不算小，山坡却不少。要撇两头黑，动身要起早。岭头到岭脚，来回当天了。若想赶集市，应趁鸡报晓。”由此可见这小岭的“小”字，应该是天亮的“晓”字才正确。

古道遗迹

小岭山上的古道，自古以来，不论寒暑，日夜人行，风雨无阻，从不间断，是枞阳、无为两县通往长江北岸土桥港口的一条大动脉。历来商旅通行要道，亦是兵家捍卫的重要关隘。先民们将山路修筑精致，规划完善，大多因地制宜，顺山就势开凿修整，两旁用石条和卵石扎紧边框镶嵌完善，十分坚固。就连路上沟壑都造了“三步桥”“五步桥”便于行人走过。有些道旁设了路亭和茶铺。幽静之中，行者侃侃畅谈佐以今古人文故事，使得这条古道成为了徒步旅游来往邻里的美妙路线，倘若你不尽意时，还听到足音和石音对话哩！

小岭峡谷溯溪而下，南北之间，崇山拱峙，层峦叠嶂，树木葳蕤，翠竹丛生。如挨近白云生处，不时能听见山棚樵夫漫吟，牧童对唱那悠扬的老曲："桑树扁担扭一扭，挑担柴火下山走，若问情鸟喳喳叫，笑他妻儿在望守。"如有兴趣逍遥，你可走进小岭脚、竹园旁、"护林场房"里品茶小憩，见到的四壁墙上嵌有碑文石刻，记叙林场、凉亭、古道由来，这些古建筑均为晚清道光、咸丰年间所建，部分石亭石屋已荒废。置身其间，恍若隔世。亭内青苔恣意，残垣断壁，已和山林融为一体。另外道旁塑一石碑名为《输山碑》，字迹可见：文曰"募修小岭古道，禁止沿途开挖"，并附记募款诸公芳名。由此而言，古人对于山林保护，早有重视。山道陡峭处均可见石块垒成的长条高堆，以防山体滑坡。

只可惜石不能言、山不能语，春风轻拂，古碑之上洒下一片金黄、斑驳映痕。这时我轻轻用手掌触摸上去，一丝暖意油然而生。也许，多少故园旧梦，就此消沉，曾经的喧腾繁华也好、寂寞沉默也罢。时事变迁，如今四面环山麓下的公路纵横，往来十分便捷，使小岭古道的路影晃晃游动，失去了往日兴隆红火的景象。

传奇·传说

黄金塔　　叶悟松 摄

鱼龙故乡天井山上的传说

程传衡

神游于鱼龙化石的诉说，心情虔诚而空灵。无为西界庐江的那片土地，原本是海洋，地壳造陆运动，便有了山峦，有了湖泊。有“植物家园、鸟类天堂”之誉的天井山国家级森林公园，曾是鱼龙的故乡。在那潜龙蜿蜒般的群山中，有座乌龙山。1989年一天，山上鸥鸟盘旋，彤云舒卷。百胜乡采石农民李经秋的作业面上，突然，火花迸发，飞石四溅，一块巨石裂开为二。瞬间，一条深锁了两亿六千万年的鱼龙化石，神话般地展现在他面前。这是条中生代早叠时期较原始的鱼龙。体长71厘米，头长12厘米，尾部长38厘米，大大的眼睛，长长的吻部，突出的背鳍和桨状的鳍脚，形态鲜活，栩栩如生。

天井山众峰拱月，一峰突起。翠竹如海，层林叠翠。古木繁阴，蔚然深秀。有奇峰、怪石、洞穴、涧泉天然四绝。水声潺潺处泻出双泉，汇流滚龙桥，分注两侧莲花池内，飞珠溅玉，如雨如烟。“翠岩红寺出，双水到门前”。古寺因“双泉”而名，是皖江佛教祖庭之一。寺内殿宇恢宏，99间布局。“李世民御建”涂金大字的顶梁尚存，并有石碑记载。历经战乱，今貌凄凉，仅存庙房7间。昔日盛景只能从遗弃于四周的石础、石鼓、石槽等残存的庙宇构件中得到印证。几件小农具诉说着守庙僧尼们青灯黄卷、亦僧亦农的淡然岁月。然古寺声名犹存，钟声播远，上香之日，四乡八邻的香客仍不绝于途。寺侧“青檀王”一株，历经43万个日夜，树围50

多米，冠盖700余平方米。虬枝苍劲，展曲盘旋。老干新枝上挂满红色祈福布条。山中自有千年树，世上难寻百岁人。天井山山谷险峻阴森，阴雨天凭生几分恐怖。抗日战争时期，新四军在此与日伪军几度喋血厮杀。传说，刘伯温《推背图》曾推出几百年后此山必有血光。若传闻可信，山上那座耸立的革命烈士纪念塔，既是史证，也是契合。

白湖原本浩浩汤汤，横无际涯；朝晖夕阴，气象万千。解放初期，白湖开垦成农场。湖与河接口处的关河由此而得名。20世纪50年代，白湖与关河以西的大片土地改属庐江，关河古镇亦褪尽繁华。

关河老街经过岁月的洗礼已是一片破败，残存的磨扇与街上深陷泥土中、刻着过往时代车痕的青石为伍，留下的只有牛蹄敲击石板时发出的几声嗟叹。杨桥这个因湖而兴的小镇，泉水豆腐是它的一张热脸，引领无为乡土特产风标几百年，如今它和小镇一样，跌入"泉干淌卖无"的窘境。下泊山是白湖往来船舶的一个泊地。山上的慈姑庙、山下的黄姑闸（镇）均因纪念黄巢侄女黄姑所建。洞含千秋雪，岩泊万里船，想是当年的胜景。

黄姑镇曾称小上海，所幸未被改造，老街旧巷存留不少明清古宅，虽然破旧，但街窄塞流，熙来攘往，人头攒动，反倒显得市声若潮，成了别样的步行街。泊山洞是下泊山的灵魂，被誉为江淮奇观。洞分三层，景趣万千；幽邃曲折，暗河汩汩。"泊山龙潭"龙头高扬，龙身弓起，仿佛鱼龙化石回归海底龙宫，如真如幻。洞景一绝梳妆台，相传为黄姑置放妆奁之石。"飒飒西风满院栽，蕊寒香冷蝶难来"。黄巢七绝《题菊花》诗这前两句相传乃黄姑的心作。黄姑文韬武略，不逊须眉。十八般武艺件件精通，诗词歌赋字字珠玑。深得黄巢爱怜和倚重。诗中表达她期盼的爱情，因战争延宕而生的凄婉哀怨却又彰显孤高绝俗的心境。后来，黄姑领兵设帐下泊山，泊山洞成了她与军师李俊如的洞房，留下了许多瑰丽而奇美的传说。沧海桑田，鱼龙变幻，仅此凭吊，以拂岁月之尘埃！

鱼化龙化石

花疃筑城新说

李俊平

南宋地理总志《方舆胜揽》载:“宋无为军故治城口镇,在州城北三里,地名花家疃。”《元史·地理志》:“宋始以城口镇(今花家疃)置无为军。”鉴于史料匮乏,后世不少名人学者引经据典,著书立说,也凌霄抱柏,攀附这种观点,因而“花疃筑城说”在无为有一定的市场,无为不少渊博之士对此也深信不疑。

笔者认为,曹操在花疃筑城疑点有三:一是编纂之人并未到花家疃实地考察勘测,对该地形地貌缺乏深入了解,都是人云亦云,相互袭传,造成历史误会。今稽考,花家疃现有8个自然村,约1000亩土地,人口1000余人,七八个杂姓,王姓居多,占现有人口四分之一,花姓极少。据王启茂老先生反映,王氏先祖乃孙权后裔,东吴亡国时,孙氏后裔被追杀,大年三十晚上,孙氏家族约20人从江南逃至无为县,隐藏在三溪乡龙王庙内躲过一劫。孙氏后裔以自制鲤鱼为接头凭证,族人一分为三,隐匿无为各地。其中花家疃王氏乃鲤鱼中节孙氏后裔,按孙氏族谱规定,活着姓王,死后姓孙,大年三十晚上作为亡国祭日,正月十五过年。该族谱中并无曹操在花家疃筑城之记录。王氏族人在此繁衍几十代,从未听说过曹操在此筑城只言片语。

二是据《无为地名录》《无为州志》载:历史上花家疃面积并不大,仅一个自然村,约300余人。该地域主要是坟茔埋葬地,历史上在此地安葬的有北宋状元焦蹈、郎中双渐、居士章迪、明状元学士邢宽、知本州事夏君祥、布政使仰升、工部主事沈桂、大理寺卿钱策等，这些都是北宋至明朝时期的显赫人物，他们不可能在经济繁荣的城区内安葬，这不符合中国人传统的安葬风俗。

三是对照乐史濡须河壖地筑城说，花家疃地下皆为坚实的黄土板地，并不是软地，此地筑城与史实不符。

花疃遗址

况且，东汉末年，曹操官居宰相，挟天子以令诸侯，手握生杀大权。每次征战，护卫禁军极多，戒备森严，小小的花家疃仅是弹丸之地，哪能容纳下曹操众多的警卫军队。从有关史料分析，曹操当年在无为屯军筑城的主战场在濡须口，而不在神塘河的古栅口，更不是泥汊通江的螺丝口。再者，曹操作为东汉时期的政治家、军事家，他绝不会舍近求远地跑到远离主力部队的花家疃来筑城，触犯兵家大忌。

因此，笔者认为仓头筑城合情合理。公元212年，曹操亲率40万水陆大军二赴巢湖，浩浩荡荡沿濡须河东进，仅兵船、载粮船、运马船约千艘，首尾连绵40余华里。除先头部队循进黄龙、钓鱼台、濡须口七宝山、龟山立栅布阵外（史称西关），大批船队南折黄雒河，发现仓头一马平川（53平方公里），前有濡须河，后有太平山，行军作战，进退自如，且盛产粮食，是厉兵秣马的最佳场所，便屯兵在此。曹操沿河布长蛇阵，十万步兵分扎在石涧、打鼓林场、草鞋岭、太平山一带伐木作薪，供应军需后勤。骑兵驻仓头，十万匹军马放牧仓头镇（现仓头街道北侧），留有“马扎沟”史话。大批战船顺流南下，进驻无城，在花疃、华林河、十里一线布防，谨防吴军从泥汊螺丝口突袭。另外，此段水域开阔，是储船练兵的战略要冲。

曹操自领精兵镇守黄雒，大营旁有一口深不可测的大龙潭，约300余亩，水清澈照人，常年不枯，后人称此为“曹王墩”。为确保战争胜利，曹操调动十万水军，突击疏通黄雒河两条旧河道，一条通芜湖，一条直插东关，史称此段为“运漕河”。目的是切断敌军退路，阻击东吴援军，从而“瓮中捉鳖”。为了解决深圩区部队用水，曹操还命令军兵开凿两条纵横东南西北引水渠道，渠沟贯通，引河水内灌，沟中之泥用于垒城墙，号“无为城”（占地1410亩）。该城不是驻军，而是屯粮草。试想，40万大军，人均日口粮按1.5斤计算，一天口粮60万斤，一个月的口粮应是1800万斤；人均按3斤柴草计算，一个月的柴草约3600万斤；10万匹军马每天按20斤草料计算，一个月马料约600万斤。如此巨多粮草，露天存放极不安全，为防不测，筑土城存粮草，既省心又稳妥，实乃上策。曹操筑土城号“无为”，用意有三：一是遵祖训。二是求平安。“无为”即清静无为，尤其不受外界干扰，确保粮草安然无恙。三是志在必得。大有无坚不摧，所向披靡之意，征服东吴，雪洗“赤壁”之耻，实现南北统一的宏愿。

曹操在仓头筑土城，本意是一鼓作气拿下江东，结果事与愿违。曹操四十万大军在仓头折腾三个月，仅打下一个东关，说起来也不光彩。东吴在濡须镇曾先后任命七位都督公孙阳、蒋领、周泰、朱桓、张承、骆统、钟离牧（江北最高军事统帅），然首任都督却被曹操逮住了，这类丑事也不宜宣扬。加之土城不是永久性建筑物，战争过后成为废墟，没有利用价值，故正史未做记载，但曹操在仓头屯军留下的史迹却不容忽视。目前，土城遗址已毁，但土城大队地名犹存。根据《无为地名录》载："仓头原名大窑，因曹操曾在此筑城存粮，且此地为提供军粮的头等粮仓，故称为'仓头'。圣咀村碾头自然村是碾米的地方，后称'碾头'。张广村军田自然村是驻兵屯田的地方，后称'军田'。因驻扎军营，后有东营村、西营村。坛中、坛西两村，乃曹军练武之地。"这些虽然系民间传说，但仓头地名、村名、运漕河和土城遗址都不是空穴来风，而是对历史史实的流传演绎，值得重视。

星换斗移，沧桑多变。曹操在仓头筑土城的故事正史虽未记载，但民间传说和仓头的地名、村名及漕河，却成为千古传承的趣闻佳话。

仓头火龙街、军田冈传说

程传衡

火龙街即仓头老街。明洪武三年的一场大火烧得古街片瓦无存，后迁至离河较近的金龙冈。宋代火龙街与明代金龙冈老街都是水码头，是连通巢湖、芜湖及和县、含山等地的水陆交通枢纽，也是通往古庐州府合肥的北大门。虽是露水街，却十分繁华。商铺、作坊，旅馆、饭店，样样俱全。当地老辈人说，仓头是畚箕地，来这里的行商坐贾没有不发财的。但三代不走，却都家亡破败。王恒源南货店，左秀才豆腐坊，陈福兴黄烟店，张寿春、季正旺药号，王恒隆杂货、糟坊、酱坊等，无不是先发后倒的例证。老街多为平屋或低层楼房，石础、木雕与穿榫结构，青砖灰瓦，朱阁重檐。不宽的长街彰显喧闹，晾衣竿搭上两边楼台栏杆，石板道留有深深浅浅的车辙，有着岁月记忆与印痕。仓头水码头1907年就有北通巢县南下芜湖的内河小轮停靠。

三国时魏吴争战，曹操见仓头水源充足，土壤肥沃，盛产粮食。且一马平川，前有濡须河，后有太平山，进退自如，便屯兵于此。公元208年赤壁大战之后，曹操不甘盘踞北方，存有吞并东吴之心。建安十七年(212)十月，曹操率四十万大军沿濡须河东进，部将张辽率骑师十万驻扎在马闸河一带(今仓头新街)，以马公圩作马场，在三墩王建粮草库。时有许多粮仓，首尾相衔，其排序头仓是名仓头。加工军粮的地方称碾头，驻兵屯田的地方称军田冈，还有许多浸染三国战事的地名。

相传曹操败退无为后，部将张辽镇守合肥，但其幕僚张庚琪并未随大军撤退，留在仓头建了一座庙。此便是北汰寺的前身。北汰寺于唐高宗永徽二年(652)由僧登公开建，寺于古汰水之北，故称北汰寺。北汰寺占地64亩，大殿、僧房1000多间，常住僧1250余人。南宋高僧李修源(济公)曾来寺云游，住过一段时间。为纪念这位高僧，寺内特设济公塑像。北汰寺也在明洪武三年毁于火灾，自此，无为北乡规模最巨、香火最盛的寺庙化为灰烬。明代的北汰寺有99间，但其后的规模、香火均不如前。清末，北汰寺为太平军杨秀清部烧毁，72名和尚被杀。20世纪50年代，原址辟为仓头农业中学。20世纪80年代，北汰寺在新街北端重建。今北汰寺殿宇两座，僧房及附属用房十数间，香火旺盛，佛事庄严，有古寺风范。

仓头抗金时留下的刘公井建于南宋，距今有近900年历史。井栏直径70厘米，高50厘米，四周用石板嵌成内八边形、外圆形的井台，其井外形十分古朴。井圈上留有23道、深约3厘米的井绳沟痕。今季氏族人在井上建有外观华美的六角井亭。此井历史悲壮感人。据《无为州志》载：宋，刘绍祖，字绳功，黄金城人也。宋南渡时，值盗贼蜂起，乃建义旗，募壮士千余人，励以忠义，欲抵御灭之。战不利，殁于东关之绿柳坡，一门同死。当地人为纪念英烈在季村打井一口，取名刘公井。

发生于抗日战争时期的“藕塘惨案”，比之明洪武三年那场大火还要惨烈。是仓头人永远不可忘却的心痛。1942年10月27日早上，新四军一名侦察员在仓头的茶馆里与地下交通员交换情报，见街上三个日军对一卖菜姑娘施行强暴，为解救挣扎中的姑娘，便将三名日军击毙。下午，无城、黄雒两地出动日伪军200余人来仓头施行报复，以至100多平民百姓遇难，街道和附近村庄烧成一片废墟。自此，仓头老街一蹶不振。

仓头北汰寺

开城桥西古街记忆

程传衡

老辈人说:“襄安走,石涧跑,悠悠晃晃到开城桥。”唐武德三年开城建县,同时有了横跨河东河西的三孔巨石拱桥。桥名即为地名,亦是古镇一千五百多年历史的见证。又说,开城有城堡无城门,故称“开城”。有歌谣唱道,“有堡却无门,此名用到今。历经千百代,遗迹已封存。”

永安河,顺水流,流到开城古渡头。有时,“泼喇”一声,一条鱼儿跃到船上,刹那间,驾船的人儿惊喜若狂。船工生活,虽漂荡艰辛,但他们心里,总觉每一桨都是一首诗。汹涌的波浪,细碎的水花,都自成章法,一束束,一丛丛,不只是姿态,其间还可闻及水香。在船楫作为人流、物流主要载体的古代,永安河是汇通长江与白湖、巢湖的重要水道。河面上,百舸争流,码头上,人头攒动。开城分河东河西两块。东街曾扩建,随后又几经改造拆迁,旧容古貌荡然无存,俨然是一派现代新街景象。

开城西街则古色古香,位于开城镇永安河西侧,是无为现存为数不多的古街之一。历史上这里曾商贾云集,车马喧哗。两边林立着商铺、楼群。各色店面的牌匾、旗幡,无不是民间讨得口彩的名字。依岸建屋,临水而居;开门走桥,推窗见河。车痕凿凿的青石板路,连起两厢民舍,参差千百人家。每幢建筑,都有故事。似可想见,那条条曲径通幽的街巷,常有背负柴薪的老者,浣衣洗物的女子,赤足肚兜的小儿,以及忽忽悠悠的行人出没其间。窥视时光深处,让人顿生一种美丽而潜隐的忧伤。

河西老街，是“豆腐店倒了架子尚在”。现街道两旁多为日用杂货店铺或居民住宅。门墙刻满岁月，鳞瓦铺就年轮。沧桑古朴，风韵犹存。古街为东西走向，长约270米，宽3.5米，有七条深巷。街巷交错，狭窄幽深。两侧商铺、民居，多有明清马头墙建筑。青砖小瓦，木质窗棂门楣。石础石礅，梁柱斗拱，替木叉手等构件，均精刻细缕，多为卷云、卷心、卷手花饰。具有典型的江淮普通居民特色。容颜虽朽，却仍是展现开城古貌的唯一窗口，颇受外地游人的青睐。然令人惋惜的，沿街一些裸露的石雕木刻，常沦为文物贩子与梁上君子的“淘宝”目标。

每位从河西老街走出去的游子，对古西街大桥都有着难忘的记忆：主妇和姑娘们早晨到河边淘米洗菜，傍晚又在洗刷衣衫；夏季任孩子们在水上翻滚，甚至嬉笑狂吼，回敬的却是微笑的浪花。尽管岁月模糊了他们的双眼，这里却依然是心中难忘的故乡。还有桥头那位叶姓的老者，晨曦中五香豆的叫卖声至今犹在耳边回荡。

开城老大桥

黉门旧事

叶悟松

原无为师范改建后大门即黉门旧址

黉门原址在无城西大街教师进修学校大门厅位置。“黉”即古代的学校，校舍叫“黉宇”，也叫“黉宫”。元朝洪希文《踏莎行·示观堂》词：“郡国兴贤，黉宫课试，书生事业从今始。”黉门，就是古时学校的门楼，现在的无为县教师进修学校，就是古时无为的夫子庙也即文庙，后设为黉宫，就是无为的古学堂、县学。

抗战胜利以后，县学成为无为中学所在地，除黉门保持原貌外，里面正堂大殿改建成大礼堂，看不到一点文物遗迹，1958年，无为中学迁至城西现址，此处新建了无为师范学校，2004年无为师范又改制为无为县教师进修学校。几经变动，黉门也早就消失。只有原址上的地点还可以证明曾经的历史，从老照片还可以略见一斑。但进修学校的大门楼建于黉门旧址，仍叫黉门，已列入县重点文物保护单位。

黉门前跨过西大街有一个半块足球场大小的广场，叫二夫地，广场南边陡坡下面通大陶巷、一中、观震潮。20世纪50、60年代，黉门仍保持着古校门样式，宽阔的大门厅两边各一间门房，外墙即是影壁，屋面兜水挑檐，门前一对大石狮，大门两侧一对石鼓，上刻鲤鱼跳龙门，寓意为学子们由此门进学，将来即可一跃过龙门，成为榜眼、探花、状元郎也未可知。

进入黉门，一条石板路笔直铺就，与大殿相连，大殿内供奉的孔圣人和其弟子们的塑像早已移去，改成学校的大礼堂，当年圣人坐立的地方，修成舞台，成为学校各种大型集会的场所。黉门前的广场在无为解放前后曾经做过柴草市场。每天上午，除了很多买卖柴草的人以外，市场边还有各种吃食面摊，所以十分热闹。

黉门前的广场还另有用场，来无城跑江湖的小马戏团也常在这里扎场子玩马戏。那洋鼓洋号声一响，人们便知道又来马戏团了，孩子们便一溜烟去看热闹。有钱的买张票就可以进场去看马戏。没钱的只能败兴而返，悻悻离去。

黉门广场还做过汽车站。20世纪50年代初，无为交通极为落后，通行的客车班次极少，车辆也少，只有几辆外国的破旧卡车来回跑客运。不过，黉门广场的汽车站随着无为交通状况逐步改善，很快便迁走了。

后来，黉门广场装上一副篮球架，供师范的学生们打篮球。还装了几盏电灯，成为无为第一个简易的灯光球场，晚上也能打篮球，还经常举行比赛。

其实，无为的夫子庙、文庙、黉门，并不只是西大街上老师范一处。最早，夫子庙在现在的实验中学内，此处也是最早的黉门。在邢容钦所著《无为旧闻琐话》一书中，对无为的夫子庙、文庙、黉门也有记述。老黉门建在登瀛街与黄泥湾相接处，面朝绣溪（观震潮）。巨大的汉白玉牌坊棂星门为黉门之首，棂星门后有泮池，泮池呈半月形，泮池上有三拱石桥，均为磨光青石彻成，精美绝伦。周边的孩子们常在簧门台子(棂星门牌坊)上玩耍。因棂星门牌坊架在高台之上，故乡人又称其为“簧门台子”。夏天，天气炎热，孩子们跳进观震潮洗一把澡，上来便爬上簧门台子，往阴凉里的青石上一躺，凉风徐徐吹来，一顿好睡，十分快活！上午，泮池边石条上，蹲满洗衣服和淘米洗菜的大妈大嫂们。槌棒捶衣服的声音此起彼落，伴随着女人们谈家常，说趣闻的话语和笑声，构成了一幅江南水乡的捣衣交响乐。

由泮池上的拱桥往北行，便进入当时的第一初级中学的大门。大门两旁各有一口水井，两井对称而凿，井水清澈甘甜，并无一般井水的咸味。人们称这两口井叫“龙眼睛”。附近的住家户都在“龙眼睛”中挑水回家吃用。那时没有什么污染，这井水比河水烧开泡茶都好喝。只可惜，后来左边一口井淤埋，剩下右边的一口，井中满满甘泉，在那没有自来水的年代，成了附近居民用之不竭的玉液琼浆。

进校门，左右各有石狮一头，校园中有花坛，走过花坛，由青石台阶拾级而上，进入教学区，便是校园中心了。这些情景是20世纪50、60年代的事了。

据邢容钦回忆，旧夫子庙主殿名大成殿，殿中有大龛，设“大成至圣先师孔子”的牌位，为木雕红漆金字，正位向南。两旁神位面向东西，各有龛位，内供木主。东为夏圣颜子、述圣子思子；西为宗圣曾子、亚圣孟子。东西两庑，供祀先贤先儒木主，约140余位。诸葛亮、司马光、文天祥等人物均在其中，这些都是人们耳熟能详十分崇敬的先贤。文庙中供奉他们，是鼓励学子们以先贤人物为榜样。

大成殿东有明伦堂，西有节孝祠。庙西侧有文昌宫，曾供有奎星塑像。文昌为古时候主持文运科名的星宿，明伦堂旁有教谕署，县衙内分管教育的官员教谕便居住于此。清代县学设教谕，主持文庙祭祀，教诲生员。

老夫子庙传说毁于太平天国，棂星门、泮池及桥均存至“文革”前，后被毁。一中时期重建了黉门、泮池、三拱桥，以纪念当年文庙盛景。老夫子庙被毁之后，移址到西大街重建（今教师进修学校），其状况如本文开头所述。

古黉门所遗一对石狮

黄金塔和南汰寺的传说

蔡荣福　李俊平

无为城东北八里许的凤凰山，原凤河公社东侧，西河之畔，紧邻渡口村处，矗立着一座千年古塔黄金塔。据《无为州志》载："在汰水之南的南汰寺，有古塔一座，建于北宋咸平元年(998)。"该塔是一座仿木楼阁式砖塔，斗拱均为鸳鸯交手，平面为六边形，面阔3.4米，九层，高约35米，人们可由塔内拾级盘旋而上，每层有塔门可供眺望。其结构造型凝重稳固，挺拔壮美。而其后建造的县城内西寺塔(俗称西门锥子)，则与之遥遥相对，宛若同一条大船上的两道桅杆。最近，我们在查考黄金塔建造的原委时，不少同志给我们提供了一段可喜而又令人痛心的史实：20世纪60年代初，许多同志在登塔时，均目睹过在塔的第二层内壁上嵌有一块0.5米见方的石碑，碑上刻有"杨八姐捐白银×万两，焦赞、孟良监造……"等字样。可是，经多方查访，终无石碑下落，这真是个无法弥补的损失。

有关黄金塔的建造，民间流传着种种富有传奇色彩的趣闻。趣闻之一，说黄金塔与西寺塔是同时建造的(其实黄金塔早于西寺塔约100年)。由师傅鲁班和其徒弟分造。于是他们齐头并进，并约定在同一天的金鸡啼唱三遍时装上塔顶(即塔刹)。谁知乖巧的徒弟毁约，私下弄鬼，他在这天半夜便将金鸡偷走。等师傅一觉醒来，天已大亮，翘首东望，徒弟已将塔顶装好。一怒之下，鲁班操起瓦刀劈将过去，塔顶应声飞落。结果塔顶飞落的地方便成了一口圩，即现在距塔一里远的"塔顶圩”。说来奇巧，现在的黄金塔刚好没有塔顶。

趣闻之二，说是无为城本是“船形地”，两座塔就是两道桅杆。有这两道桅杆，才能镇住这举世无双的大船。使大船在狂风巨浪中，平稳地行驶而不致被颠覆。原来，两座塔是平安无恙的象征。如今，无城之地依旧稳如磐石，而西寺塔已是塔影无寻了。它被拆毁于900年后的“十年动乱”中。黄金塔虽幸免于折毁，但它毕竟历尽沧桑，饱尝忧患，同样遭到了严重的毁坏。邑人观之，它已千疮百孔，危如累卵，令人望而生畏。

历史上号称“十里三黄金，凤凰赶麒麟”的黄金塔所在地，本是寺内有塔、塔寺并存，规模十分宏大。这寺就是南汰寺。宋人会鼎有吟咏南汰寺七律诗一首。诗云：

玲珑台殿拥松荫，净地真诚地布金。
风细落花轻着砌，春深鸟啼乱穿林。
烹茶社小竹烟湿。洗钵池荒塔影沉。
香雾氤氲云盖结，梵声齐震海潮音。

相传南汰寺在香火鼎盛之际，寺内和尚乃至大师，居然离经叛道，无法无天，在寺内设下机关暗道，经常把一些怀抱虔诚之心，前来进香许愿的年轻美貌女子奸污后，绝命于暗道。如此既久，终于惊动了朝廷，遂兴师问罪，结果酿成了“火烧南汰寺一百单八天”的惨痛悲剧，而肃立于寺内的黄金塔 也被烧的遍体鳞伤。明代洪武、万历年间，曾两度对黄金塔进行了修葺，并有碑记。20世纪80年代，省政府拨专款20万元，再次对该塔进行测绘整修，黄金塔焕然一新。1981年9月，黄金塔被安徽省政府公布为第一批“全省重点文物保护单位”（今为国家级文物重点保护单位）。时至今天，黄金塔巍然耸立，前来游览的人仍络绎不绝。可惜的是，南汰寺则早已毫无踪影。

西寺塔拆毁始末

程传衡

《无为文艺》2007年第6期(总第39期),刊发张顺庆《谁拆了西寺古塔》,和丁以涛《西寺宝塔地宫文物发现清理追记》两篇文章,探究拆塔诸多细节。在二轮县志续修中,县地方志办公室指派编辑人员,就西寺塔拆毁问题展开了调查。

西寺塔,俗称“西门锥子”,位于城西景福寺(西寺)内。建于宋宝元二年(1039),明、清两代曾多次修葺。塔高44米,共7层。西寺塔与城北黄金塔并称双塔,象征无为“船形地”上两杆大桅。西寺毁于新中国成立前夕,遗址辟为无为中学。塔于校园中心,前临教学区,后依科学馆。

拆塔缘起“四清”总团负责人,对塔之安全问题的过问。一天,巢湖地区“四清”总团驻无为的总团负责人范涤新,找无为中学校长薛进良谈话。说他从巢湖到无为途中,在距县城20多公里的石涧那里,就远远看见西寺塔歪斜很严重。他说塔体倾斜,不仅危及学校师生安全,还可能殃及隔壁的县医院病区。出了问题是大问题,要设法解决。2008年12日22日,无为中学召开部分退休职工座谈会。会上的发言也证实此说。1966年1月10日,无为中学给县直“四清”分团写出报告:“该塔多年来向北歪斜,测量斜度达15度以上,即有倒塌危险。有作为古文物保存之必要。而我们意见,从战备角度考虑,该塔在空袭时目标较大,不宜保留。估计重修有困难,应予拆除。否则,一旦倒塌,阶级敌人又要趁机进行造谣惑众,政治上又要遭受损失。为此报请,不论拆与修,立即研究决定。”该报告同时抄报中共巢湖地区“四清”总团、中共无为县委、县人委。文楣有孟富林(时任地区“四清”总团办公室主任)签批:“请海楼(县委书记)、庆禄同志(无为分团负责人)阅示”。同年4月7日,县人委给省人委呈送报告,“该塔已延年九百余载,如不维修,一旦倒塌,将会造成生命财产的重大损失。能否派遣工程技术人员给予勘察鉴定,修、拆?请予批示。”继后的8月3日,无为中学又给县人委报送“关于拆毁古塔,请拨经费及材料的报告”。文称:“经技术工程鉴定,有倒塌危险,趁伟大的无产阶级“文化大革命”之风,把这座封建残存的古塔扫掉。”驻无为中学“四清”工作组组长江平也说,“无中的黑货最多,要拆掉西门锥子”。1966年8月7日县人委办公会议,对拆塔问题进行了讨论。有几位委员赞同拆塔,他们认为“这是封建迷信、宗教的残骸,通过这次“文化大革命”把它扫除。在“文革”初期的8、9月份,无为中学校园就有勒令校长拆除西寺塔的大字报。

西寺塔的拆除前后共三次。第一次,拆除塔顶及上层部分(7－5层),时间为1966年5月;第二次,拆除塔身(4—1层),时间为1970年;第三次,挖开地宫,时间为1973年4月。

第一次拆除塔顶时,现场的工人以指挥者哨声或旗语为令。拆除工程先上后下、由内向外逐层进行。脚手架跳板由塔内穿过塔体门洞,工人系保险带在跳板上作业。塔顶为亭状建筑,砖木结构,翘角飞檐。塔尖非金属铸造,而是两只直径一米多的釉缸、对口叠扣成葫芦状的宝顶。缸底为一根尖木洞穿。塔尖上金属装饰与牵引六面翘角上的链条在拆除后,陶缸损坏,金属装饰及链条弃为废品。塔内中轴旋梯内,有长10数米、底部直径40多厘米的原木。史载,此塔曾频遭雷击。旋梯内木头多半碳化。往昔天气骤变,屡见塔顶有烟雾升腾现象,可能与碳化木头的水分蒸发有关。拆塔时发现塔内藏古刀一口,木质刀柄有烧痕。塔砖长宽高(厚),分别为30×24×6厘米。砌砖用料系黏性黄土,非传说的糯米浆液。古代有堆土造塔一说,但工程技术人员据现场所见,说此塔是采用"内造法"建造的。镶嵌于塔壁上的佛像,是用来补"洞"的像砖。

关于拆除塔尖的时间,有四五月、七八月、九十月三种之说。时任无为中学校长薛进良回忆说,"记得是在"四清"运动后期和"文革"初期拆的,具体时间记不得了"。《谁拆了西寺古塔》文中写道:"66年4、5月间,一天上午正上课。忽听得从教室东边,传来有砖头等重物纷纷落地的声音。我们初三乙班就在塔的西边,跑出去一看,原来有人在拆塔,还搭了脚手架。不远处校长和一些教职员工以及校外干部模样的人,一边仰头看,一边指指点点。"原县建筑公司经理、拆塔时曾在现场担任总指挥的刘后田,先后两次接受调查。他说:"最近我们找到在现场的建筑工人马仁杰、魏公民。据我们共同回忆,拆塔时间是1966年5月中旬。拆塔后不久发生"文化大革命",破四旧,毁文物。拆塔是在周总理关于保护文物的讲话发表之前,这一点很肯定。在拆除塔顶时,曾出现拆拆停停现象。"拆塔的工人当时也不情愿,不忍亲手毁掉圣物,故而有意怠工,拆拆停停。""在拆了上几层后,仍有人写信给陈海楼说不能拆,这样又拆停了。"时任无为中学总务主任的汪悟生回忆,"学校请示陈海楼,陈海楼不敢答复。正好张恺帆(时任省委副书记、副省长,无为人)来无为检查工作,陈海楼请示张恺帆,张恺帆有了态度。这些都是事后听说的。拆的当时县里派沙方(人委办主任)、张怀壁(副县长)到现场监督,防止发生事故。拆下剩余三层楼高的样子拆停了。"原县建筑公司刘经理还说,"记得大约在5月份左右,公司通知我和马经理带领钢筋班去拆西门锥子，当时问为什么要拆西门锥子，说是张绍伦副书记要拆的。“文化大革命”中红卫兵问过陈海楼，陈海楼说他当时并不倾向拆西门锥子。……拆到6层后通知不让拆了，说陈海楼说无城要建自来水厂，留下3层塔基建水塔用”。无为中学编写的校史《八十史略》记：“七月，学校成立了红卫兵组织，他们以‘破四旧’为名，……拆了校内的千年古塔（塔尖及塔之上部4—7层）。”《无为县志》1993年版载：“秋，红卫兵走上街头破四旧（旧思想、旧风俗、旧文化、旧习惯），抄家。拆掉宋宝元二年（1039）建造的西寺塔塔尖。”老教师中也有人说，当时拆塔谁也没有留下文字记录，大体时间是8月，抑或是“9、10月。总的印象是在“四清”后期、“文革”初期，即工作队撤离无为中学与学校红卫兵串联之前。

究其拆塔动因，笔者认为：最初是某些领导出于对塔身安全的关注，继之受“四清”“文革”两种政治风向叠加的压力，有着渐变而复杂的过程，“文革”思潮的影响是有的。

无为中学与县人民委员会，就拆塔事项均按组织程序，向上级机关履行了报告手续，应视为组织决定，而非个人行为。说拆塔是红卫兵“破四旧”行动所为，缺乏事实依据。从时间上看，在合肥红卫兵“八.二七”造反队成立之前的五六月份，无为中学没有红卫兵组织。从行为能力上讲，拆塔是一项高空作业，从事这项工作不仅要具备专业技能，还要有一定的专业工具与器材。这对于尚未成年的学生与红卫兵来说，似乎是不可能。正如《谁拆了西寺古塔》文中指出：“老师说校长曾为是修还是拆这个塔征求他们和建筑公司方面的意见，可见，拆塔的行为在红卫兵组织成立之前。因此说，不是红卫兵拆了校内的古塔。”

千年西寺塔宝藏面世记

程传衡　李俊平

西寺塔地宫掘开后，共发现20多件稀世文物，其中的佛经、桑皮纸古俗记事（二幅）和黑色木缸，被视作国家一级文物。该文物先为安徽省博物馆征收，后调至国家博物馆珍藏。

1973年4月的一天，无为县自来水厂得知无中在西寺塔基处建造平房，因其建蓄水池需用砖石，便雇用民工拆毁塔以基取砖石，一直到挖开地宫。县革委会军代表得知从地宫挖出有3、4筐东西，当即派员去现场监督，并要求将地宫所挖之物，运归生产指挥组收存。约一个月后，安徽省博物院派文物考古专家吴兴汉来到无为。吴兴汉清理第一件物品为木缸。"当洗涤到一件园口、大腹、状似陶缸的物件时，在场的人都感到香气扑鼻。"漆黑发亮的木缸，看似陶器，实为"木料雕琢"。缸底直径4厘米左右，腹径、高度在12厘米左右。缸壁很薄，约两毫米，弹击其腹，声音清脆。缸内共装108枚铜钱，皆属唐宋钱币。开元通宝、咸平元宝、天圣通宝和祥符元宝等，字迹均清晰可见。除木缸之外，还有约20件大小文物和两筐铜钱。

这其中包含了：其一，印刷佛经一幅；高约12厘米，幅宽约60厘米。其二，桑皮纸古俗记事二幅；每幅大小与今印刷公文16开纸相仿。其三，玻璃瓶、舍利子；瓶的上部为管状瓶颈，直径3厘米左右，高约10厘米；下部为瓶腹，高约8厘米；透明度与现代玻璃器皿无异。玻璃瓶后来为省博物馆收藏。展出的卡片上，有"无为宝塔出土"字样。玻璃瓶外为泥沙包裹。瓶内所装舍利子，约有数十粒晶体颗粒。颜色有橙红、淡黄和无色，表面很光滑。可惜因清理工不知瓶内何物，在清洗时竟将舍利子当作泥沙抛弃！"其四，铜镜。宝塔地宫共出土五面铜镜。其中直径30厘米左右的大铜镜2面，直径26厘米左右的中型铜镜2面，直径小于20厘米的小型铜镜一面。镜深褐色，正反两面无一丝氧化斑迹，光滑闪亮。其五，棺椁。一口小的银质棺材，外套木椁和铁椁。棺内存有五包橙红色丝绢包裹的骨灰。银质棺板厚约0.5毫米，棺长约40厘米，棺盖錾有"信士弟子张文质暨妻同舍"铭文。其六，铜钱。地宫出土的铜钱约有百斤，多数为唐宋钱币，也有西汉的"五珠钱。"

地宫文物去向，据《西寺宝塔地宫文物发现清理追记》所载：

1. 装铜钱的小木缸、佛经、桑皮纸记俗文（二幅）和盛舍利子的玻璃瓶等物，由吴兴汉带回省博物馆收藏。其中佛经、桑皮纸古俗记事（二幅）和黑色木缸，上调中国历史博物馆（现为国家博物馆），被视作国家一级文物收藏。

2. 银棺和木椁、铁椁仍置放箩筐内，存放于生产指挥组的小库房，最终不知去向。

千年白鹤观传奇

耿松林

她，历史悠长，阅历深厚，纵贯历史五千年；她，身份频转，度尽劫波，历久弥新拈花笑；她，精彩纷呈，代有故事，蕴含哲理令人思。她，就是世上难找、无为唯一的历史故地——襄安白鹤观。

襄安白鹤观

历史早期，她是商周古文化遗存地。1983年3月27日，原巢湖地区文物管理所和无为县文化局，联合考古发现，襄安白鹤观是商周古文化遗址。遗址可分为近代扰乱层、汉代文化层和商周文化层三层，近代扰乱层之下，布满大量的汉代布纹瓦片、云气纹瓦当、商周时期的陶片，最下面是厚达二十多厘米的红烧土层、蚌壳螺蛳壳层和石刀、石斧遗存。纵剖面自下而上，清晰地反映了从商周到秦汉的时代发展轨迹。从渔猎采集，到打造石器、烧制陶器，时间越千年，文明进步不是一点点。想当年，先民们渔猎荒野，篝火狂欢，刀耕火种，筑巢为居，生活是多么艰辛！精神又是多么欢畅！

著名历史学家吕思勉在《先秦史》一书中，直指《左传》成公十七年提到的驾邑，即为今天无为县襄安镇，鳖邑为泥汊镇古街，二者皆为土城。清嘉庆《无为州志》也指出，驾、鳖二邑在县南滨江地带。驾邑就在襄安，其中心就在白鹤观遗址处，是顺理成章之事。这是因为，一方面，从原始部落发展到带有城邦性质的邑聚，是人类历史发展的客观规律。另一方面，白鹤观遗址处高十多米，东西长约300米，顶端面积约5000平方米。加上连在一起的白鹤寺部分，共有数万平方米的面积，是难得的面积较大滨江亲水宜居高地。地处长江北岸的无为地段，古为河漫滩地。在没有无为大堤挡水的情况下，汛期一片汪洋，只有枯水季节才露出陆地。讲白鹤观高地是庇护先民的福地，一点也不为过。驾邑建在高地，古人在趋利避害的实践中提升着智慧。

正因为有着千百年历史的积淀，到秦汉时代，襄安县诞生了。秦王政24年（前223）灭楚，置襄安县，县治即在古驾邑，成为安徽境内屈指可数的秦汉古县之一。之所以命名为襄安县，有以下原因:其一，“襄”有高、高举、升至高处之意。如前所述，白鹤观遗址高地作为县治所在，能够很好地避灾防洪，让居民安稳地生活，县名襄安便有“高处”“平安”之意。其二，“襄”还有驾的意思，指马牵引车舆。在农耕冷兵器时代，拥有战马的多少，成为军力、国力是否强盛的标志。此地人烟辐辏，经济发达，是政治、经济中心，作为县治是合适不过的。同时，县名传承驾邑而来，也是自然而然的。其三，“襄”通“攘”，有扫除、除去、排除之意。秦扫六合而定天下，推行郡县制，置县时定名襄安，有“扫除（平定）天下使之安定”的寓意，既有高歌奏凯、志得意满的骄矜，也有祈盼平安吉祥的心理遵循。其四，有一说古时襄安北境有襄河（即从文思村到汪桥村东北流向的花渡河支流），襄安有“襄水安流”之意，故此得名。襄安县的得名云飞雾绕，以上种种均为推测，但有一点不容置疑，秦军兼并天下的旅程，充满了刀光剑影，襄安县是在血泊中诞生的。从天下大乱达到天下大治，盼望平安与繁荣，古今一理。

秦汉换代之际，刘项争锋，让襄安再一次遭受血光之灾。《汉书·高帝记》、王充《论衡》、清乾隆《无为州志》，都记载了“项羽攻襄安，襄安无噍类”，战争残酷到楚军攻取襄安后屠城，没有留下一个活着的人。历史冷硬如铁，城头变换的大王旗，真真正正是用老百姓的鲜血染成的。

两汉时代，襄安县治仍在今襄安镇，而白鹤观高地又有了新的故事。高地原名罾山，源自其形酷似水中扳鱼的罾网，沿角高直，中间凹陷。罾山又名升山，命名仍取其形似量米器具。由升山一音之转而为“孙山”。传说一襄安县令上任伊始，认为襄安民智未开，礼教不行，一日巡游时正好遇到祖母背孙儿从身边走过。那调皮的孙儿用楝树果在祖母的头上敲打，唱道“果打头，头如鼓，鼓上跳着楝树果。”祖母开玩笑喊道：“不得了啦，孙子把奶奶的头当鼓敲了！”县令立即喝令将孙儿拿下严惩，为的是树立权威，警示后人。据说从此罾山只升不降，不坍不塌。襄安地方孝悌和睦，尊老爱幼。

历史的车轮缓缓前进，历经魏晋、南北朝、隋唐，襄安县名仍然存续。只不过隋唐时的襄安县治，迁移到今天的巢湖市区了。今襄安当时作为无为镇的组成部分，隶属于襄安县。

寺内景观

在唐朝，一个关于仙鹤的传说随着白鹤道观的建立又传开了。唐天子奉老子李耳为先祖，诏令天下定道教为一尊。在襄安罾山，玉尊道长建观于此，所养的一对白鹤“鸣于九皋”，动人心魄，增添了道观的神奇，白鹤观的得名也由此而来。相传道观有“白云云白飘无意；仙鹤鹤仙来有时”的楹联，此联一语成谶。一曰老道外出云游，临行前叮嘱留守小道童，白鹤就要产蛋育雏了，要精心看护，不得靠近打扰。开始小道能谨遵师命，但当窥见硕大的鹤蛋时，按捺不住“羽化成仙”的心念，竟然趁白鹤外出觅食之机，架火蒸蛋，一城之人见证了白鹤的狂怒，耳闻了白鹤心碎的悲鸣。就在众人震恐之际，老道归来，喝令小道从蒸屉中取出鹤蛋，放回巢中。两鹤悲鸣，其音惨切。雄鹤长途飞翔，历险从南海仙岛上采回灵芝放入巢中，鹤蛋起死回生，雏鹤破壳而出。一个晴朗明丽的早晨，四鹤举家腾空，一城之人目睹了白鹤绕观三匝，然后决然飞翔一去不返的场景。白鹤的离去，昭示着这么一种人生道理：和合致祥，贪欲招灾。做人做事，需要坚守底线。底线一旦突破，很可能招来万劫不复。

清末李鸿章在镇压太平天国运动中，用太平军的鲜血染红了自己的顶子。大富大贵之时，李氏田产、店铺遍及江淮。传李氏一子在今襄安粮站一带辟地修建“李家仓房”，将罾山一角大肆降坡，可怜昔日雄伟高地，受到日削月割的粗暴践踏。

历史行进到20世纪30年代，白鹤观又经历了新的磨难。1938年1月开始，日军飞机数次轰炸无城和襄安等地。8月14日开始，日军乘船侵占黄雒、无城、虹桥、襄安等地。1942年初，日军在汤沟、河坝、开城、襄安、黄姑等地遍建据点。在襄安制高点白鹤观，日军砍光树木，毁坏房屋，构建碉堡，如一枚巨大的毒瘤，生长在襄安的土地上。刺刀下的岁月，是多么的屈辱和难熬！襄安人民不屈不挠，在中国共产党的领导下，英勇抗击日寇，写下了许许多多可歌可泣的诗篇。1945年8月，新四军三师独立旅一部，奉命攻打拒绝投降的襄安日伪军据点。敌人负隅顽抗，施放催泪瓦斯，驻芜湖的日军司令部还调海军陆战队由凤凰颈登陆前来增援。独立旅攻势凌厉，最终驻襄安的日伪军在援军掩护下乘船逃走，襄安被收复，回到中国人民的手中。

1998年，由襄安居民汪长保等率众募化，在白鹤观原址上建立了白鹤寺。从商周遗址、古驾邑、襄安县治，到罾山、升山、孙山，白鹤道观，再到日军碉楼和今日的白鹤寺，时光五千年，这座高地完成了一个个转身，留下了一个个令人赞叹的故事。岁月永不老，江河日夜流。经过近二十年的发展，白鹤寺的香火日渐兴旺。如今的白鹤观古寺，已成为全县重点文物保护单位。

襄安白鹤观

绣溪公园传说

刘尧明

无为县绣溪公园位于无为县城老城西南角，因绣溪水而得名，又称锦绣溪，别名南池。园中两泓碧水夹一长堤，堤身有一座单孔半圆形石拱桥，长不足15米，宽亦不足5米。桥下流水潺潺，垂柳夹堤而立。水从锦绣溪中去，人在半轮月上行。公园水面5.5公顷，陆地4.0公顷，环溪路径长1.25千米。园内松柏郁葱，繁花似锦，假山亭阁，相映成趣。1958年，园内建革命烈士纪念碑，碑高25米，碑南安放着吕惠生、胡竺冰等烈士墓；1980年建革命烈士事迹陈列馆，2006年投入200余万元为陈列馆扩了容。目前，公园按不同景观分为8大景区，即水面观赏园、水上娱乐园、儿童乐园、植物园、盆景园、绿竹园、紫藤长廊、体育健身园。

据宋和州人郭象所撰《暌车纪》卷三载:"无为军城内有秀溪者，初名锦绣溪。始未有城，溪水与外通，中有珠蚌，其大如席，旋即失之，盖亦灵异。或夜傍水际，启壳吐其光，明皎如月，照地数丈。秀之名，盖取川媚之义也。其后筑城，绝不通外，珠遂不知所在。"说的是，无为原来没有城墙时，锦绣溪与外水花渡河相通，其河中有一个珠蚌，有如床席般大小。它有时在夜晚游到溪边开壳吐光，明亮如月，照得地面方圆几丈都雪白如昼。后人因其蚌明媚山川，取其名为锦绣。无为在宋时只筑营壁垒，水路还是与外界相通的。到后来筑城垒堤，隔断了水路，珠蚌就不复出现了。这也就验证了绣溪原本为一片大池塘，到宋时被分一分为二，故又称双溪。宋人满维端作《挹秀亭》:“林霭波光秀可餐,登临都付一亭间。坐违世路尘埃远,静入湖天日月闲。对岸莺花迷阆苑,隔烟洲溆切蓬山。习池胜事无多较,只负襄阳倒载还。”宋人杨杰作《锦绣溪》:“十里喧阗锦绣川,秋千人健趁飞鸢。花明柳暗丹青国,日薄云浓水墨天。游女践残芳草径,画船冲散碧溪烟。”王之道作《锦绣溪》:“画桥雕槛接招提,新有幽人彷绣溪。千顷净明天上下,两奁光映水东西。飞楼涌殿参差见,古木修篁咫尺迷。此景此时君信否,绿杨影里啭黄鹂。”可见,绣溪早在宋时就开发利用了,是人们休闲娱乐的好去处。宋、元、明、清时,绣溪曾建有挹秀亭、沂春亭、斗锦桥、迎秀楼、绣溪书院。

民国初年,绣溪逐渐凋零。士绅曹颂余曾于溪旁辟有曹家花园,蚕食绣溪。无为士人王鹤天因怒曹颂余占园私用而作诗骂之:“可恨青龙偃月刀,华容道上不诛曹。只今留得奸雄种,占我无为观震潮。”

1935年,开明人士戴端甫任无为县县长,用公费购买曹家花园为公有,改建为绣溪公园,建文峰阁、觉亭、沂春堂、双溪茶社,东溪内种植荷花,西溪内配置游艇10余条,公园内外遍布花木,面目一新。当年吕惠生出任县政府建设科长,恰好县政府要在东门外公共用地上新建汽车站。可是,这块地已被宋、杨两家豪绅长期霸占,并建房筑室。接到县政府拆屋让地的通知后,他们非常着急,合伙拿出200块大洋送到吕惠生家里,请他代为通融,改地建站,保全他们的非法利益。吕惠生对贿赂行径深恶痛绝,他严厉痛责他们的不义行为,要求他们立即拆屋让地。吕惠生又用豪绅行贿的200块大洋在桥边建了凉亭名曰“洗心亭”,并作诗云:“孳孳货利已根生,哪得人人肯洗心。只有铲除私有制,人心才可不迷金。”用以警世。

1939年4月,新四军军长叶挺来江北处理“高敬亭事件”,途经无为,就下榻公园沂春堂。叶军长闲暇之时，常信步溪畔，与群众交谈，倾听人民反映，态度和蔼可亲，十分平易近人。1940年秋，日寇侵占无为县城，公园遭受浩劫，园内建筑树林被焚毁殆尽，仅存文峰阁。新中国成立后，特别是改革开放以来投巨资对公园进行全面规划，大力整修并增添了许多设施，使之变得越加美丽，越来越受到人们的喜爱。

公园又称观震潮，有着一个警世的传说故事。相传过去当地曾住有18户富庶人家。这一年，天下大旱，农田绝收，而这18户余粮满仓，却不肯开仓济贫，当地人皆指其为富不仁。一天傍晚，18大户门前出现一位龙钟老太。她双目失明，依门挨户，扶杖乞讨。17户过去了，没有一家肯施舍一口饭给她。当她来到第十八户人家时，只敲响了两声大门，便昏倒在门前。这户住着一个苏姓遗孀，人称芝母，孤寡一人，且年逾古稀，很少出门，不知天下大饥。芝母闻声开门，将老太扶起进屋，开灶煮饭救醒了老太。老太只吃不说，也不走，一住就是三日。芝母也不见怪，而且尽心伺候。第三天，老太开口了："这里久旱必有大雨，雨水将要沦陷这千夫所指的十八户。看你芝母良心未泯，我放你一条生路，只保你这一户。时隔三日，你家对门夫子庙牌坊'棂星门'三字若失去金色，就要地陷了，你要守家勿出。"说着，老太双目顿开，含笑而去。原来，这老太是观音菩萨的化身。顿时，芝母悟出"善有善报，恶有恶报"的玄理，遂打开自家粮仓接济百姓。过了三天，天空骤变，牌坊金字失色。芝母眼见显灵，便劝17户离家避难。他们不信，闭门不出，结果在雷声中陷落成溪。芝母家却安然无恙。

芝母家所在地被后人尊称为"芝山"，地陷的水面被称为"锦绣溪"，俗称"观震潮"，后人辟为绣溪公园。清嘉庆《无为州志》也记载："溪涸，居民掘坑取水至丈余，则木多直立，犹当年屋柱也。"可见绣溪是因为地震陷落而成的。

传说自然是传说，然而“善有善报、恶有恶报”则是百姓们坚信的真理。目前，锦绣溪的风光优美，历久弥新，是广大市民休闲游览的好去处。

绣溪公园

泉塘古朴树

王谦林

在无为县西南方向有一个乡镇，叫泉塘镇。泉塘镇管辖下的行政村里边，有一个叫“汉王”的村落，“汉王”村落北头有一座土山叫历山。

历山不高也不大，本也普通，但奇就奇在山腰处，有棵巍峨挺拔的古树。

这是一棵朴树，树干直径有两米，几个人合抱不住。春、夏季节，朴树枝叶茂盛，但当秋去冬来，枝叶飘零，远看满树枝杈虬龙盘绕，尽显肃杀之气。

此树因年代久远，遭风雨侵蚀，树干中心已空，但树皮厚实，坚硬如铁，牢牢支撑着庞大的树冠，傲然屹立。树主干上分九桠，树冠形似华盖。春夏时，翠绿如荫，树上千枝万叶如千手万臂，似乎要把整个山丘纳入怀中。在宽阔的树荫之下，即便是炎热酷暑天，也清凉怡人，凉风习习。因而它是当地农民、过客纳凉的好去处。更有甚者：硕大的树冠从来没有飞鸟筑巢；树下虽杂草丛生，但也没有蚊、虫叮咬。因此，当地人都说这树有灵气，一致称之为“神树”，无论是本地住户或往来行人，均不敢折枝碰叶。

树旁有一座寺庙，日月供奉，香火不断。从2008年起，该树已列为无为县文物加以保护。

此树何人所栽，树龄几何？多少年来，没人能搞清楚，走访当地住户,也都说不出个子丑寅卯来。人们只发现树旁有两道残缺石碑,一碑记载:明嘉靖年间;另一碑载:乾隆五年……然经专家考证:那只是立碑时间,并不代表朴树年龄。那么,这棵朴树因何而来呢?看来,还得另寻途径。

再说,历山下面的那个"汉王"村落,村名虽称"汉王",但村内以及方圆数里都少有王姓,而汉王村以伍姓、李姓为多,再看古朴正南约二百米处,有一古丘,高约五、六米,十亩见方,外形方正……

把这些综合起来:历山、朴树、古丘、汉王……莫非此地与中国史书上汉代某位王侯有关?

另据当地老人介绍,近些年,有人在历山附近挖出了不少墓葬之器,如碗、罐、铜钱之类,还有人专门来此高价收购,据此推测,这些墓葬的主人身份应该不一般。

翻开史书知道:中国汉朝实行的是郡国制。嘉庆版《无为州志》记载:"文帝十六年,别为国,统县十二,有居巢、临湖、襄安等。"这个国,就是当时淮南国,而现在的泉塘,当时隶属临湖县。

《汉书》记载了淮南王刘长、刘安父子先后密谋造反、事败被朝廷废爵、流放畏罪自杀的历史……

由此推断:汉王村,这个汉代淮南国的边陲是否就是当年那位王侯在此避难、隐居场所?而历山、古朴、小丘是否是他们的墓葬之地呢?

如此推来,此朴树树龄决不仅几百年,而应在千年之上矣!

另外,泉塘当地有位先生曾作《历山古朴颂》称:"历山古朴,远近闻名;何人栽培,众说纷纭;祖先有德,惠泽子孙;正是大人,历山选中;成家立业,后世扬名;都公卒后,葬于山中;穴生朴树,得以盛名;枝叶繁茂,依地生根……。"

诗中这位都公，则是汉王村伍氏先祖。按这种说法，这朴树是在伍氏先祖墓穴中长出来的。而这都公，伍氏族谱上交代并不清楚。

综上所述，我们是否能作这样一个推断：淮南王的后人或门人为了避难，逃往此地，而且还改名易姓，而汉王村的伍氏，则是易姓结果。按照这个逻辑分析，历山的古朴树以及扑朔迷离的汉王村的因果，似乎也就比较好理解了。

泉塘古朴树

丁家老宅的故事

程传衡

开城镇分河东河西，从河东主镇区走过大桥便是西古街，这是无为现存为数不多的古街之一。古街为东西走向，长约270米，宽3.5米，有七条深巷。坐落西街的丁家老宅，深处幽巷，有些萧索和孤凉。透过房屋的破旧架构看，老宅规制宏大，结构奇巧，营造别致。檐枋、斗拱、雀替雕刻，都十分精美。向导开了门锁，他跟我们介绍：丁家是无为西乡的豪门，田地房产无数，光开城街上，就好几处大宅。这里是丁家一处九进九开间大宅院，每进有天井与东西厢房，后院配有花园的大宅。前门临街，后门通河。雕花门楼，上下两层，高大宏伟，十分气派。

丁家老宅建于清光绪年间，距今至少有一百多年。前面的雕楼早没了，当年公社在这里收治浮肿病人，后来就做了医院。现在河西街门诊部还挂着牌子，只是门锁着，新医院大楼建成，医院整个都搬了。一位医院老职工说，我们住进来时，只剩三进五开间。当时仍觉得房子很大，因为做医院，除门诊、病房和各个科室外，还有职工住房，几十口人住里面，一点也不觉逼窄。门窗、裙板都是雕龙画凤，东西厢房的隔扇屏风，不是雕着梅兰竹菊图案，就是描着山水花鸟漆画。前后几座天井造型，也都有天圆地方寓意。由于很长时间都无人维修，只能看着它一天天容颜衰败，变得东倒西歪。2001年后，有几处厢房、偏屋已倒塌损毁，真有些心疼。房改时镇上把老宅卖给了医院职工。原来有八家住在这里，现在只有两家了。一个户主快退休了，另一户主也要退休，子女不在身边，看来迟早都要离开这里的。

向导领我们四处走走看看，满目皆是衰微破败。只见墙角几处杂花，屋后数竿残竹，仿佛在说："芳草有情，斜阳无语。"屋破了，还支撑在那里；树老了，还经得住风霜。老宅廓檐，还有石墩、石础，无不在诉说着曾经的风华。

丁宅边上的两户邻居，一个九十岁，另一个九十五岁，皆为期颐之年的老妪。她俩在互相说着话，又分明是说给我们听的。我凝视她俩，精神矍铄，耳聪目明，口齿清爽，声音铿锵。一双半放半收的裹足踩地也是咚咚作响。从那位九五高龄老太口中得知：老宅的主人叫丁祖波，是西乡有名的大地主。他父亲叫丁小侯，身材瘦细，面部少肉，为人精明，一副"猴像"，人们背后给他起了个绰号，叫丁小猴。丁小侯是省参议员，在国民党无为县衙里，人称他六张椅子坐一张，新县长上任，都要先来拜访他，可以想见丁小侯其时的势力与声名。丁小侯坐轿子到无为，不走别人田埂，经过的路都是他丁家田产。丁祖波母亲姓李，娘家在襄安。她是妾不是正房，是收房的丫头。大奶奶不生育，丁小侯娶了小。丁家也做善事，灾荒年散粥赈灾，粥很厚，一两碗就能保命。丁祖波兄弟三个，他是老大，老二叫丁祖扑。丁小侯新中国成立前就死了。

丁祖波略通文墨，经常以吟诗作对自娱。当地人讲，离开城不远的独山庙联，就是丁祖波所撰。丁出上联，邀庙里和尚对下联，当下言明，若和尚对出下联，即送金赠银，作为供奉。联曰："孤山独庙关云长单刀匹马"，可惜和尚未能对出。于后，有一路人闻后对之："双河四岸两渔翁对下钓钩。"成就了一则趣谈。丁家后辈，多在国外。前些年，她家有个女儿从美国回来，还拍了好多老屋照片，带走了。我在寻思，这也许就是一个远离故土的人,“行行无别语,只道早还乡”,万千烟逝之后的一种情之归依吧!

开城丁家老宅

老关城的故事

刘希玲

古老的一字城(今无城南门融城绿景小区)南端,曾经有一座老关,是无为县城的外城,叫老关城,习惯称老关。其外形像一座隧道入口,高约五丈,宽约四丈,深约十丈;弧形拱顶,全用大青石条砌成;内壁两边各有四丈宽凹进墙壁里,下方砌成青石凳,供行人小憩;从关里向南,呈下坡势路面,宽约四丈,用褐色麻石铺成,中间行车马,两边走人;由关里向北,呈上坡势路面,也用褐色麻石铺成,关口置一道加厚木门,昼开夜关;关顶上垒土厚丈余,隐于老关山东南端,是通往一字城的要衢。

无城登瀛街旧貌

老关东有官镇大圩沃野平川,西有老关山丘陵起伏,前临潘家冲狭窄沟壑,向南眺望有常家山、斧脑地;后抵一字城小巷街道,向北延伸,直达无城南门大桥。是通往无城南大门的要隘。

老关俗称老关口,民间又叫它"老关洞",建于明朝洪武年间。传说当年刘伯温识天文,懂地理,镇山治水,要保大明江山千秋万代!一次南巡，发现一字城有处獭猫地，内藏“獭猫精”，要危害大明江山，心生“设关治猫”之计，在此建了一座老关。千百年来，一字城显然未见“獭猫精”出现。但是世事变迁，朝代更迭，历史总是在发展，老关也留下了这个趣闻佳话。这是其一。

其二者说是很久以前，三个挑夫深夜来到老关叫关，要进一字城，守关老翁不肯起床开门。三个挑夫急中生智，大声叫嚷：“你不开门便罢，我们就在这里以扁担当床，蓑衣当被睡下来。”三个人还相互谦让：“大哥往里边睡，我睡外边给你挡风！”守关老翁给吵得睡不着，索性开门看看他们三个在扁担上怎么睡法。当守关老翁打开关门，三个挑夫担着货担笑呵呵地进了一字城，边走边说：“谢谢老翁为我们开门！”

日本军队入侵无为之后，便在老关顶上建了一座碉堡，驻守一个小队日伪军，他们烧杀抢掠，无恶不作。中共无为地下武装决心要铲除这个毒瘤，经常夜袭碉堡里的日伪军，今日杀一，明日杀俩，久而久之，日伪军也吓得只好躲进了无城。这是其三。

新中国成立后，老关回归于人民。进进出出的行人在这里夏避暑热，冬避风雪。附近的老人们常在这里喝茶聊天，顽童们也常在洞顶、关下捉迷藏。由于年代久远，老关久经风雨侵蚀，几近坍塌，后于“文革”期间彻底毁尽。如今，这里已经建设成往来无城的康庄大道！

漫说徐家花园

李俊平　程传衡

“葬我于高山之上兮，望我大陆。大陆不可见兮，只有痛哭。”这是徐家花园主人曾吟唱过的悲歌。

徐家花园西楼

徐家花园即徐庭瑶别墅，为两幢西班牙风格的红楼，是20世纪30年代无为城内最耀眼的西洋建筑。位于西大街天王庙巷，后面连着王家竹园与北园菜地。别墅门前分列一对石狮，红楼东曰“承日”，西曰“拨云”，取晨昏观日赏云之意。赭色花岗岩基石，青砖红瓦顶戴斜坡，底层水门汀地面，楼层铺有木板，着落地玻璃、百叶窗，室内为西洋风格雕饰，装潢考究，富丽堂皇。园内辟半亩方塘，俗称荷花池。池中有高约一米五的汉白玉喷泉装置，上刻男女幼童裸体浮雕。池边青石驳岸，岸畔数座磨花石椅，石径环绕，花木扶疏，花香四溢，静谧清幽。日本侵占县城时，沦为日军司令部。新中国成立后，为县人民医院医疗与办公区。由于使用得以尚存，建筑风貌与结构基本完好，属县文物保护单位。

徐庭瑶（1892—1974），原名其瑶，字月祥。出生于无城后新街，祖居开城镇徐家新屋村。原国民党装甲兵司令，陆军中将领上将衔，保定陆军军官学校与戴端甫、张治中、白崇禧、蔡廷锴、黄绍竑等同期同科。徐非蒋介石嫡系，但其麾下多为“王牌军”虎将，如杜聿明、郑洞国、戴安澜、邱清泉、廖耀湘等。在交通兵、辎重兵、通信兵、机械兵监和机械化学校教育长等职位上颇多建树。他是国民党军机械化部队创始人，也是中国装配与制造战车、汽车的第一人，有“装甲兵之父”称誉。经他培养的人才，后来有不少投向人民怀抱，成为部队和军事院校急需的技术资源。

1946年，徐庭瑶邀张治中等政要赴芜湖，为筹措戴安澜安葬与建职业学校事宜，曾回故园红楼小住。1948年，在国民党大厦将倾的那一刻，他带着无限惆怅去了台湾。他曾对儿子先汇、先涛反复叮嘱，如有可能，在我死后要设法将遗骨送回无为。一语成谶，“大陆不可见兮”，终成了他永世遗憾。

了却国家天下事，赢得生前身后名。传闻徐庭瑶未发迹前，萌发出外求学之心。行前，上城隍庙抽了一注“下下签”：灾祸频生，流年不利。但他不信邪，与命运抗争。发迹后，思国怀乡，服务桑梓。徐家花园，他虽只是在1946年小住过一段，但里面却藏着他很多故事。

他曾推荐乡贤戴端甫出任县长，并与其一起捣毁城隍庙。戴就职当天，他派人专程送来对联一副：“硬干快干手段，改造无为；手到足到精神，服务桑梓。”他几次回乡期间，先后创办县民众教育馆和第一所县图书馆，捐款兴建绣溪公园礼堂，并在徐家新屋和赫店朱庄开办四维小学和分校。他还亲手测绘无为县、石涧埠、襄安、土桥、雍南镇和繁昌县、鲁港、荻港等八份地图，成为地方上最早的地图蓝本。抗战期间，他在长沙浏阳门外开设“无为流亡公寓”，周济逃难乡邻。

徐庭瑶去了。他深爱着无为这方热土与家乡人民，也呼吸过、流连过天王庙那条小巷里的空气和小巷里的红楼。其子先汇、先涛为秉承他遗愿，特设立徐庭瑶奖(助)学金。1997年以来，已发放了20期，受奖学生80名，受助学生339名，奖助金额达97万元。

徐家花园东楼

藏书楼的故事

王惠舟

创建于1922年的无为县图书馆，是安徽省最早的县级图书馆，至今已有近百年历史。其馆舍就是米公祠。

图书馆建馆之初，得到了社会人士的关爱和资助，藏书尚为可观。据邢容钦《无为旧闻琐话》记载："县图书馆藏书，有：清刘秉璋家有钦赐木刻《图书集成》，为某军阀劫去部分，余书……移交县图书馆。邑孝廉卢秋浦藏书，约三万余册。逝后，均售于图书馆。余外舅之藏书，亦归县图书馆，据目集者云，运走图书，有二十八箱之多。近人李叔威君亦曾捐赠图书若干。"新中国成立前夕馆藏图书有8万册。新中国成立后至"文革"前，馆藏图书已达17万册。

县图书馆的藏书中，有线装古籍近4万册，其中善本52部625册，诸如明宣德年间金粉书写的《妙法莲花经》、明胡宗旬著《省身集要》，清印《古今图书集成》、《四部丛刊》、《四部备要》、《江南通志》、乾隆版《无为州志》、嘉庆版《无为州志》等都十分珍贵。另藏有历代名家法帖、古今字画、碑刻拓片，近现代各类画报、杂志、报纸。馆藏图书之丰富与珍贵为全省县级图书馆所仅见。

书库是藏书重地。县图书馆的书库在很长时间内，与办公室、阅览室等一样，都是类似民居的砖瓦平房。新中国成立后曾全面整修，书库面积约150平方米。到20世纪60年代，房屋多有损坏。书库雨天渗漏，墙角潮湿生霉，书籍多有受潮霉损。为保护图书，每当夏秋晴朗天气，搬晒图书都是十分繁重的任务，但却不是根治之法。

1962年，时任馆长巫纪崙情急之下，决定试着向省里打报告，请求拨给专款建设新馆舍。经过一年的努力争取，在省领导张恺帆关心下，获得八万元兴建馆舍专项经费。这在当时，真是破天荒。

自1964年起，历时两年，1966年新馆舍建成。建筑面积1080平方米。其结构形如飞机：中间是上下两层，可视为机身。两侧是一层，即为机翼。正面大门第二层门头，也呈飞机图案造型，居中是张恺帆手书端庄遒劲的“无为县图书馆”六个大字。其内由大门台阶起，至门厅、地面、过道和墙裙均为磨化石铺就。门厅地面居中大圆圈内，用黄铜条精心嵌制了仿米芾大白菜画造型，既有历史厚重感，又有俊逸悦目的人文情调。这幢钢筋砖混结构馆舍坚实、规整、新颖，是当时县城很有时代感和地标性的建筑。不久，“飞机”两翼的一层上面又加了第二层。同时在前院两边增建了房屋，还增加了设备，整理了环境。旧貌换新颜的无为县图书馆新馆舍，又领全省县馆之先。新馆二楼全部用作书库，比原书库面积扩大了近5倍，通风干燥条件也大为改善。至此，所有图书都安居其中，得到很好的保护。这座被称为藏书楼的主体馆舍，标志着县图书馆进入了一个新的发展阶段。

县图书馆藏书楼

馆藏图书进入新楼书库之前,还有一段有惊无险的小插曲。1966年秋的“文革”初期,破“四旧”如火如荼开展起来。所藏17万册图书,因建新馆都堆放在院前九间平房内,如一旦被破“四旧”的红卫兵发现,则不可避免被当成“封资修”“黑货”销毁,造成无法弥补的重大损失。

馆长巫继崙感到情况十分危急,带领方时生、倪锦文、朱大刚和请来帮忙的县文教局胡文生、桂兴云等六位手无缚鸡之力的“秀才”,两天两夜,把所有图书搬运进新馆二楼库房,加上大铁锁。又假造声势,骑着门缝,交叉贴上两条“无为县文教局图书馆革命造反派封”的封条。这个假象,竟然吓退了几次闯进图书馆破“四旧”的红卫兵和革命造反派,馆藏图书终于未受任何损失。但是十分遗憾的是,新馆门厅地面黄铜条嵌制的大白菜画被当成“四旧”挖除。

20世纪80年代,无为县文物管理所成立,与图书馆分占米公祠南北两头。但因场地太小,房舍严重不足,馆与所的工作、业务又互有干扰,各自事业发展受到严重制约。县领导决定另建了图书馆。今天,这些藏书,早就离开了20世纪60年代所建藏书楼,迁入21世纪建成的,规模更大的现代化的县图书馆,继续为广大读者服务,为现代化建设服务。当年“飞机”造型的图书馆包括藏书楼,也由县文物管理所赋予了新的使命。

古城宝地杏花泉

王惠舟

杏花泉,千年古城无为县一个温馨又美丽的地名,一个闻名遐迩又充满诗意的名泉。其址在省级文物保护单位米公祠内聚山阁之北,墨池之南的坡地上。据说远在宋朝之前,此处还是一片旷野,就有一股常年汩汩渲溢的清泉,其状欢跃清莹,其味甘甜爽口。恰好附近有一株百年杏树,逢春时光,杏花灿烂,泉水淙淙,景色极美,先民即爱称此泉为杏花泉。可是令人扼腕,不知何时泉水消失,杏树老去,只留下"杏花泉"一个空名。

历来文人多雅趣。一千多年前宋朝崇宁年间,大书画家米芾知无为军,兴建了明珠景观:宝晋斋和墨池。从此,一斋墨宝耀千古,一池墨水醉天下。且有投砚亭点缀其间。到了两百多年前的清代嘉庆时期,无为州知州顾浩,亦十分钟情为山川增色。他从民间得知历史上曾经的古杏树和古泉之后,决心恢复其古貌,于是在墨池西南角坡地上种植一丛杏树,又于树丛中掘得一股清泉。杏花朵朵多俏艳,清泉汩汩润心田。面对这般瑰丽悦人的景色,顾浩欣喜不止,赋诗一首:

"老圃开生面,清泉出墨池。不因疏浚力,安能涌流时?

细眼多于藕,浮花瑞若芝。根源仙杏共,应以杏名之。"

因称其为"杏花泉",并勒石于侧。从宝晋斋到杏花泉,宋、清两朝米、顾二位县(州)官先生创造了独具特色的文化成果。为纪念米芾,无为人把宝晋斋、墨池、投砚亭、杏花泉组成一体，尊之为米公祠，成为今天的省级文物保护单位，也是江淮大地著名景点，令古城无为大为增色，让海内外人士倾慕不已。

米公祠地处古城中心人口稠密地带，又有杏花泉的美名。1926年，有着党外“布尔什维克”称号的青年革命家胡竺冰，与共产党人卢光楼等有识之士，创建了为平民子弟服务的“义务小学”。1927年3月，北伐军之一部到达无为，受到热烈欢迎和拥护。北伐军宣传队进入“义务小学”，又察看了附近的宝晋斋和杏花泉，建议“义务小学”最好改为“杏花泉小学”。从此，校与景珠璧相连，校冠景名，互恰互融。杏花泉小学这极富美景诗意，又很有地域特色的校名诞生了。有意思的是，杏花泉小学，与当年孔老夫子为弟子讲学的地方“杏坛”，正好同姓同门，也算是一种古今之缘。

至今，杏花泉小学已经走过了九十个春秋，作为县重点小学，杏花泉小学深孚众望，光彩照人。凭着厚重的历史和卓著的奉献，她坚实鲜亮、与时俱进地挺立着，成为我们这个百万人口大县初等教育战线的一面旗帜；成为这面旗帜下，遍布大江南北、国内外杏花泉学子心中的骄傲。

也许，人们并不了解，杏花泉小学为我们古老县城的进步和发展，做出的贡献。也许，人们并不知道，人民的好总理周恩来与杏花泉小学有着不同寻常的情缘。也许，人们并不在意，共和国有多位院士、将军、艺术家和成千上万的各类人才，是带着这所小学给予的最初启蒙与希冀，一路前行，创造了奋斗与丰美的人生，创造了家与国的欢欣祥和，硕果累累。

这些，都是杏花泉熠熠生辉的历史，也是杏花泉小学献给我们这个城市的华彩篇章。

据估算，杏花泉小学在九十年的历史中，培养的小学毕业生有三万多人。这个数字，相当于无为县城解放初人口的百分之六十，今天人口的八分之一。因学校规模是全县最大，她承担着城内普及初等义务教育任务的三分之一甚至一半。杏花泉小学使这些孩子获得了最初的素养教育，打下了生产、生活能力的基础。从这里走出去的学生，成年后绝大部分遍布县城的各个行业、各种工作岗位，为建设美丽无为奉献青春、奉献一生。评定、赞扬杏花泉小学的业绩，这是首先必须充分肯定的。

同时，值得大书特书的是，杏花泉的学生中，涌现出很多杰出人才，成为耀眼的明星。这里只能略举几例，以显其卓尔不凡。

周恩来总理赞扬的小发明家。1958年，第一次全国少年科技作品展览会在北京举行。杏花泉小学六年级学生许章运，在吕光第和卢遇周两位老师辅导下，创制的“人工降雨器”入选参展。敬爱的周总理亲临现场参观。在“人工降雨器”旁，总理仔细听取了许章运的汇报，又看了实际操作，高兴地夸赞“是很好的创意”。总理握着许章运的手说：“与你握手很光荣，因为你的手是劳动的手啊！”接着总理与许章运等参展小选手合影留念。许章运，一个十几岁的孩子，他的科技创造受到了全国人民爱戴的周总理的赞扬，这是杏花泉小学的荣耀。

书赠母校“桃李杏花香满园”的院士。2010年金秋，阔别母校60多年，1947年的毕业生卢强，惠临杏小校园，感念母校培养，惊喜母校崭新美丽的容颜，欣然留言盛赞。这位中国科学院院士，是中国顶尖的电力工程专家，国家某重点基础项目首席科学家，多个国家重点项目和攻关计划负责人，电力系统国家重点实验室主任。同时，他在芜湖市设有研究基地，为家乡建设奉献才智。这位令人尊敬的院士，当年的小学学习，只是他成长中的一小步，而他奋力前行，迈出了许多的大步。从小步到大步，他的人生之路，是多么光彩的一条大路，也带给了母校无限的欣慰。

古龠考古成果举世惊叹的音乐家。杏花泉1966届毕业生刘正国，酷爱音乐，10岁登台吹奏竹笛，被县广播站录音全县播放。以后深造，成为古龠考古学家、音乐理论家、作曲家、教授、国家一级演奏员，国家专利七孔笛、九孔龠发明人，教育部学位中心学科评估专家。承担了教育部、文化部和国家级多个重要科研项目，数度荣获上海市哲社论文、论著政府大奖。20世纪90年代，他对出土的8000年前古骨管吹奏乐器，潜心研究，推翻了权威观点，正确定名为“龠”并吹奏出天籁之音，成为古龠重辉中国第一人，中央电视台为之拍摄了专题片。他还应邀赴欧亚美十几个国家讲学、示范演奏，享誉世界。

古城宝地杏花泉

其他如中共中央纪委原副书记陈作霖，中国人民解放军少将孙明树和陈学斌，经济学家、中国对外经贸大学校长施建军，医学生物专家邢峥教授，胸外科学医学专家强光亮，全国政协委员蒋惠园教授等，都是从杏花泉小学走出去，后来成为国家栋梁之材。“文革”结束，恢复高考，全县考入大学少年班的优秀学生中，在杏花泉读过小学的人数最多。这些都理所当然是杏花泉的光荣与骄傲。

杏花泉小学，不愧是一所历史名校。半个世纪前的1960年，学校被评为全国文教系统社会主义建设先进单位，校长刘亚洲光荣地赴京参会领奖。这是校史上骄人的一页。到了2013年，杏花泉小学又荣获安徽省少年（幼儿）教育工作先进单位称号，成为校史上新的里程碑。

杏花泉，以乳汁般的泉水滋养着杏花泉小学，一年又一年。杏花泉小学以长期奋斗和卓越的奉献，回馈着杏花泉水的哺育，一代又一代。

光阴荏苒，古城人爱古泉爱入心田。为保护杏花泉水，改革开放的年代，人们在泉眼处修建一井，聚泉井中。岁月更新，井内泉水时时清明可鉴，井外杏花年年娇艳喜人。它们和宝晋斋、墨池一起，与杏花泉校园清亮的钟声和琅琅的书声，正好相映成有声有色的美丽画卷和悦耳动人的乐曲，成为远近独具风情的佳境。

“奉宪示禁碑”的历史诉说

朱立平

泉塘镇奉宪示禁碑收入《无为县不可移动文物名录》第052号，石刻类别。该碑现矗立于泉塘镇青龙行政村大碑自然村东侧永安河畔，长方形，青石质。碑体露出部分高160厘米，宽96厘米，厚16.5厘米。碑额阳刻繁体楷书“奉宪示禁”四字。碑文全文13行，满行36字，阴刻，楷书。碑体正面两侧刻有线条流畅的花边。

此碑原立于梅圩行政村（已并入青龙行政村）的大碑自然村。大碑自然村原名徐家庄，后因奉宪示禁碑而改为现名。“文化大革命”期间，此碑被南移到当时大队部所在地的胡湾自然村，后来由于大碑自然村村民的强烈要求，此碑又迁回到大碑自然村。2016年，由于一场车祸，示禁碑被撞倒，碑体埋于地下的根部受损。后大碑自然村村民又督促肇事司机重新把受损的示禁碑竖起并且进行了加固，但碑体最下面的文字已经被砌在青石底座里面看不见了。而且，由于年代久远风雨侵蚀等各种原因，碑刻上有些文字现在也已模糊不清。

泉塘镇奉宪示禁碑是清朝无为官府为了规范汛期治水，防止人为造成二次灾害，受无为州梅家圩百姓的要求而设立的。

示禁碑上所刻的“上圹”就是现在的泉塘镇塔山、得胜、汉王等行政村的水域，“下圹”就是现在的泉塘镇青龙、三益等行政村的水域。

上下圹区域的地理分布从东到西大致是：永安河（古称天河）—永安

河河堤—下圹区域民居—下圹区域农田—下圹—下圹与上圹之间的分水埂—上圹及上圹区域的民居、农田。

下圹水域，都是圩区，每到汛期百姓就内忧外患，既怕永安河决堤淹没房舍农田，又为下圹内涝犯愁。那时下圹周围的农田一到汛期就要受灾，早年民间就有“梅圩大队大水缸，十年就有九年荒”的说法，形象地反映了内涝对农业生产造成的危害。每到了汛期，下圹区域内涝的水如果不能及时排到永安河里，区域内民舍农田的安全就无法保障。

下圹西边的塔山、得胜、汉王等行政村的上圹区域也是圩区，汛期到来也会形成内涝，而且上圹区域不靠近河流，内涝排水更加艰难。但上圹圩区要比东边的下圹圩区地势高，它们只要把上圹圩内的积水通过官沟放入下圹，就可以保证上圹区域房舍和农田的安全。但这样一来，下圹区域的百姓受灾会更加惨重。

本来，上下两圹中有一条官沟直通天河，但此官沟只是平时行船和旱季放永安河水灌溉农田之用。汛期到来，为防止永安河水入侵，官沟与永安河连通处会关闸防水，官沟也就失去了作用。

根据碑刻记载，上下圹区域原来有过一条“成规”，每到汛期，上下圹各自的水都要设法各自输入天河，特别是上圹的水不能直接通过官沟输入下圹，避免下圹百姓房舍农田以致生命财产的损失。

但历史上，曾经有上圹的百姓在汛期为自保而不顾下圹百姓的安全，偷偷把上圹水直接通过官沟而输入下圹，从而造成下圹的重大损失。20世纪80年代，上圹水域还有村民在汛期偷偷把上圹积水开闸放入下圹，造成下圹农田一定的损害，并且引起下圹数村百姓与上圹数村百姓之间的争斗以及偷偷放闸之人家里财物等被毁的事件。

据泉塘镇奉宪示禁碑碑刻记载：“五六月偶值天雨连绵圩水泛溢”，

上圹有人“将上圹之水不旨车出天河”,“就近田头车入官沟”,“致水淹下圹,田庐尽遭淹没”。

为此,下圹人联名把上圹告到官府,此事处理以后,“今已五十载无异”,“不期今四五月阴雨连绵圩水泛溢”,下圹圩内百姓担忧上圹有人“废弛不遵旧章”,于是请求官府“加禁勒石保课永□□以杜后患”。

因此,清乾隆年间,无为州知州苏某根据民意颁布禁令,勒于碑石。

泉塘镇奉宪示禁碑树立至今已有220多年,它既维护了社会治安,规范了治水,防止了人为灾害的发生,保障了下圹百姓生命财产的安全,又严禁了社会上损人利己的现象,对百姓和谐相处具有重要的引导作用。奉宪示禁碑的设立,也体现了古代贤德官员对民生问题的关注和重视。

2007多年时间过去了,我国社会发生了翻天覆地的变化。但是,前车之鉴,后事之师。“奉宪示禁”碑的条文虽然对今人来说已经没有什么实质的意义,但以人为本,关注民生,发展生产,满足人们的生存需求,依然是构建和谐社会的基本要求。

一方碑刻中的重要历史发现

张江浦

20世纪80年代中期，无为县东门阁上老百货公司批发部拆迁重建时，废墟中一方碑刻被职工抬回作为露天晒台使用。十多年后，一位收藏爱好者将其购回保存，因无识者考研，一直委于墙隅无人问津。丁酉初夏(2017)笔者偶得此碑拓片一幅，几经辨识，惊叹此碑的面世将揭开多重尘封已久的重要历史片断，不禁欣然提笔妄文，以期识者共研赏。

石碑长二十三寸，宽九点五寸，厚三寸，上镌许王猷抄录柯煜自述其考证“而、则、且、况、非、使、曰”七个虚字在古文章法中起到起承转合、跌宕顿挫之重要枢纽作用的一篇论述文。(姑称为“七字宝符文碑”)。

许王猷(生卒年不详)，字宾穆，号竹君，松江府枫泾镇人。清康熙五十二年(1713)进士，官至内阁学士兼礼部侍郎。擅长书法印刻，尤其晚年作品更加超妙，被称为“片纸寸简，人争宝之”。

柯煜(1666—1736)，字南陔，号实庵，浙江嘉善人。康熙六十年(1721)进士，被黜。雍正元年(1723)复成进士。尝受业于朱彝尊，工诗词骈体；平生最大功绩就是将明代周草窗(密)晚年辑的《绝妙好词》刊行于世，成为《绝妙好词》在清代重现、刊刻的第一人。

从对这块“七字宝符文碑”的初步研究中，我们有着哪些重要的历史发现和研究意义呢？

其一，它确定了许王猷生卒年代。以目前的史料，已知王猷他八十岁时死于家中。从碑中我们发现,许王猷在抄录后记中自述:文章录于“乾隆丁亥九月十四日”,“时年七十有九”。这说明许王猷卒于次年,即乾隆戊子年(1768)。由此上推,许王猷当生于康熙二十八年(1689)。

其二,是什么原因使得两位重要历史名人的文与字机缘巧合地融为一体呢?

许、柯二人年龄相差二十三岁,但许王猷却在二十四岁时(康熙五十二年,即1713年)先于柯煜十年(雍正元年,即1723年)中进士为京官。柯煜中进士时已是五十八岁高龄,历经磨难后在京城任明史纂修官,为时五年(见碑文)。乾隆五年,作为当时轰动朝野的“三公九卿为财给石匠奔丧案”的始作俑者,许王猷被革职拿问(后从宽处理遣回乡里),此时柯煜已亡故四年了(柯卒于乾隆元年)。当许王猷将珍藏的柯煜“七字宝符文”拿出来抄录传之于世时,已是七十九岁老人,此时距柯煜辞世已有三十一年之久。其中渊源和缘由不难理解。因为尽管两人原籍各属松江府枫泾镇与浙江嘉兴府嘉善县魏塘镇,但两镇紧邻,直到明宣德五年(1430)两地才以枫泾镇中界河为界分治。至今枫泾与嘉善仍是地缘相亲、风土相似、文化相通,两地人民相互走亲活动不断。由此而知,许、柯二人是乡里至亲,同在京城的五年间,两人有着不同寻常的联系与交往是极有可能的。所以,许王猷将保存三十多年的柯煜的一篇文章与书法相得益彰地融于一块青石之上,就不难理解了。

其三:新发现的此篇柯煜的“七字宝符文”有着重要的文献价值。

柯煜自小“濡染家学”,“工诗词骈体,诗兼钱谦益,汪琬两家之长”,著有《石庵樵唱》与《月中箫谱词》。闲游林泉时,尝与湖州竹墩大姓沈、吴两大世家结社吟咏,存有《双溪唱和诗》《探梅集》等,在当时文坛上留下了“双溪唱和”和“竹溪文会”佳话。虽然我们从这些诗文集中可以一览柯煜诗词的风采，但这次发现的“七字宝符文”，却是迄今为止唯一能见到的柯煜的文章。

“余游京师五年，踪迹闻僧，性情野鹤，不复问软红中名利事。”寥寥几笔，写尽平生郁郁不得志的万般无奈。一个“游”字，也将他对充任明史纂修的不满表现得淋漓尽致。文中所述，为其与二位好友讨论历代文章的开合之理，所谓跌宕顿挫之法，全凭“而、则、且、况、非、使、曰”七个虚字为文章枢纽，“古来学人才人所以发挥理义，推明治术，摹写人情物理，使之轩豁呈露而宛转不穷者，皆不能舍此六、七虚字而别创一奇以成章法。”他的这些心得和观点，总括了虚字在古文应用中的重要作用，直至今日对古代文言文的创作和欣赏，仍有着极为重要的指导作用。

其四，碑刻呈现了许王猷精妙的书法艺术。

许王猷曾三次主持文闱，得人称扬，擅长书法印刻，尤以晚年作品更加超妙，被称为“片纸寸简，人争宝之”，其印刻被收入《历代书画家印鉴款识》，成为珍品。“七字宝符碑”被用作露天条案时幸碑面朝下，所以整碑刻文清晰无损。碑文系许王猷于其七十九岁高龄时以真行（行楷）书成，通篇书法结体端庄凝练，典雅遒美，其笔力隽劲、字体肥润，楷书的端庄中寓含着行书的飘逸，加上刻工的精妙，笔画的轻重顿挫表现得极为细致。前人评价许王猷的书法“笔力可追北海（李邕）”，而李北海书法师“二王”，尤善以行楷写碑。从此碑中，我们也不难看出《兰亭集序》的影子与韵味，实为其晚年不可多见的书法精品。毫不夸张地说，此碑的现世，为我国书法艺术宝库增添了一块不可多得的瑰宝。

其五：“七字宝符碑”流落无为的历史寻踪。

一块载有重要历史、文化信息的文碑，是如何从松江枫泾流落到古无为州城的呢？在此，我们不得不又引出另一位历史名人——刘秉璋。

刘秉璋(1862—1905),字仲良,安徽庐江县人,晚清重臣。清咸丰十年(1860)进士,选翰林院庶吉士,授编修。后调淮军李鸿章幕参赞军务。同治五年(1866)官至江苏按察使,光绪十二年(1886)由浙江巡抚授四川总督,光绪二十一年(1895)因"成都教案"被革职回原籍,光绪三十一年(1905)病逝。

奇怪的是,身为庐江人的刘秉璋,在当时的无为州城内拥有大片的花园、私宅。现今无城东门阁上、礼拜寺巷一带均为其所有,其"有斐斋"中即藏有刘氏任江苏按察使时运回的数百方碑刻。20世纪50年代初,无为县政府将仅存的一百零五方碑石征集至无为米公祠宝晋斋中珍藏。而"七字宝符碑"无论从石质、形制、年代特征、碑刻风格及发现地点看,均与刘氏"有斐斋"中的碑石相一致,之所以孤身被弃,当属早年流失被砌入墙体或埋入地下所致。

如此,可以作出一个大胆结论:同治元年(1862),太平军占据江宁,李鸿章任江苏巡抚,移军上海镇压,即奏调刘秉璋于帐下。同治二年(1863)刘秉璋会同潘鼎新(庐江人,也在无为城西大街拥有大片花园、公馆)、刘铭传攻福山、常熟,随后又亲率六千将士围嘉善,攻下太平军占据的水陆要冲枫泾、西塘,获清廷降旨嘉奖。

既然如此,这方文、字俱佳的"七字宝符碑"当然难逃翰林出身的刘秉璋的法眼,顺理成章地被他运回古无为州城,藏进"有斐斋"中了。

"七字宝符碑"有了来处,那么刘秉璋"有斐斋"中百余方被今无为县米公祠"宝晋斋"收藏的石碑的来源也就距真相不远了。从刘氏攻下枫泾、嘉善的同治二年(1863)到同治五年(1866)任江苏按察使,仅有短短的三年,如此之多的碑刻的形制、石质、匠工特征、年代风格一致的作品只能是同一个来源。虽然这仅是大胆假设,但也为今后研究这批石刻找到了小心求证的方向。这也是“七字宝符碑”给我们带来解开一个历史谜团的重要启示。

最后,我们以许王猷难得一见的《咏月亭》诗为本文作结吧。诗曰:“竹深荷静水亭凉,一局棋消夏日长。咏罢少陵留客句,薰风过处藕花香。”

小证书的故事

张江浦

偶于淘宝网上购得“无为县立女子小学毕业证书”一帧，寄出地为南京市栖霞区。

证书系双层宣纸印制，长35厘米，宽28厘米，上钤“无为县政府印”“无为县立女子小学校之钤记”及校长“杜淑先”印。颁发于民国二十三年，即1934年7月。经查证，毕业证书主人原系无为县北城小学教师。

此件证书不仅纠正了无为县地方志·教育史中“无为县第一女子小学”应为“无为县立女子小学”的失误，也勾起了该校的一段尘封往事。

经查有关资料，无为县立女子小学由安徽省著名教育家、无为人士卢仲农支持其续弦——桐城潘赞化之姐潘氏（名不详）创办。校址在今无城鞍子巷原薛家祠堂内，创办时间不详。但据县教育部门民国十九年和二十二年调查表显示，“全县共有……小学26所（其中第一女子小学一所，校址在鞍子巷内）”“民国十七年前后……县立第一女子小学内设幼稚园一班，设于西门鞍子巷，校长章瑞芳”。据无为师范原教员××珍档案显示，她于1926年7月至1930年7月在该校读书并毕业（民国十五年至十九年）。（“我六岁开始读书，十二岁在本县鞍子巷小学毕业，校长章瑞芳”—— ××珍1956年12月自述）。从潘氏担任校长多年后章瑞芳任校长的史实可见，无为女小创办远远早于民国十五年（1926）。

无为女小何时停办未考，但据皖江联立中学副校长兼教育长方向明回忆录载：1945年年中新四军七师收复无为县城后，他带领部分师生从无为西北山区开赴县城，借住在鞍子巷女小。可见当时女小尚存。

毕业证书钤盖的“无为县政府印”，让我们有幸见到了当年政府大印的真貌，也勾起了另一段围绕这枚大印的争夺斗争史。

1927年3月，民主进步人士胡竺冰率领民众在北伐军支持下赶走了反动县长刘朝纲，继而成立了“夺印委员会”，从继任的昏庸县长高寿恒手中，夺得县政府大印并任“无为县临时行政委员会”主任委员（县长）。“四·一二”反革命政变后，高寿恒胁迫胡家老少重新夺得大印。1938年日寇进犯无为，反动县长韦廷杰贪生怕死，弃民弃城而逃，中共无为工委要求省府撤销其职务并成功举荐胡竺冰接任县长重掌大印。此段政权争夺史是不应被后人所遗忘的。

有趣的是，毕业证书上的政府大印钤于1934年，民主进步人士戴端甫先生时任县长（抗日名将戴安澜将军之叔祖父）。他在任中修堤、筑路、办报，建绣溪公园、县体育场、民众教育馆等。凡利民之事则办，不利民之事则革，其政绩卓著，大有“米公”之风，被民众赞为“戴青天”，尊其为“端公”。

漫漫历史长河中，无为女小的创存是短暂的，但在半封建、半殖民地的旧社会，一批士农工商家庭的女孩得以有受教育的机会，这对妇女解放和社会进步是有着重要意义和巨大贡献的。至今仍有一批无为女小毕业的老人健在，我们期望有更多的资料出现来印证这一段不平凡的历史。

城隍庙柱基的故事

张江浦

2000年初，无为县辟原县政府机关大院为人民广场，居民搬迁时遗弃原城隍庙大殿柱础一方被识者收藏。柱础形制巨大，材质为汉白玉。础体两端各浮雕一龙头铺首，径四寸。从形制、材质、雕工、自然包浆及结合史料研判，当为明代初期之物。

敬奉城隍，是我国传统文化中特有的一种文化现象。城者，城垣也。隍者，护城之濠河也。在中国，有城即有城隍庙。城隍神不仅要保城护民，惩恶扬善，监察万民，祛除灾厄，还要领管阴间官司，监察阳间官吏。是为公忠正直、代天理物、剪恶除凶、护国保邦之神。

城隍与雷公、风伯、关帝、文昌、门神、灶神、土地、药王、财神、妈祖、瘟神、蚕神等原都为民间俗传，在道教的发展过程中被纳入了道教的神灵体系。文献记载，最早的城隍庙是三国吴赤乌二年(237)所建的芜湖城隍庙。唐宋时已遍及全国。虽然城隍属道教之神，但历代帝王都重视其作用，屡次为其加封。明太祖洪武三年(1370)，甚至规定了谁谁为哪个府州县的城隍，并加以祭祀。

城隍庙里的塑像和配神，一般是正殿中祀奉城隍大神，两旁分列八大将、判官、牛头、马面、黑白无常、钟鼓神以及十殿阎王、十八司地狱等塑像。庙中大都是挂有"纲纪严明""浩然正气""护国庇民""我处无私"等匾额，还有"作事奸邪任尔焚香无益，居心正直见吾不拜何妨""善行到此心无愧，恶过吾门胆自寒”等楹联。每年的正月元宵、五月十九城隍生日，以及寒食、清明、七月望（十五）、十月朔（初一），都要迎神祭祀并举行庙会活动。这些文化古迹和各类民俗活动，构成了我国独特的一种民俗文化——城隍文化。

无为城建城历史久矣，何时始有城隍庙则不可考。最早见于记载的是宋代和州人郭彖的《睽车志》：“米元章（芾）知无为军，喜神怪，每雨旸致祷，则设宴席于城隍祠，东向坐神像之侧，举酒若相献酬，往往获应。每得时新茶果之属，辄分以馈神，令典客声喏传言以致之。”寥寥几笔，活脱米公癫狂不羁之态。郭彖为宋进士官知兴国军，与米芾生卒年相去不到50年，所记当有所依。

据重修无为城隍庙碑记载，位于老城米市街与城隍庙街之交处的无为城隍庙，建于明洪武四年（1371），正统三年知州王仕锡重修并增建。清康、乾、嘉年间均有维修、增建。民国22年（1933），时为国民党十七军军长徐庭瑶返无拟捣毁城隍庙，行前其家人潜告庙祝，连夜移走城隍庙神像，故仅捣毁十殿阎王与判官塑像等。民国23年（1934）时任县长戴端甫改城隍庙为民众教育馆，为贫民子弟提供免费教育。1945年10月，新四军北撤后，国民党县政府从蜀山黄姑回驻城隍庙（注：原国民党县政府在十字街口老无为饭店处，日伪县政府驻鞍子巷县女子小学内）。1949年7月，无为、无南、湖东、临江四县迁至无城镇统一办公并成立统一的中共无为县委和无为县政府，辟城隍庙为县政府驻地和机关大院。

城隍神所祀何人，各地并无一致和固定。自宋代以后，城隍被人格化，多将殉国而死的忠烈和生前公忠正直、对地方有重大贡献的人士或地方官员封为本城城隍。明代以来，无为城隍庙所祀城隍神，为1363年5月为护城保民，死于陈友谅来犯的无为州知州董曾。州城陷落董曾后被俘不屈，被押至泥汉江口沉江。故县民在泥汉同建一城隍庙祭祀之。

俱往矣！历经沧海桑田之变，如今无为城隍庙唯遗庙后古银杏一株，殿前老柱础一方而已，倘若再问古城城隍庙尚有何遗，可以清末无为才子卞成寰题城隍庙二联为结：

其一：

雪仗风威，白占田园能几日；
云乘雨势，黑漫天地不多时。

其二：

你的算计虽高，得一筹，进一筹，哪识满盘都是错；
我却糊涂不去，省几件，计几件，从来结账本无差。

笑泉井轶事

汪洪明

无为县严桥镇与巢湖市散兵镇交界处有一口古井叫笑泉，千百年来，关于该井的传说很多也很神奇。

听老辈人口耳相传，很久以前这里住着几十户人家，一村跨两县，村中以一段土埂为界。东边属于无为县鼓楼村，西边属巢县笑泉村，对外统称笑泉口，一条石板街道东西穿村而过。村西有一庄户叶家，家有一女聪明精干，嫁给村东方家。有年大旱，方家婆婆生了大病，老汉早逝，儿子外出经商，家中婆媳相依生活。为了给婆婆治病，叶氏不仅要请医抓药，还要经常起早摸晚外出担水给婆婆煎药。

有一天叶氏走了几十里路到白湖担水，傍晚才踮着小脚回到离家约两里的大叶村南边塘埂上，在一棵大树下歇脚。这时有个骑着高头大马、大汗淋漓的中年男子也到树下吊荫，累得气喘吁吁的白马看见叶氏的水桶就嗅着鼻子想喝水。男子慌忙跳下马开口道："这位大姐，我和牲口跑了很远的路，现在口干舌燥，人倒是能忍耐一下，牲口却不行，希望大姐赏一口水给我的马喝。"叶氏看马张着大嘴十分难受的样子，想了想就说："那就喝我后面这桶吧！"说着就把水桶移到马的嘴边。白马一饮而尽。马乘叶氏没在意，一口又吸干了前面那桶水。这下叶氏受不了了，突然放声大哭，边哭边说："我家婆母生病就等着我的水回去煎药，这下完了。我婆母久病不起，我三天挑一趟水，今日回去无水煮药，那她就死定了。刚才我让你的马喝后面这桶水，是怕脚后灰尘落在水中煮药效果不好，前面这桶无尘净水挑回去煮药救我婆母的命，没想到你这马好不通人性……”骑马男子劝说道：“没承想我的马喝了你救命之水，我略通医术，不妨让我去给你婆婆看看，也许无水也能治病。”叶氏无法，只好担着空桶，领着中年男子，踮着脚一步一步地往家赶。

到家太阳刚落山，男子就给方家婆婆把脉搏、问病情、看药方。一阵望闻问切后，男子感叹道：“确实病得不轻，医生开的方子也是对症下药，只是少了一剂，我正好有。”叶氏问道：“无水要药何用？”男子问：“你家平常何处担水？”叶氏苦着脸用手指着离门口不到三十米，塘底淤泥裂开的地方道：“喏，就是那里”。男子大步跨出门外，抽出随身宝剑，向枯塘中猛地一插，顺势使劲抽出宝剑，只见一股清泉随剑喷涌而出。男子冲着方家婆媳大声喊道：“请看，白湖之水来也！”说完，转身跃马扬鞭奔驰而去，一瞬间踪影皆无。据说此人是吕洞宾见人间民不聊生，被叶氏孝心感动，下凡施法，掘井济民，送药救人。当时人们就称该井为“孝媳井”。

其实该井是地下温泉在低凹处从石缝中溢出，常年恒温。过去没电没洗衣机，一到寒冬，方圆几里的姑娘、嫂子们熙熙攘攘，笑语盈盈，来到井边槌衣、洗被、淘米、涤菜。该井受到槌击的振动，井底之下便冒出串串珍珠般的水球、水泡。要是人声鼎沸，笑声、掌声、欢呼声不断、棒槌敲打不息，泡珠会越冒越多、越冒越大，有的大如鹅蛋或圆如石榴。所以人们称该井为笑泉。

徐将军捣毁城隍庙

程传衡

国民党原装甲兵司令徐庭瑶，字月祥（1891—1974），出生于无城后新街，青少年时就读芜湖皖江中学，后入武昌陆军军官第二预备学校与保定陆军军官学校。早年，徐曾参加辛亥革命和北伐战争。抗战期间，首战长城古北口，三战昆仑关，战功卓著。1943年亲赴印度兰姆伽机车兵基地指挥对日作战，取得了瓦鲁班大捷。

坊间传闻：徐未发迹前，曾一度赋闲在家，萌发出外求学之心。行前，徐上城隍庙卜测前程，抽了一注“下下签”：灾祸频生，流年不利。徐发迹后，思国怀乡，服务桑梓，做了不少公益之举，其中还有一件振聋发聩之事。1934年，徐已是国民党十七军中将军长，领上将总指挥衔。想起当年在城隍庙所见情景：广场上摆满了卜卦、算命、测字、看相等摊点，还有一种公开变相的赌博“押诗韵”。尔今，徐见这种封建迷信依旧喧嚣。遂身体力行，与时任无为县县长戴端甫一起，带领卫兵人等，将庙内所有神像推倒砸碎。不久，城隍庙经过整修开放，门前挂起耀眼的牌匾：“无为县民众教育馆”。1936年，徐利用在西大街新建的徐氏宗祠，创办无为县第一所图书馆，捐款在绣溪公园兴建礼堂——沂春堂，并在开城徐家新屋和赫店朱庄开办四维小学和分校。对考取中学家庭困难的学生，发给奖学金或贷学金。早年回乡时，徐为县图书馆亲自绘制《无为县》《石涧埠》《襄安》《土桥》《雍南镇》和《繁昌县》《鲁港》《荻港》等地图。

1938年，徐在长沙浏阳门外租了一栋楼房，接待来湘逃难的无为乡亲，供吃供住，特别困难的还有资助。乡邻称之:“无为流亡公寓”。

徐十分看重乡谊。长城抗战时，徐与戴端甫、戴安澜及一些中下层军官、士兵都是乡邻，有“长城抗战血染无为人姓名”之说。戴安澜将军牺牲后，徐邀张治中等政要赴芜湖，筹措戴的安葬事宜，并建起芜湖安澜职业学校。

1934年，徐率军事考察团赴欧美考察，回国后即从事军事教育工作，先后创办陆军通信兵学校、陆军辎重兵学校、陆军机械化学校和机动车工程学院。徐在军界有宿将、儒将之称，享有“装甲兵之父”美名。

徐对当年参与“围剿”红军一事悔恨不已。当时，即电请安徽省主席李品仙将“国府”以他的“字”命名的“月祥街”街名取消。无城西大街天王庙巷徐家花园，有“承日”“拨云”两栋西班牙风格的红楼，新中国成立后辟为县人民医院。徐离开大陆前曾来小住，后去了台湾，带着“大陆望不见兮”的永远悲叹。他多次和儿子先汇、先涛说，如有可能的话，把我的遗骨送回无为。1997年，徐子先汇、先涛为实现父亲遗愿，在无为设立“徐庭瑶奖(助)学金”直至现在，惠及家乡众多学子。

天下白菜味　尽从此根生

童有兵　张江浦

无为县米公祠原宝晋斋内珍藏的宋米芾自画白菜碑刻石已名扬海内。作为宋代著名的书画大家，米芾留下的优秀书法作品尚不少见，但他的画作，也仅见于这棵大白菜了。当然，人们所看重的，不仅因为这是米芾仅存的画作，更具有重要意义的是，它体现了中国古代士大夫的一种自甘淡泊，咬得动菜根，以期“修身、齐家、治国、平天下”的崇高精神和自我节律意识。

自从明万历二十年(1592)“长至濡须协恭堂”将米芾所画的白菜与明成化、弘治年间任兵部尚书的王越的《爱菜歌》并刻刊行后，使得诗画融为一体，更好地表现出了大白菜中蕴含的深层意义。清康熙十四年(1675)，松山人李璋将菜画镌刻上石，光绪三年(1877)知州王峻重建米公祠时收集到此碑置于祠内至今。

米芾所画大白菜与王越太傅的《白菜歌》相得益彰，相映成趣，引得海内文士、达官无不以觅得一拓片为幸。当时的无为州官们乐得做顺水人情，故多拓之并钤上州印以作馈赠佳品。开城镇文化站童有兵先生收藏的一幅拓片，正是无为州官府所送出的馈赠品。拓片正中钤有“无为州印”官印一方。官印为满汉文双文印。另县政协张江浦先生从网上也录下另一幅民国初期所拓画菜碑拓片，上钤“无为县印”官印。这两幅拓片反映了当时石碑保存的完好状况，也为人们一览我县历史上的官印旧貌,提供了不可多得的珍贵影像和实证。

菜中三昧"固自清苦历练中来,亦自栽培灌溉里得"。"语默动静之间,穷通得失之际,可以补过,可以进德,且近于律,亦近于道矣。""士大夫不可一日无此味,民不可使一日有此色",已经被我国历代文人达士奉为修身养廉、治国为民的经典座右铭。毫不夸张地说,白菜碑在我国士林和官场中掀起了一股"白菜热",甚至是"白菜文化现象"。明代洪自诚将他的性灵小品集名为《菜根谭》,张江浦先生收藏的一方康熙年间的文人案头珍玩——腰形水洗上绘有八棵大白菜,与米公所绘有着同工之妙。这种表现甘于淡泊、清贫自守、关心民生、清廉为政的"白菜精神",至今仍有着积极的现实教育意义。不知当今观看此碑者尚能领悟"但愿人人知此味,天下何愁不太平"之要旨否?

绘有大白菜的水洗

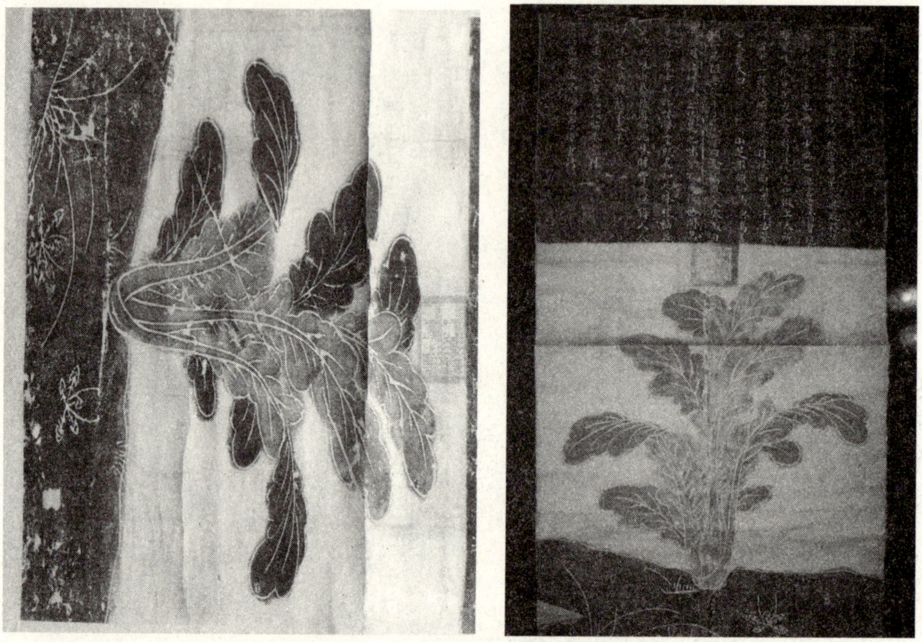

无为文物所馆藏大白菜碑刻

馆藏爱菜歌碑刻

黄姑古街传闻

刘尧明

黄姑古街又名黄姑寨、黄姑闸，地处无为县西南边境的蜀山镇，与庐江白湖镇相邻。其得名传说有二：一是纪念唐末农民军领袖黄巢之侄女黄姑，黄姑曾扎寨于此，领兵作战；二是西河之水由东向西流入白湖，古街依水南陆地而建，其势若银河边的黄姑星座。

黄姑古街始建于唐末，兴盛于明万历年间，其居民多是当时江南大姓为了经商而整庄外迁、云集于此安家的。如泾县查姓、江姓，青阳的陈姓，江西的高姓。几家商贾皆看中这块好地方，认为“东水西流，其地大吉，其居大发”，扇形地貌状如荷叶，随水而动，永不沉没。他们上求天意，下顺族情，仿徽制，斥巨资，建店铺，修居宅，青石铺路，灰砖覆地，黛瓦粉墙，飞檐斗壁。

古街上居宅基本单元为三开间，内设天井，寓意“四水归堂”“肥水不流外人田”。室内雕梁画栋，花窗彩屏，木雕石雕，交相辉映。外形制式大都为马头墙，含“天马行空”之意，寄寓着主人祈求发达的美好愿望。

为便于用水、防火，人们引西河水穿街而过，两岸遍植杨柳、桑槐，河上建有三座小木桥，联系南北二街。夜晚来临，家家灯笼旌幡，小摊小贩游走叫卖，小吃面点各呈绝艺，至今仍有面饼、香干、油炸饺等特色小吃，素有“小金陵”之誉。

为便于祭祀先祖，拜佛求财，古街居民还建有上、中、下三庙，整日香烟缥缈,恬淡冲和。古街人文荟萃,曾出过不少文武举人和秀才。桐城名士孙维祺曾在古街课馆授徒,无疾而终。今日古街仍有明清民宅近百幢,店铺林立。

黄姑街农历“三月二十八”的大型农贸交流会,源起明朝天启帝辛酉年间的庙会,至今已有380多年。明清时,每逢节日,数里乡民赶庙会、购农资,曾有过繁荣景象。1945年日本投降前,纵火毁庙,古街满目疮痍,后水患频临,难再复苏。新中国成立后,尤其是改革开放20年来,黄姑“三月二十八”庙会又旧貌灿然。每至庙会,成交额约300—400万元,有效地带动了一方经济的发展。

黄姑老街

一张无为中学的老照片

邢朝庆

这张老照片摄于1956年5月4日，是“安徽省无为中学吴运铎班毕业纪念”照。长13.2厘米，宽6厘米。

毕业纪念照

我军枪弹制造专家吴运铎1950年应邀参加了天安门国庆观礼。1951年10月，国务院和全国总工会授予他特等全国劳动模范称号。1953年他拖着因公伤残的身体写下自传《把一切献给党》。他说：“只要我活着一天，我一定为党、为人民工作一天。”

1955年，无为中学升为省管学校。5月20日接到省教育厅颁发的印章，印文曰：“安徽省无为中学”。从此，学校行政和教学人员均由省级教育行政部门调配，并由省配给理化仪器、药品、生物标本及图书资料等。1955年初夏，李天敏校长亲自与团总支书带领全校学生下乡至檀树给农民送肥，支援农业合作化运动。当年，学校颁发班级争取模范班或英雄人物命名班试行草案。从此，全校不断涌现以英雄命名的先进班级，1956年，高三毕业班便被评为第一届“吴运铎班”，学校政治气氛活跃，学生思想积极向上。学校还推荐李、赵两名学生为留苏预备生。

此时校园极其优美，雄伟的宝塔屹立中央，古木参天，清池荡漾，绿树成荫，桃李芬芳，堪称读书胜地。全校在大江剧场举行“向科学进军誓师大会”，会上学校正式批准了一批以英雄命名的班级，如“吴运铎班”“黄继光班”等。

无为中学老教室

一枚无为中学早期的老徽章

邢朝庆

一枚徽章，就是一段历史，这枚无为县立中学的校徽(见图)，就是无为中学发展的印证。这枚徽章诞生于新中国成立前，在无为的校徽家族里称得上“先辈”。1946年秋，当时的无为中学被命名为“无为县立中学”，随后就制作了这样的校徽，直径为2.7厘米，可谓小巧玲珑。

老校徽

据记载，无为中学于1925年在无城后新街沙氏宗祠创办，当时是无为县初级中学，著名烈士吕惠生任校长。1946年秋，更名为无为县立中学，增设高中上升为完中。1949年，更名为安徽省无为中学。1951年，更名为皖北区无为中学，是地区重点中学。1952年，又更名为安徽省无为中学。1955年，上升为省管中学。1956年秋，迁至西寺(内有古塔)即今校址(西大街104号)。“文革”中，学校被撤销建制，下放农村。1970年11月26日，恢复建制，定名为安徽省无为中学。

在当时艰苦的年代，能够拥有这枚徽章的师生实属不易，徽章正面有“无为县中”字样，材质为铜制。它是见证“无为中学”历史变迁的珍贵文物。该枚校徽在印证本校校史同时，也是无为县现代教育史上很有价值的文物。

搜寻四维小学的记忆碎片

徐先挺

1936年,族伯父徐庭瑶将军荣归故里,欣然捐资兴建一所在今天看来也颇具规模和水准的私立小学——四维小学。

遗憾的是,四维小学生不逢时,办学不久,抗战爆发,顽强地生存几年后,大约在1944年彻底损毁。有关四维小学的办学情况,查阅各类地方史志,均语焉不详。作为徐氏后人,近年来,我不断寻访仍健在的当事人,搜寻他们记忆中的碎片,力图还原四维小学的办学实况。以此祭奠逝者,启示来者。

四维小学前身为新村小学,校址在开城镇徐家新屋自然村,校舍简陋,师资薄弱,又因靠近水塘,曾发生学童落水事件,安全堪忧。徐庭瑶将军了解此况,决定捐资一千大洋,另选校址,扩大规模,并给新校取名为“四维小学”。“四维”即“礼、义、廉、耻,国之四维”之意。铁血将军,内心饱含着传统儒学情怀。

四维小学新校址坐落在徐家老屋与庙家楼之间一片高地上,面积约二十亩。新校舍坐北朝南,前后均为一连九间高大的二层楼房,东西两侧为平房。四周围墙相连,形成一座巨大的四合院,外墙刷上石灰。在低矮的村落映衬下,学校显得格外巍峨壮观。出无城西门,站在距离学校约十五公里的八里畈,便可看见一片亮丽的白色校舍,据说站在襄安镇的白鹤观也隐约可见。学校大门由厚重的木料制成,门框为巨型条石。二楼栏杆皆由木材制作。一进大门便见高大的司令台。整个院子，地面用罗底砖铺成，成为一片开阔的运动场，可供走马串楼。场内有沙坑、跳高架、乒乓球台等体育设施。为建造新校舍，施工时在附近阮家大山专门建造两座土窑，现挖一口用水窑塘。

校舍建设等事务由被将军视为手足的徐冬荣先生负责。教员由将军亲自审查、选聘。教员大都来自南京、芜湖、合肥等地，本地及本族只有三位。教员均毕业于专门学校。族伯父、国文教员徐耕石先生毕业于大厦大学（即今之华东师范大学）。将军亲自带领被聘教师，专程去南京师资训练所培训。学校聘请多位工友，做好后勤服务工作。

学校有三四百学生，主要是附近村子里的适龄儿童，不少来自开城、襄安。学校设一至六年级，共有十来个班级，每班三四十人，同班同学年龄差距较大，小则十二三岁，大则年近二十，女同学都是徐家姑娘。每天上午三节课，下午两节，还有课外活动。课程有国文、算术、自然、社会、音乐、美术、体育，还有英语课。每周一早晨举行升旗仪式，升旗时，全校师生列队向国旗行注目礼。学校成立一支学生鼓乐队，一时间，号声嘹亮、鼓声隆隆，场面之隆重、庄严，今日一些学校也难以相比。每周六各班召开孙总理纪念会，类似今天的周会，讲校纪、班纪等。学校还有扬琴、笛子等乐器，有一间藏书丰富的图书馆。学校曾派代表队参加无为县小学生运动会，有几十人参加了赛跑、跳高、跳远等项目。学生高举“无为县私立四维小学”校旗，徒步前往，一路浩浩荡荡，鼓乐齐鸣。学校事先派几位工友打前站，购买包子等食物，迎往八里畈，每人分发包子两个。晚上住在城内的徐家祠堂。学生毕业时，学校派专人发送毕业证书，以示郑重。襄安街上有一学生，名叫徐观龙，当毕业证书送到他家时，一家人欢天喜地，热情招待校方人员，临别时还包了丰厚的礼钱。

四维小学建成后，将军曾亲临学校巡视训导。冬荣先生胞妹、族姑徐其宣代表学生致辞："刚才听校董军长训话，句句真诚恳切，没有不为之感动，我们小学生从此更应加倍努力读书，做个好学生，才不负军长爱护学生的盛意。"

抗战爆发后，四维小学仍有一段书声琅琅、丝竹悠扬的光景。我所任职的无为中学，抗战期间也曾迁往四维小学。

真正让四维小学蒙受劫难的是日本鬼子驻扎襄安，当时开城街上也有小股日军。时常来往窜扰的日军，始欲占之为据点，不久，日军在距离学校一公里左右的丁家岗，用炮弹射击，校舍惨遭炮火摧毁。族人忧心忡忡，欲图自行拆除，以求自保。新四军七师负责人曾希圣、吕惠生特派冬荣先生专程同庭瑶将军面商事宜。我的文武双全的族伯父，我们的下马绘丹青，上马打东洋的庭瑶将军，国难当头，也无力保护这所倾注心血、寄托厚望的四维小学。

学校拆除后，所有财产悉数分给族人。族兄先义家分得一张条桌，松树桌面，黑色，夏天可躺着乘凉。一位村民拉我去他家，他家保留一张课桌，课桌较富实，外形与20世纪80年代普通学校的课桌无异。让我高兴的是，我还看到两张饭桌，禾木制作、很轻，比农家的八仙桌略小。

前往四维小学遗址拜谒，我仿佛在苦难岁月中艰难穿行。我徐氏宗族血脉永续，文脉代传，新近设立的"庭瑶奖学金"激励徐氏后生暨全体无为学子发愤成材。放眼四维小学遗址，早已是沧海桑田，成熟的晚稻低下饱满的谷穗。我俯首躬身，向远去的先贤、亲人致以深切的缅怀，向养育我的这方故土致以深深的敬意。

红色·遗址

红庙新四军第七师司令部旧址　　　　叶悟松 摄

一张渡江战役光荣证的来历

侯正军　陈开春

1949年3月，以邓小平为代表的渡江战役总前委设在肥东瑶岗，全面指挥渡江战役。整个战线西起江西湖口，东至江苏江阴，长达500多公里，分东、西、中三线进军。无为境内为中线。当时国民党反动派，在长江对岸布设75万兵力，与空中飞机、水上舰艇筑成立体防线，阻止我大军渡江。参加中线渡江战役的是人民解放军三野(司令员陈毅)24军、25军、27军和30军共20万人，组成渡江战役中路兵团，陆续集结无为，分别驻扎土桥、汤沟、泥汊一带。4月20日晚9时，第一批突击团从泥汊神塘河濡须口率先进发，不到半小时，就突破敌人长江封锁线，于江南繁昌获港登陆。随后，24、25、27三军，分由三段从无为县百里长江奋勇突破，30军及支前民兵、民工紧随跟进，浩浩荡荡横渡长江，中路渡江取得了决定性胜利。为纪念这一历史事件，陈毅欣然命笔诗曰："春水方生濡须口，大军从此过江东。秦淮迎客波碧绿，钟山含笑树青葱。"

在渡江战役中，巢湖各县广大干部群众踊跃参战，全力支前，为大军过江作出了巨大贡献。仅无为一县就有10万民工参加修路、挖河、运输、抬担架，筹集军粮2000多万斤，集中民船2000多条，水手3400多人。战役发起后，53岁的船工张孝华带着儿子和两个侄子驾着自家的"巢县港1065"号木船，将28名解放军勇士最先渡达江南，被誉为"渡江第一船"(该船收藏于中国国家博物馆)。战后评出车胜科、胡业奎、王德金、马毛姐、张孝华等渡江英雄、渡江功臣2148人,均受到嘉奖。其中,船工凌文强荣获的“参加渡江光荣证”,是我们现在见到的一件珍贵历史文物。颁发此证的是中国人民解放军第九兵团司令员宋时轮、政治委员郭化若等。

时间过去已快70年了,渡江战役伟大胜利的历史,依然辉煌。

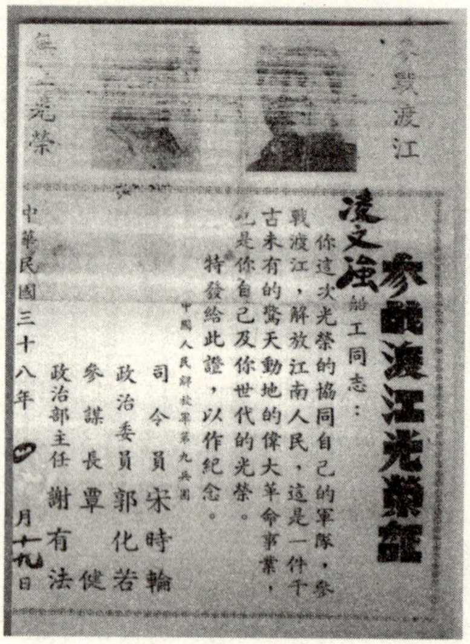

参战渡江

参戰渡江光榮證

凌文強船工同志:

你這次光榮的協同自己的軍隊,參戰渡江,解放江南人民,這是一件千古未有的驚天動地的偉大革命事業,也是你自己及你世代的光榮。特發給此證,以作紀念。

中國人民解放軍第九兵團

司令員 宋時輪
政治委員 郭化若
參謀長 覃健
政治部主任 謝有法

中華民國三十八年四月十九日

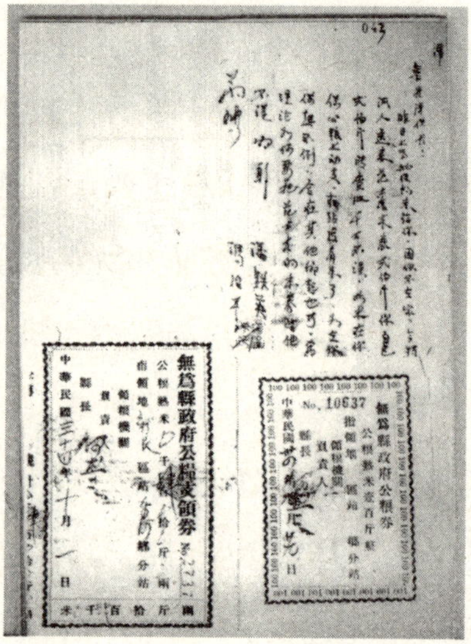

渡江战役光荣证

无为四县合一老照片

侯正军　陈开春

1947年春，随着中国人民解放军在华东战场节节胜利。战略反攻即将来临，中共华东局国民党区域工作部，分期分批派遣党政干部以及军队进入无为地区，恢复党的组织和老解放区的对敌斗争，开辟国统区的第二战场。这一时期，无为境内的四县组成情况为：

无为县。1947年1月，南下干部组成中共巢无工委。8月，中共临江工委部分成员及所属武装，在无东失利后撤至巢南，两相合并，巢无工委领导着巢无和临江的两支武装。11月，工委与皖西区党委取得联系并归属其领导。次年2月，工委改为中共无为县委，属皖西四地委领导，同时成立无为县政府，辖严桥、石涧、银屏、无城、新民5个区，42个乡。县（工）委书记先后为朱合喜、杨杰。县长由王子轩、彭醒梦先后担任。军事组织先为巢无游击独立大队，大队长汤先林，后改为巢无独立营（营长先后为汤先林、师府祥）。1948年11月，独立营与临江大队一部合编为巢无独立团（团长张友道，政委杨杰、明克诚相继担任），该团于次年3月编入安庆警备区。1949年2月，为支援渡江战役成立了支前指挥部，指挥长彭醒梦，政委杨杰，副政委朱合喜，副指挥长张海亭、胡治平。

临江县。1946年1月，谭长法受新四军第七师派遣回临江，成立临江临时支部。次年2月部分干部受遣南下，5月临江支部扩大为临时工委。7月，因国民党一三八旅进攻而受挫、损失严重，遂转移至巢南与巢无工委汇合。1948年2月，根据新成立的皖西四地委指示，成立中共临江工委（5月改为县委）。同时成立临江行政办事处，下辖无东、无南的白茆、陡沟、汤沟、田桥、无南等5个区。5月无南单独设县后，不再领导无南，另增设雍镇、流泗两区和运漕镇。县（工）委书记先后为郭光洲和雷文，副书记由李文彬、明克诚相继担任。办事处主任由杨在选、陈汉桢先后担任，副主任王文元。军事组织为临江大队（大队长乔锦田、教导员唐斐），该大队后编入巢无独立团。渡江支前指挥部指挥长陈汉桢，副指挥长李万春，副政委李文彬。

无南县。新四军北撤后，无南留守党员一直自发开展活动，坚持斗争。1946年底刘海清受派遣南下开辟无南地区，翌年7月，以无南党小组为基础成立无南支部，隶属临江工委领导，并拥有无南武工队。这段时间直至1948年2月，由于曾担任县委组织部部长的徐盾叛变，使党员、干部遭受严重迫害，组织也不断受到破坏。直到1948年5月，华东野战军六纵十七师一部挺进无南，才扭转局面。6月，无南成立了县委和行政办事处。县委由张石平、陈化群为正、副书记。办事处主任由陈汉桢、钱光胜先后担任，副主任谭振民。无南大队大队长陈锦华，教导员肖介中。渡江支前指挥部指挥长钱光胜，政委张石平，副指挥长马荣卿、唐斐。该县始设泥汊、苏塘两个区，1949年春调整区划，改辖虹桥、姚沟、苏塘3个区和襄安镇。

湖东县。1947年9月由南下干部建立隶属巢无工委的湖东区委、区政府。次年5月，该区局势稳定，遂成立中共湖东县委和湖东县政府。县委书记王子轩，副书记荚厚友、刘建新。县长朱晞，副县长夏云。湖东县大队大队长先后为严甲桥、后由龚哲明兼，荚厚友兼任政委。该大队后编入巢无独立团。渡江支前指挥部指挥长朱晞，政委王子轩，副指挥长为宋涛、夏云，副政委刘建新。该县始辖尚礼、关河、临泉、槐林等4个区，1948年11月增辖5区。

1949年6月四县合一前夕，原属无为县领导的银屏区和湖东县的槐林区划归巢县，雍镇区、运漕镇由临江县分别划归和县与含山县，湖东关河区的一部分划归庐江县。至此，无为县又恢复了抗日战争前的区划，无为县重新回到了中国共产党领导下的无为人民手中。下面的老照片，记下了这一重要的历史场景，非常珍贵。

1949年10月12日，四县合一的无为县政府升旗典礼现场

渡江战役纪念章

邢朝庆

渡江战役胜利纪念章，是1949年4月由当时人民解放军华东军区，特别为“渡江战役”取得伟大胜利而颁发的纪念章。

渡江战役纪念章（正面）

渡江战役纪念章（正面）

三大战役结束后，国民党军在长江以北的主力丧失殆尽。为挽回危局，国民党一方面与中共进行和谈，另一方面却在加紧调整部署，编练新军，加强长江防线，企图凭借长江天险阻止人民解放军南进。国民党长江防御兵力由两大集团组成，其中“京沪杭警备总部”汤恩伯集团，担任湖口至上海段沿江防御，华中“剿总”白崇禧集团担任宜昌至九江段沿江防御。国民党军长江防线总兵力为40个军，115个师，约70万人，舰艇133艘，飞机300余架，在长江南岸一线构成了所谓陆海空联合防线。

为了坚决、彻底、干净、全部地消灭敌残余力量，中共中央、中央军委决定：以第2、第3野战军全部24个军约100万人的兵力，在长江下游实施渡江作战，夺取京沪杭，围歼敌主力于南京、镇江、芜湖间三角地区，进而出击浙赣线及赣北、闽北广大地区。其中以第2野战军3个兵团9个军为西集团，在马当至贵池间，以第3野战军4个兵团组成中、东两个集团，在贵池至芜湖和扬中至江阴间，实施渡江作战。另以第4野战军第12兵团两个军及中原军区部队，位于武汉正面牵制白崇禧集团，配合作战。渡江战役于1949年4月20日夜发起，历时42天。战役由刘伯承、邓小平、陈毅、粟裕、谭震林组成的总前委指挥。

渡江战役纪念章就是为了纪念这一场具有决定性意义的伟大战役而设置的。它材质为红铜，直径3.2厘米。其正面图案是波涛滚滚的长江，江面上排列着扬帆的战船，战船在汹涌的惊涛中直驰江南岸，炮弹在四周击起水柱，空中硝烟弥漫，英勇善战的人民解放军战士，手持上了刺刀的步枪冲锋陷阵，争先恐后随时登上江南大地。下方铸有："渡江胜利纪念"字样。背面铸有"中国人民解放军华东军区颁发"，及"1949年4月21日"的渡江战役纪念日。该图案气势恢宏，构成了令人惊心动魄，场面壮观的艺术气氛。

这枚有着厚重历史的徽章都有包浆，有一层历史沉积的"皮"，是用模铸出来或用水压机压出来，边角较圆钝，而且是自然的包浆。

渡江战役的伟大胜利，为新中国的建立，奠定了坚实的基础。毛主席曾为此写下了著名诗篇七律《人民解放军占领南京》："钟山风雨起苍黄，百万雄师过大江。虎踞龙盘今胜昔，天翻地覆慨而慷。宜将剩勇追穷寇，不可沽名学霸王。天若有情天亦老，人间正道是沧桑。"

六十多年过去了，每当见到这枚纪念章，我们难以忘怀老一辈的革命家、革命功臣所作出的伟大贡献。同时也能感受到那段辉煌、具有深远历史意义的战斗历程。

渡江战役

八张革命老区的柴草票

邢朝庆

无为县邢朝庆红色收藏馆坐落于安徽省芜湖市无为县。无为县早在遥远的宋代就曾与临安、扬州和寿春并称四大名镇，加之又是革命年代新四军七师师部所在地，历史文化与红色文化交相辉映。地域历史是这座收藏馆藏品丰富的主要缘由。

我的父亲1929年出生，其自幼读私塾，后来一直工作在文化教育战线，因而我们家庭文化气息浓厚。这也是我五年前创办红色收藏馆的动力和底气。我父亲2016年去世，去世前将珍藏多年盖有印章的八张柴草票证交与红色收藏馆。

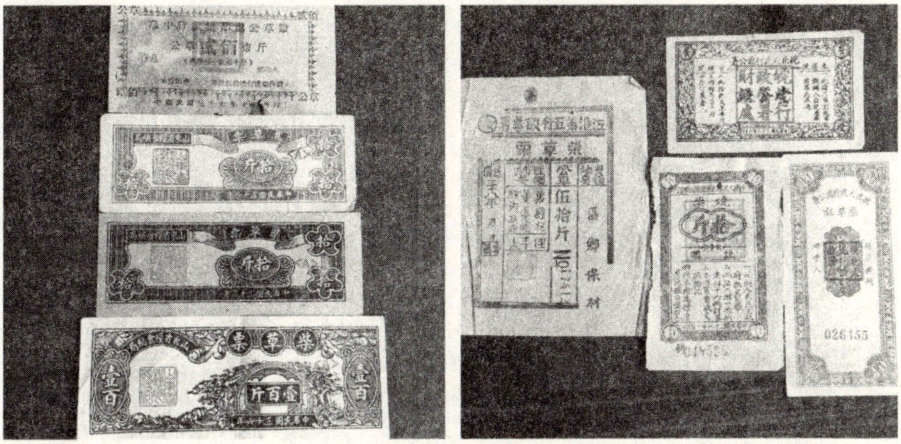

红色政权发行的柴草票

柴草票、粮票（一餐证）这些带有浓重时代色彩的票证，现在几乎已经退出了我们的生活。在革命战争年代，外出办事，全靠一双脚，所以很多人很多时候一出门就是一天甚至还要更久。在外面吃饭也是常有的事,但当时有纪律,不能拿老百姓一针一线,这时候,这些票证就派上用场了。听家父说:因外出办事不可能自带柴草和粮食,所以他们要用自己的柴草票和粮票(餐证)向老百姓兑换相应的物资,老百姓过后凭票再去相关部门领取等量的柴和粮。这些票证从抗日战争后期到建国初期一直流通使用。

这八张珍贵的柴草票是:1948年,华中行政办事处200市斤公草票1张;1949年,江淮第五行政专署50斤柴草票1张;1949年,皖北人民行政公署一餐证1张;皖北人民行政公署10市斤柴草证1张;1947年,山东省粮食总局100斤柴草票1张;1947年,山东省粮食总局10斤柴草票2张;1949年,中国人民解放军预借公柴证10斤1张。

难得的八张柴草票,既丰富了邢朝庆红色收藏馆的馆藏,也为无为县的解放提供了实物参考依据。前来参观者追忆历史,倍加珍爱和平,那个年代的老人们见到当年的票证更是感慨万千。

临江烈士纪念碑

蒋克祚

临江，位于无为县东乡的圩区、洲区结合部，有着光荣的革命历史，在党的领导下，一大批仁人志士活动于该地区，他们为革命事业作出了不可磨灭的贡献。1989年10月，河坝乡党委、政府为纪念在临江牺牲的英烈，积极筹款，兴建了临江烈士纪念碑。紧临碑后，修造了烈士墓。墓园前，还建造了宣传栏，宣传无为早期著名革命领导人的革命历程和奋斗经历，寄托了人民群众对他们的敬仰与怀念。

1930年12月7日，中共无为县特别行动委员会，领导中国工农红军皖南第三游击纵队，在攻打六洲军警据点未果后，六洲暴动并未失败。在国民党反动派军警的高压下，部队分散隐蔽，保存实力。至1931年2月，由县委书记夏子旭和张恺帆等人组成的军政委员会取出枪支，继续开展武装斗争。为避免国民党反动派的注意，不再用“中国工农红军皖南第三游击纵队”的番号，改为“无为县武装宣传队”，邓逸渔、张昌忠分任正、副大队长，继续开展以打土豪为主要内容的武装斗争，活动于东乡的圩区和洲区。经过数月斗争发展，力量不断壮大，至7月，队员已发展达160余人，长短枪百余支，也恢复了“中国工农红军皖南第三游击纵队”的番号。

1931年7月28日，刚从上海党中央开会回县的县委书记夏子旭偕中共三区区委书记周可章、区委委员朱子荣、纵队政治部主任张恺帆等七人由石涧乘船赶往东乡寻找第三游击纵队,准备向部队传达中央会议精神,当晚住宿于临江附近未被水淹的军桥村(1931年夏无为遭受大水灾,江堤溃破,东乡除少数高地村庄外,余皆一片汪洋)。次日晨,国民党无为县自卫团和警察中队一百余人乘船包围了军桥村,在交战突围中夏子旭、周可章、朱子荣不幸被捕,张恺帆等人泅水逃脱。当日夏子旭等三人被解往无城,军警们对他们严刑拷打,但他们坚贞不屈,怒斥反动派的倒行逆施行为。夏子旭被捕后,县委立即派人进城通过关系开展营救活动,同时亦将第三游击纵队开往无城附近的宋家庙,准备武装劫狱,但反动派第二天清晨即将夏子旭三人杀害。这次事件被称为"军桥事件",给正在恢复发展中的中共无为县委和武装部队造成了很大的损失。

8月上旬,中共无为县委召开会议,决定由邓逸渔代理县委书记兼任皖南红军第三游击纵队大队长(司令),随部队在东乡临江一带开展武装斗争。为吸取"军桥事件"教训,决定县委机关和部队分开活动,以免领导成员集中一处。县委机关设于西北乡的石涧一带,由政治部主任张恺帆等人驻守,兼办县委机关报《真理报》。此时,来无为清剿共产党的国民党王善乐旅已经撤离无为,本地的反动军警力量较弱。第三游击纵队遂在城乡积极开展活动,镇压了一些恶霸乡绅,攻打了白茆、汤沟等地的自卫团据点,一时东乡的反动势力不再嚣张,贫苦农民欢欣鼓舞。正在形势快速发展之时,却不幸发生了"真武殿事件"。

第三游击纵队第三中队中队长刘大同原是在东乡蛟矶一带居住教书的外地知识分子,因他对现实不满,后主动找党组织要求参加革命。由于游击武装建立初期缺少经验,未作认真审查,使他混入革命队伍。同时,又由于它有一定的文化水平和才能,也还积极能干,纵队领导便被骗取信任,委任为纵队下辖四个中队中的第三中队中队长。自1931年春夏后，刘在有些问题上常与组织闹对立。当时，中共皖南特委曾建议清除刘大同，但邓逸渔和张昌忠仍被其表面现象所迷惑，认为无为长江大堤溃破，洪水漫地，恐刘被清出队伍后而无处安生，准备待大水退去后再作处理。后刘大同主张将打土豪和筹集来用于购买枪支、扩大武装的钱款私分，因遭到纵队领导否决，便对组织心怀不满。再后，刘又极力要求收编以夏传金为首的一百余人的数股土匪，县委和纵队的负责人认为匪性难驯，有损红军声誉，且匪众一百余人也难以控制，不予同意。刘大同至此，对县委和纵队领导更怀恨于心。他私下拉拢第一中队中队长李茂林等人，进行造谣惑众，挑拨离间等危害部队团结的宗派活动。8月中旬，游击纵队驻扎临江附近的真武殿休整时，因刘、李等人违反军纪打骂同志等错误，遭到邓逸渔和张昌忠的严厉批评，他们便预谋杀害部队领导。8月23日清晨，当邓、张刚起床，刘大同便持枪先后杀害他们二人。恰在此时，1928年曾任中共无为县委书记，后调任中共巢县县委书记的倪合台由巢县到无为，要求无为游击纵队支援准备在巢县中埠举行农民暴动的枪支。22日，倪合台到达何家坝（即新河镇），经联系，邓逸渔、张昌忠请他23日到真武殿开会，商量借枪和无为游击纵队攻打无为县城事宜。刘大同等人杀害邓、张二人后，速派人划船到何家坝接倪合台，谎称邓、张请倪去真武殿开会，当倪合台乘船抵达真武殿，刚登岸时，即遭到刘大同的枪杀。这便是“真武殿事件”。

刘大同等杀害邓、张等人后，反诬邓逸渔、张昌忠、倪合台叛变革命，裹胁部队听其指挥，并派人到石涧埠县委机关驻地寻找张恺帆等人，妄图加以杀害。但真武殿事件后，一些了解真相的红军战士便悄悄地离开了部队。张恺帆等人已得知刘大同叛变革命的消息，便加强警戒，转换驻地并报呈芜湖特委。后张恺帆代理无为县委书记，继续从事隐蔽活动。

刘大同等叛变革命后，带领一些被蒙骗和裹胁的部分游击纵队武装人员到汤沟，与夏传金土匪武装合编，在姚王庙及沿江一带拦路设卡，抢夺民财，干着打家劫舍的土匪勾当。9月3日，这支土匪部队被无为县国民自卫团、警察中队及来自芜湖的国民党军队剿灭，叛徒刘大同投江而死，李茂林等人被枪杀。

夏子旭、张昌忠、倪合台、周可章、朱子荣等人都是二十余岁，是1926年前后加入中国共产党的优秀知识分子，他们家境富裕，不愁吃穿，但他们为追求真理，为给劳苦大众谋求解放，为实现革命的理想而过早地牺牲了自己的生命，他们的业绩永远记在无为人民的心中。

沈斌烈士纪念塔

蒋克祚

沈斌(1920—1947),1938年在无为县严桥参加新四军地方游击队,1939年加入中国共产党。后任游击队指导员,经常率队作战于严桥、古楼、响山一带。战斗中,身先士卒,英勇机智,多次立功。在奔袭皖南赵家桥伪据点的战斗中,创造了以少胜多的战绩,受到了新四军第七师师部的表彰。1945年9月抗日战争胜利结束后,沈斌由部队转入地方工作,与蒋海云等坚持巢无地区的游击斗争,任巢无游击大队指导员。1947年4月,沈斌患病休养期间被国民党反动派的军警发现,他抱病御敌,英勇搏斗,终因寡不敌众,壮烈牺牲,年仅27岁。1948年,无为县政府为缅怀烈士事迹,将其家乡命名为"沈斌乡"。1958年在家乡燕龙山顶建造沈斌烈士纪念塔,以勉后人。

芜湖县赵家桥距无为县恍城区约有两百公里,1944年10月,恍城区抗日自卫军大队的一个小分队在沈斌的率领下,利用伪军内部的人员接应,长途奔袭赵家桥伪军碉堡,取得了缴获长枪29支,俘伪军27人的战果。

1944年收割稻子季节,远在皖南打长工的俞四保回到无为县恍城区的老家看望父母,他在和同龄伙伴汤先林、俞维应(二人均在区警卫连当战士)谈心时,说自己现在不在地主家打长工了,是在芜湖县赵桥镇的伪军据点里当伙夫(炊事员),外地人在那里尽受人欺,自己想回家当兵打鬼子,不想在那里干了。

汤、俞二人把俞四保的想法向区队副李锡峰和指导员沈斌汇报后,李、沈便找俞四保进一步了解情况。据俞四保说,赵桥是芜湖至宣城公路上的一个小镇,驻有黑头(伪军)一个排,共32人,有一挺轻机枪、一支手枪、29支步枪,住在一个据点内。这个排的排长是个死心塌地跟鬼子跑的汉奸。三个班长中有一个是排长的亲戚,其余的人大多数过去是游手好闲之徒,现在当黑头鬼子也是干一天算一天地混饭吃。一班长大老张是广西人,身体强壮、讲义气、脾气大,但枪法好,能百步穿杨,连排长和另外两个班长都怕他三分,他原是国民党兵溃退时流浪到芜湖县的。俞四保说只有大老张与他处得较好,伪军们常常埋怨他饭菜做得不好,大老张都为之打抱不平。

李锡峰、沈斌劝俞四保暂时不要回来,仍留在赵桥,并要求他回去后要主动与大老张拉好关系,然后再联络其他人,等待时机成熟时,我们这边人过去端掉据点,和他们一道带着枪回来参加抗日部队。

俞四保返回赵桥不久,曾几次托人带口信,邀请沈斌、汤先林等人去赵桥玩玩。李锡峰、沈斌等人研究分析,认为俞四保在那边工作可能有了成果,请我们过去商议,估计过去没有什么危险。10月上旬,恍城区队部派汤先林、俞维应二人前往赵桥与俞四保联系,了解他在那里的工作进展情况。见面后,俞四保高兴地说:"我回来后,与大老张关系处得很好,我俩已结成拜把兄弟。我说我的家乡有新四军,到时候我俩带几支枪到无为去。"大老张说:"要干就干大些,带几支枪走,没多大意思!他叫我联系新四军,派些人来把全排都端掉,他做内应。我自已拿不定主意,才叫你们来。"

汤、俞二人一听也拿不定主意,答应回去后商议后再答复。二人返回无为后，立即把从赵桥方面得来的情况向区队部和区委做了汇报，区委又向无为县委和七师师部做了汇报。分析情况后，上级认为可以派个小分队作远距离的奔袭，还可带上师部给七师皖南支队临江团的介绍信，必要时可由驻繁昌的部队策应。区队部对袭击赵桥的方案做了具体细致的研究，确定由沈斌、汤先林、俞维应等9人组成小分队奔袭赵桥。

10月下旬的一天，沈斌带着小分队出发了。从无为到皖南沿途要经过游击区和敌占区，附近还有日伪军的碉堡，长枪不能带，所以9人只带了6支短枪，化装成农民，分几批行走，中午到达长江北岸汇合过江，晚间便到达驻于繁昌县山区的临江团部队驻地。

临江团领导给他们介绍了从驻地到赵桥的情况，要他们特别注意其中三、四十里路要通过一个圩区，此地是敌我交界地带，村村都有大刀会，不少堂口十分反动，经常盘查路过人员，没收枪支。并关心地说你们9人要解决伪军一个排很不容易，没有十分把握不要动手，以免无谓牺牲。

第二天，沈斌和汤先林先往赵桥与俞四保联系，落实突袭时间，联络暗号，同时沿途察看地形、计算行路时间，当晚回部队驻地。

第三天中午，遵照临江团领导的嘱咐，小分队分几批前进，前后可以互相观望，以免遭到大刀会的怀疑与盘查。当晚天黑时，9人先后到达赵桥伪军据点对河的岸边，大家都隐蔽在附近的坟地里。

原来昨天俞四保与沈斌等联系后，他就与大老张商议，准备按时行动。可是第二天上午，排长接到电话，奉命和一名伪军带着一挺机枪乘车往芜湖方向去了。大老张舍不得那挺机枪，问俞四保是不是等排长回据点再动手。俞四保说现在也联系不上了，排长不回来夜里也得动手。下午排长果然未回。当晚大老张值班。子夜时分，大老张见伪军们已睡熟,便喊在假装睡觉的俞四保起来为他做夜餐。俞四保起床后,迅速从后门出去,装着到河边淘米,连划了三根火柴,发出了事先约定的暗号。

沈斌等人见到火光后,迅速淌着齐膝盖深的河水,由俞四保带进据点与大老张汇合。在大老张的指点下,小分队迅速地收缴了靠在墙边的枪支,微弱的灯光中,有的黑头惊醒,大老张端着枪喝道:"哪个都不许动!"这一声喝,反而使大多数人醒来,三班长翻身推开窗子准备向外跳,大老张扣动扳机,"叭"的一声,倒下了。另一个黑头枪未放墙边,在他身旁,刚拿枪准备反抗,大老张又"叭"的一声,也不动了。收缴枪后,沈斌对吓得浑身发抖的黑头们说:"我们是新四军,只要你们不反抗,我们不会伤害你们的!"命令他们仍躺下不准动。

"收缴这么多枪,怎么带走呢?""这些伪军怎么处理?"本只准备一人背三、四支,伪军当地解散,可是一想每人背着几支枪,行动也不便,沈斌、汤先林、俞维应等与大老张一商议,决定把这些黑头也带走,把枪栓下掉由小分队背,枪由黑头背。此时天尚未明,正是走的好时机。黑头们睡觉用的被子是条毛毯子,这也是好的战利品,于是沈斌叫黑头鬼子们穿好衣服,背上没枪栓的长枪,每人披上一条毯子和小分队一同上路。在微微的晨光中,他们从赵桥向临江团的驻地进发。天亮后,这支着装奇异的队伍经过大刀会控制的圩区,一些人站在村口远远地望着这支几十人的队伍,他们猜不透这是哪方面的军队,也不敢靠近。

穿行过圩区后,已接近临江团控制的地区了,俞维应带一队员迅速向驻地先行报信。时近中午,30余人到达了他们昨日出发的山村,受到当地群众和驻军的热烈欢迎,小分队把黑头们交给驻军处理,愿意参加抗日的留下,不愿意的就让他们留下毯子,遣散回家。

小分队在山村住了几天,临江团为他们的奔袭胜利而热情招待,还对他们缴来的29支好枪羡慕不已。为感谢驻军的支持，也便于路上好行动，沈斌与战友们商量后，赠送给临江团驻军长枪10支。晚上，小分队渡过长江，第二天下午到达恍城区政府，在一片热烈的鞭炮声中，小分队和大老张、俞四保终于回到了根据地。

为表彰小分队奔袭赵桥的胜利，七师师部发了嘉奖令，无为县政府、无为县抗日自卫军总队奖励一头菜牛，犒劳小分队和大老张、俞四保。一时，夜袭赵桥夺枪的故事，传遍皖江抗日根据地的四乡八镇。

沈斌烈士纪念塔

谢学玉烈士纪念碑

蒋克祚

谢学玉(1922—1947),又名谢金陵,无为县河坝镇人。自幼生性豪放,扶危济困,出手慷慨,不计较个人得失,被邻居戏称为“谢大孬子”(意思是遇事好考虑他人,不考虑自己)。谢学玉1941年入伍,参加临江县抗日人民自卫军,他胆大心细,经常深入虎穴,猎取敌人情报,被无为东乡及和县、含山一带军民赞誉为“虎胆英雄”。1945年9月,谢学玉等地方武装编入了七师随军北撤至山东,由于他机智、勇敢,被任为七师侦察员。1947年2月,由中共华东局国民党区域工作部派遣回无为,做恢复无为县东乡地区的党、政、军工作。1947年6月,中共临江工委成立,谢学玉当选为委员,同时成立临江游击大队,谢学玉兼任大队长,活动于无为东乡的河坝、陡沟、白茆一带,局面很快地便被打开,有的地方恢复了党的基层组织和政权。工作正开展得蒸蒸日上之时,1947年8月30日,游击大队在陡沟砀山遭国民党反动派军队伏击,在战斗中,谢学玉壮烈牺牲,年仅25岁。1966年,赵坝人民公社根据砀山群众的要求和愿望,在烈士牺牲处立碑,永志纪念。

谢学玉深入虎穴、侦察情报的事例很多,智取枪支就是他众多事例中的一例。

1942年夏,谢学玉从地下情报员的口中得知,含山县运漕镇伪区长贾辅民花了50担米刚从外地买了三支短枪,准备用几个人替他保卫家小。当时谢学玉是抗日民主政府临江办事处陡沟区政府的区干队队长，得知这一消息后，很是高兴。他早就有从日伪军手里夺取一些枪支武装自己的想法，但自己的区干队仅有10支不到的旧长枪，运漕镇里驻有一个小队的日军，还有一批黑头鬼子（伪军），要想硬夺肯定是不行的。他向县抗日自卫队领导汇报自己的打算，想深入虎穴，智夺三支手枪，并说出了详细的计划。谢学玉曾经几次深入伪军部队打探情报或抓“舌头”，被誉为“虎胆英雄”。县自卫队领导听他说出这次行动计划，觉得可行，但一再要求谢学玉认真准备，要保证万无一失，如中途有特殊变卦，切不可蛮干，来日方长，可再做打算。

谢学玉回区干队后，两次带领一名认识贾区长的队员王春生从凤凰桥过河到运漕镇，打听和摸清了贾辅民的生活习惯，决定在一个没有月亮的傍晚行动。那天，太阳刚刚落山，谢学玉带领13名队员趁着黄昏，来到运漕河南岸凤凰桥附近的河边，与事先约好的两名队员会合。此二人已在河边停靠了一条小船。待天黑后，谢学玉等15人登上木船，轻轻地划着桨，运漕河寂静无声，运漕镇笼罩在一片黑幕之中。二十余分钟后，木船神不知鬼不觉地抵达北岸。谢学玉低声说：“负责划船的二人把船划到河中间等着我们，当我们回到岸边时连拍三掌，你俩听到掌声就速来岸边迎接”。然后，谢学玉带领着13名队员，轻脚轻手地摸黑插进小巷，拐个弯朝贾辅民的住宅走去。

贾辅民是个鸦片鬼，他每晚吃过晚饭天黑后，都要抽一会鸦片方才休息，谢学玉已把他的习惯摸得一清二楚了。这天晚上，他正靠在床上一边捏着烟膏，点燃烟枪，在吞云吐雾中盘算着买来的3支枪如何派上用场，心想再找3个贴心用人当卫兵，这样胆子就更壮了，更可以在镇上说一不二了。9时余，忽然有人敲大门，住在门口厢房里的勤务兵凶声恶气地朝外问："哪个？干什么事？"谢学玉在门外边答道："我是海口乡的，有急事要找贾区长。"卫兵打开门后，谢学玉一个箭步跨进，身后两个队员迅速用手枪抵住卫兵咽喉，低声喝道："不许作声！"贾辅民在后屋喊道："哪个？这么晚了干什么事？"谢学玉应声道："是我，海口乡的李明。"边说边跨进他的房间。贾辅民仍靠在床上吸他的大烟，在微弱的灯光下，见来人并不认识，便摆着架子呵斥道："海口乡就是事多，什么事明天不能来？"待谢学玉走到床前，认识贾辅民的王春生也跨进了门。这时，贾辅民抬头一望，拿着烟枪的手立即颤抖起来，因为他认识这个家住在运漕镇的王春生，而且也知道他随父母回到老家新河镇住，听说王春生干新四军去了。贾辅民立即从床上翘了起来，颤声问道："你们要干什么？"这时，谢学玉从身上掏出手枪对着他说："你当汉奸，今天我们不要你的命，我们是临江县人民自卫军，要你把买到的3支手枪借给我们！"贾辅民站到床前的地上，脚怎么晃也找不到鞋，连声说："四老板，好说，好说。"谢学玉见他的老婆也颤抖地站在门口，便用枪顶着他的脑门说："今天我们来了一个中队，叫你家里人一个都不要声张，快把枪拿出来！不然我们就不客气了！"贾辅民像泄了气的皮球似的从床后箱子里拿出了3支用布包裹的手枪递给了王春生。

谢学玉此时说道："现在你和我们一道到码头去，你放心，我们不会伤害你，我们知道镇上住了一个小队的鬼子和一百来个黑头，我们中队都守在碉堡周围，告诉你家里人，现在想报告也传不了消息，到码头把我们送走就放你回家。"贾辅民随着谢学玉和十余名队员出门，他在门口对卫兵说："你把门关上，哪个人都不许出去！"借着夜色，一行人走到码头，王春生连拍三掌，一会，木船靠了岸。贾辅民此时却以为要带他上船，惊恐地讨饶道："王春生，你帮我求求情！"谢学玉说："贾辅民，你在我们那里是挂了号的，今天我们不带你去，今后你要人在曹营心在汉，不准祸害百姓，不准与我们新四军作对！”待船离岸时，贾辅民已瘫坐在码头的地上，呆呆地望着木船的黑影向河心划去。

谢学玉烈士纪念碑

惠生堤荫百姓

陶光顶　刘尧明

军二公路穿过无为县无为长江大堤，有一段临江拔地而起的工程，叫“惠生堤”。自姚王庙至蛟矶，长约13千米，是124.6千米无为长江大堤东部抵抗洪峰的险工要段。它外挡滔滔江水，内护江北七县一市人民的生命财产安全。这段今天看起来似乎平常的绿色长堤，却拥有一段不平常的历史。

吕惠生（1902—1945），革命烈士。出生于无为县十里墩乡吕巷村的书香门第，其父为晚清秀才，以塾师为业养活全家。吕惠生1926年毕业于北京农业大学，回无为参加胡竺冰为首的国民党临时县党部，任秘书。北伐军进城后，吕惠生被委任为“县临时行政委员会”委员（5人）兼第一科科长。1929年，无为水灾，粮价暴涨，粮行趁机将粮食贩运出境以牟暴利。共产党组织人民开展禁粮外运的斗争，以防止粮荒伤民。吕惠生则发动社会开明人士仗义执言，痛斥奸商的不义之行，迫使外地粮贩将抢购的粮食就地平价出售，维持了群众的生活之需。1930年春，无为米市“昌和”当铺为了侵吞顾客典当的财物，事先将库内典当财物偷运出去，然后纵火烧房，以此废除所有的典当债务。群众在地下党的领导下，开展索赔斗争。吕惠生也义愤填膺，发动社会舆论声讨奸商不法行为，大力支持群众斗争，终于迫使国民党政府出面处理，责令奸商赔偿群众损失，并释放了在斗争中被捕的共产党人。抗日战争爆发后，吕惠生积极参加抗日救亡工作，被国民党省政府列入黑名单。1940年，他投奔无为恍城（严桥）新四军。皖南事变后，他受党安排担任无为县县长，开辟皖中根据地。临行前，在江苏盐城新四军军部受到军长陈毅的亲切接见。陈军长赠送他一把德国造的手枪以壮行色。吕惠生倍加勤奋，要求自己“三更灯火五更鸡，累断命根不迟疑”，在艰苦复杂的环境下，领导地方政府大力发展生产，加强政治和经济建设，发展壮大皖中抗日根据地。

历史上无为县有段大堤所在地叫黄丝滩，是明代正德年间建的江坝。该堤属于无为大堤一段，位于无为县汤沟和二坝两镇境内，上自三支笔，下至新埂头。外是大江，里是龙埔。堤身矮小弯曲。从清初至1931年，无为大堤先后从这里五次溃败。“一线军堤，七邑生命”，江水一旦漫堤，堤内无、含、和、巢、庐、舒、合肥等县、市洼地，尽成泽国，人民惨遭浪打沙埋。当时民谣称：“破了黄丝滩，淹到巢县卧牛山”。“堤倒破坝，人人害怕，破了三坝，淹了天下。小山淹包，大山淹腰，不见杨柳摆，只见房屋漂。”

1943年黄丝滩埂堤出现了裂痕。10月，吕惠生主持了“黄丝滩退建工程”专门会议，组建了工程的领导机构——工程局，具体研究工程的实施。12月21日，黄丝滩退建工程正式动工，数万民工，开赴工地。新堤与被日军占领的芜湖隔江相望，日军不断飞机来工地上空盘旋滋扰；工地两侧的日伪军据点，也隐约可见。为了确保施工安全，新四军七师党委提出了“武装保卫修堤”的战斗口号，不仅派出大批部队参加修堤，还屡次击退日伪武装的干扰。吕惠生提出“地主出钱，农民出工”的号召和“少压农田，避开险段，拉直全线，重建新堤”的具体施工原则，先后动员皖中地区21万民工，于1943年10月6日破土动工，到翌年5月底竣工。

在施工过程中,吕惠生经常深入工地指导,一有机会,就和群众一起,挑担、挖土地、打夯。共完成土方40.4万立方米,建成堤长7.25千米,顶宽2.4丈,高2丈,底宽12丈的抗洪屏障。1944年5月在仍处于抗日烽火中的无为东乡黄丝滩,举行了黄丝滩新堤落成典礼,时任行署主任、新堤工程主要主持者吕惠生和新四军皖南支队司令员梁金华先后在会上讲了话。随后,吕惠生骑马通过彩门,两旁群众,纷纷向吕惠生身上抛撒红绿彩纸,庆祝工程竣工。延安的《解放日报》也发表文章,对工程给予充分的肯定。为表彰吕惠生为新堤工程所做的贡献,扩大共产党及其抗日武装在民族抗战中的影响,1944年9月,皖江参议会提议并经中共皖江区委批准,决定将黄丝滩新堤命名为"惠生堤"。

当时,张恺帆34岁,风华正茂,他也在工地上,经常与民工一起挖土,一起打硪,间或骑马上堤,检查督促工程进度。他在劳动中豪兴大发,现场作《修建黄丝滩大堤即兴》:东西两面筑长城,一御狂澜一御秦。伟大工程垂不朽,沿江免受水灾侵。

工程中,吕惠生问计于民,求教于专家,果断采取"裁弯取直,清淤夯垄,植柳防浪,抛石护坡"的办法,保证工程质量。同时他亲自规划工程方案,在江边修建了新桥闸,在后河修建了黄树闸,以保证兴修工程的配套。并沿江植柳,让成片柳林郁郁葱葱浓绿一片。洪水来了,泡不烂,淹不死,层浪叠涌,千冲万淘,表土没了,柳树下飘动起无数须根,减少着浪花的袭击。

大堤修成后三年,吕惠生在随军北撤途中不幸遭敌毒手,英勇就义。无为人民将烈士遗体迎葬于无为县绣溪公园。新中国成立后,"惠生堤"经过历年整修,大堤更加雄伟壮观。堤外护堤林绿荫如带,不尽长江滚滚向东流,堤内棉田吐絮,稻海飘香,工厂机器轰鸣,学校书声琅琅。大堤下方建有惠生小学，校门前矗立一座高大的“惠生堤”丰碑。

惠生堤

新四军第七师司令部旧址

蒋克祚

新四军第七师司令部旧址位于无为县红庙镇海云行政村涧李自然村。

1941年1月7日，国民党顽固派制造了震惊中外的皖南事变，新四军军部及驻皖南部队9000余人在北移抗日途中，突遭国民党第三战区7个师8万余人包围袭击，奋战至14日，终因寡不敌众、弹尽粮绝，除2千余人突围外，其余大部分牺牲和被俘。17日，国民党顽固派反诬新四军为叛军，宣布取消其番号。20日，中共中央军委发布重建新四军军部命令，并将新四军各支队及皖南突围人员编为七个师。原新四军第四支队江北游击纵队第二团（亦称无为游击纵队），第三支队挺进团和皖南事变后先后突围到无为的皖南部队干部、战士700余人组成新四军第七师。师长张鼎丞（未到职）、政委曾希圣、政治部主任何伟、参谋长李志高。由于事变后形势紧迫，干部战士对于能否在无为地区坚持斗争下去，思想还不够统一。于是经过数月的整训和组编，1941年5月1日，第七师在无为县白茆洲胡家瓦屋正式组建成立。七师暂成立十九旅一个旅，旅长孙仲德，政委曾希圣兼，师部和旅部合并办公。全师共有1900余人，十九旅辖独立团、第五十五团、第五十六团及独立一营、二营。

因白茆一带濒临长江，距江南日伪据点过近，5月中旬七师司令部即迁至西北山区的三水涧涧李村。曾希圣、师参谋长孙仲德、副师长谭希林、代师长傅秋涛等先后居住此处，师部机要室亦住此屋内。直至1945年9月抗战胜利，第七师北撤之前，除偶尔几次因日伪军大部队“扫荡”而暂时迁移外，师部、师部负责人都长住于此。

七师成立后，根据中共中央和新四军军部的指示，根据皖中、皖南地区敌我态势和部队刚刚经过皖南事变严重挫折及人数较少、战斗力较弱的实际情况，七师党政军委员会确定在七师根据地初创时期实行隐蔽发展的方针，以期休养生息，克服少数同志因事变产生的消极悲观情绪，增强坚持敌后抗日斗争的决心和信心。经过隐蔽发展，七师主力部队在无为由小到大不断地发展，到1941年底，主力部队即增加到4000余人，地方武装发展到2300余人，这就为七师的进一步发展壮大奠定了基础。从1942年开始，七师部队由无为东北向和县、含山地区发展，成立了和含指挥部，并与新四军第二师、第六师取得了联系，开创了含和游击区。继而七师派部队从无为沿长江向西发展，沟通了与新四军第五师的联系，创建了沿江抗日游击区。皖南是事变后基础薄弱的区域，在七师力量增强之后，七师立即从无为派部队向皖南挺进，和事变后坚持在皖南地区的党组织与少量武装人员结合在一起，不断开展游击斗争，也逐渐恢复了皖南抗日游击区。七师的部队到哪里，哪里就恢复了党的组织，同时也建立了地方政权，从此，皖南、皖中抗日根据地初步形成。再经过1943年、1944年的快速发展，至1945年春，七师部队下辖第十九旅及含和支队、沿江支队、皖南支队共3万余人，七师已是地跨皖江地区的一支威武的抗日武装部队。同时，在七师部队的帮助下，地方武装和基层民兵已达10余万人。七师部队在地方党组织的支持和地方武装的配合下，经过不断征战，皖中、皖南已发展上至江西省九江、下达江苏省江浦、地跨安徽长江两岸的大块完整的抗日根据地，根据地面积达3.7万平方公里，人口300余万,是中国共产党领导下的全国十九块抗日根据地之一。

在抗战期间,七师部队先后与日伪军进行了大小共1000多次战斗,攻克日伪据点200多座,杀、伤、俘日伪军14000余人。七师司令部所在地的严桥恍城山区,是皖江抗日根据地的政治、经济、军事中心,七师部队的领导们在三水涧运筹帷幄,指挥着根据地内的七师部队和地方武装与日伪军进行了长达5年的浴血奋战,保卫了极为富饶的土地和数百万人民免遭日伪军蹂躏,七师健儿们为中华民族的解放立下了不朽的功勋。

七师司令部旧址现保留有砖木结构、茅草加小瓦的平房7间,存有七师领导们用过的桌、椅、架子床及当年政委曾希圣亲手嫁接栽下的三棵梨树。如今,三棵梨树枝繁叶茂,秋季,沉甸甸的麻梨缀满枝头。涧李村的村中、涧边处处古树参天,流水潺潺,翠竹依依,白墙、青瓦的楼房、平屋掩映绿荫丛中。三水涧边或立奇石,或桂花飘香,曲桥贯通涧水两岸,村中多处的"农家乐"饭店已飘溢出诱人的菜香。七师司令部旧址1989年被安徽省政府公布为省重点文物保护单位,爱国主义教育基地。旧址及三水涧的涧李村不仅是红色、绿色生态旅游的好去处,它更是一个潜移默化、催人奋进、使人难以忘怀的大课堂。

新四军第七师司令部旧址

群众参观新四军第七师司令部旧址

探寻三水涧

刘尧明

虽说天气已转入暮秋季节，可2005年好像时序无常，依然是流火铄金。但是，当我们一行10余人满头大汗地奔到无为县红庙镇海云村的三水涧时，一下车又感到陡然跨进清凉世界。

这是一个方圆约2平方公里的小山村。村口一条涧水自远方而下，环绕过来，宽处30—40米，窄处也有10来米，水不深，约1米许，清澈见底，就像绸带松散地圈在粗汉腰间一样，绕村一周，由北向南而去。走过涧上的水泥小桥进入村子，我们顿时汗水收干，周身凉爽。原来是遮天蔽日的树叶挡住了毒辣辣的烈日——整个村子就是一个树林张起的大伞。为我们旅游资源勘察做向导的新四军七师纪念馆赵馆长介绍说："当初，师政委曾希圣将师部安到这里，就是看中了这片树林，还有这条水涧。日本鬼子的飞机在天上盘旋，汉奸特务到处打听，敌伪部队扫荡到严桥镇街上，近在咫尺，就是找不到我们师部。"眉宇之间，不无自豪。啊！我们来到了创立全国十九块抗日根据地之一的皖江抗日根据地的指挥中心。

随着赵馆长的引导，我们首先来到七师师部旧址，它如今已是安徽省文物重点保护单位。这是一座典型的农家小院，是民国初年建筑模式，坐北朝南，四间石墙草顶覆瓦平房，东边向前伸出两间厢房，共六间屋，建筑面积100平方米。院子约1000平方米，内有两株硕大的柿树、枣树，枝繁叶茂，郁郁葱葱，据说是曾政委入驻时亲手所栽。现在柿子散落在地上，如同清溪底的五彩鹅卵石一般多。因为村子里家家户户都有果树，所以人们不稀罕，也无人来捡，任其回归自然。

在这个小院子里，看到斯人已去，屋舍依然，睹物思旧，我仿佛倒入时空隧道，听到60多年前“滴滴嗒嗒”的电报声。从1941年5月到1945年9月，共产党指挥着皖江抗日，使七师人马壮大到3万之众，根据地扩大到3万平方公里之广，足有我们无为县的13个之大，解放人口达300余万；并像一颗硕大的棋子，将北边淮南的新四军军部及二师、南边鄂豫边的五师、东边苏南的六师连成一片，当时赢得了毛泽东的肯定。同时，七师还为华中抗日作出了特殊贡献，那就是繁荣根据地经济，供给军部和兄弟部队。仅在1942年，他们就上交军部749万银圆，1943年增至1000万元，以后则更多，而且是只要军部开列需要的军需品，无论多难，七师都能办到，所以有“富七师”“富皖江”的美誉。皖江地区的珍贵财力，随着三水涧的溪水滚滚不断地汇入抗日洪流。也是在这个小院子里，我又仿佛看到了两双不同肤色的手握在一起。那是曾政委热情接待受伤的美国飞虎队空军中尉约翰。这位党的高级干部抓住天上掉下来的机会，耐心地向年轻的美国朋友宣传共产党、新四军的抗日政策及战果，消除皖南事变后盟友对新四军的误解，博得这位洋朋友的爽朗笑声，打开了一扇通向世界的窗口，还是在这个小院子，我又仿佛闻到了冬夜火盆中烈炭燃烧的清香。那是曾政委与十几位文艺工作者促膝谈心，讲解党的文艺工作方针，解答、解决他们提出的思想和工作中的问题，要求他们下基层，上前线，为广大工农兵服务，为抗日战争服务。“吃菜要吃白菜心，当兵要当新四军”，既铿锵又悦耳的歌声，至今仍余音袅袅，绕梁不绝。……蓦然,我想到了唐人诗句“人事有代谢,绝来或古今,江山留胜迹,我辈复登临!”真是感慨万千。

怀揣着对抗日圣地的仰慕之情,我们又继续向村子深处寻访。最先扑面而来的是一股涧水,涧水来自北部银屏山区的牌楼水库,从郁郁葱葱的大山峡谷之中流淌出来,清新而又活泼,就像当地村姑一般,单纯,质朴,浑身散发出天然美。在涧水的上游,大部分溪流都夹在青山之中,如同一条跳跃的走廊,一直伸进三水涧。它到达村庄上方,裹挟着蒙蒙雾气,荡漾着一抹幽蓝,淙淙地流泻直下。进入村庄,它越发弯曲,跌宕多姿了。它将整个村子环绕一圈,就像护城河一样护卫着村庄,在湍急处飞珠溅玉,在纾缓处镜湖平波,错落有致,清脆有声,又像一把半旧的弦琴,让人有种说不清的妙趣。我们走在涧边,看到流水清澈透明,树木倒映在水面上,就连枝丫中的鸟巢也都可以看得清楚。鱼儿一簇一簇,来回戏游,激起条条细浪。涧水绕过村子口,水体更加丰满了,水面更加宽阔了,它滋润着村子附近大片绿油油农田,唱着欢快的滔滔不绝的潺潺声,径直奔向无为县的母亲河——永安河,折头东向,汇入万里长江。怪不得人们一走进三水涧,就感到这里有一股灵气,原来是经年不竭的溪水在养活着它,正所谓“问渠哪得清如许,为有源头活水来。”据史料记载,这里在东晋时,曾经是扶阳县的县衙驻地,先人们被胡骑所逼,从淮北平原逃到这里避难,可能也是看中了这条活水能够养精蓄锐。

跨过涧溪,我们踏入一座古树参天的丘陵森林。放眼望去,林地里阴暗而寂静。只见百余株稻箩粗的水花树、小叶榆树直插天空,如同脊梁一样,撑起三水涧的风光。大树间杂生着一块块矮小灌木丛,树丛里点缀着一些不知名的野花,有黄的、红的、蓝的,微风吹过,飘来阵阵暗香。飞虫如流星般地从我们眼前掠过,在树荫处发亮,在阳光处变黑。

小道曲径通幽，阳光透过树荫缝隙，在地上撒播一些碎金细银。树冠上鸟雀高叫低应，清脆婉转，好似一群少男少女在对唱情歌。大树下牯牛悠闲吃草，看到行人走近，抬头“哞哞”叫上几声，算是打个招呼。树丛间黄鸡埋头啄食，十来个雏鸡围绕母亲跑前跑后，叽叽喳喳。“呀，这是一个浓缩了的黄山情人谷！”同行中的旅游专业研究生小王情不自禁地叫了起来，她的眸子中闪现出兴奋的光彩。“不，这是现代版的桃花源！”顽皮的男生小李大声反驳。村子里民居与树木交错在一起，每户农家房前屋后都种上许多果木树，有柿树、枣树、梨树，一串串成熟的小枣随风摇曳，皮上青中泛红，甜润心肺；沉甸甸的柿子压弯树枝，个个都是鲜红欲滴。在密林小道上，我踱步凝思，当初就是这片不闻名的树林和他们的主人用宽广的胸怀容纳了七师健儿，抚平了他们从江南茂林带来的伤口，荫庇了他们四个寒暑；七师健儿们又像爱护自己的母亲一样，爱护着这里的一草一木，使它依然保持着粗犷的原始状况。尽管周围是烽火四起、硝烟弥漫，村子里是人流不息、战马嘶鸣，环境却没有受到些许破坏。人民军队对人民秋毫无犯，这是一个大佐证。难怪过去听市、县文联的同志说，他们常到这里来采风、写生，还创作了不少的获奖作品哩。

不经意间日头已偏西，我们依依不舍地告别了村子和林子，驱车绕道而行，登攀北边绵延起伏的丘陵山岗，瞻仰了比邻而建的皖江抗日烈士纪念塔、新七师纪念馆，参观了不远处的七师老战士捐助的希望小学、银山千亩观赏树苗圃，游览了供奉500罗汉的迎山寺。隔水望去，山头对面的山坡上是商家动工建设中的度假村。安徽师范大学旅游专业的教授告诉我，这里的旅游开发潜力极大，它既是先烈鲜血染红的红土地，是安徽省共产党领导的唯一辖区完整、功能齐全的抗日根据地，也是集红色旅游、绿色旅游、古色旅游、休闲旅游于一身的综合风景区，其历史与现实、自然与人文、红色与绿色结合得如此和谐，在江北地区实属罕见。是啊，这块革命的圣地，在过去为了民族的生存而无私奉献出它的乳汁，今天我们有责任把它建设成为新时代的热土，让它与时俱进，再立新功，重显璀璨。在归途的车上，我心里默默地念叨着。

将军与战斗过的三水涧

新四军第七师兵工厂旧址

蒋克祚

新四军第七师兵工厂旧址位于无为县石涧镇青苔行政村胡家山岗自然村(兵工厂初创时,厂址在巢县高林桥李家山洼,兵工厂大发展时期迁至无为东乡)。此旧址仅是“大江兵工厂”的厂址之一。

为部队的发展和对日伪军作战的需要,第七师师部于1941年10月决定创建“大江兵工厂”,由张昌龙等5人筹建,张任厂长(主任)。初创时,既无生产设备,又缺少原料,工具只有一台手摇钻,几台老虎钳,加上些榔头、锉刀、凿子,依靠这些视为珍宝的“万能工具”,只能做些维修枪械,土法翻造子弹的工作。工人也只是召集了一批根据地内的铁匠、铜匠、木匠,共七、八十人。到1942年春,上海地下党动员了一批技工,部队也调了些有文化的青年充实军工队伍,再通过吴锦章等贸易总局人员从上海、南京敌占区购买了一些军工器材,因而军工生产获得了迅速发展。1943年,新四军军部撤销军部兵工厂,把原兵工厂的干部和工人分配到华中各根据地,建立更多更大的兵工厂,大江兵工厂如虎添翼,同时师部还成立军工部。自此,大江兵工厂的军工队伍和生产规模不断扩大,设备计有大小车床、刨床、铣床91部,建制由3个中队扩大到5个大队,6个分队,军工人员达864人。兵工厂不仅能大量生产高质量的子弹、手榴弹、地雷,而且还能生产掷弹筒、七九型步枪、迫击炮、平射炮、枪榴弹及各类炮弹等较为复杂、技术含量更高的武器,给七师部队和地方武装提供了大量的武器装备，为抗日战争的胜利和中华民族的解放作出了不可磨灭的贡献。

大江兵工厂之所以能获得迅速发展壮大，能自制和购置大到车床、无缝钢管，小到火药、引信等日伪军严格管制的军工器材、原料，这都与七师有一支不畏艰难、能力非凡的军需物资采购人员有关，他们的贡献和事迹亦永远载入史册。

新四军第七师兵工厂遗址

大江兵工厂成立之初，由于买不到日伪军管制极严的化工原料，张昌龙等人只能在老百姓砖墙脚下扫土，加水熬成土硝，然后购买普通硫黄，制成炸药。但一受潮或天气不好，这些土炸药制成的手榴弹和地雷则十有七八个不响。这就必须要赤磷和黄磷，不怕受潮，但这些化工原料均为日伪的严控物资，也只有上海一些经销化工产品的大药房里才能买到，买时还需日伪地区的机关证明。七师政委亲自找到七师皖南支队供给处长吴锦章(后调到皖江贸易总局工作)，要他设法解决。吴是无为六洲暴动时的中队长、老红军，抗战时期就活跃在财贸战线，门路特广。他找到曾在上海当过女佣，对上海熟悉，人也机灵的表姐周大姐，她欣然地接受了采购的任务。经过一番准备，她到上海花钱找熟人搞到了日伪机关的证明，第一次在上海药房买到了几瓶黄磷和赤磷。为便于携带，她找人特制了一个夹层马桶，将黄磷和赤磷放于夹层。她拎着马桶上轮船，日伪也没检查，很顺利地把原料带回无为。后周大姐不断往返于上海与无为之间，买的数量越来越多，运输方法也不断改进。周大姐还在上海建立了一些关系，发展了上海运输工人张茂松帮助她，制造炸药的原料就源源不断地运到了大江兵工厂。

雷管是制造炮弹、地雷的重要部件，只有芜湖日军军需材料库和繁昌荻港的矿山才有，但日伪军控制得非常严。吴锦章了解到荻港铁矿虽由日本鬼子控制，但管理是由汉奸们掌握。吴通过矿山熟人刘必考花些钱买通一些小汉奸，利用矿上日伪军睡觉的时候，偷偷地把雷管带出来，先是一次十几只，后来连矿上的日伪军小头目也被买通了，于是一次上百只以至上千只的雷管也能带出来，同时还能在矿上搞到“TNT”炸药。通过荻港铁矿的关系，大江兵工厂所需的炸药原料就不断地得到供应。

1943年，皖中贸易总局在东乡汤沟开办了吴锦章领导的“集成号”商行，加强了皖江根据地对外部的联系，他们分别与芜湖、南京、上海的商人及有关人士取得了联络，与其进行贸易上的合作或合资开办公司。在各地地下党的支持和熟识亲友的帮助下，皖中贸易总局（对外则称“集成号商行”）从芜湖到上海建立了多条线路、卓有成效的贸易网，因此，大江兵工厂所需的各种重要原料、军控器材都能顺利地从敌占区运到根据地。

“集成号”仅在上海就与有关人士合作开设了三家公司。一是设在上海弥尔登大楼的汇通公司，公司经理朱玉龙，原是上海海关工作人员，熟悉上海市场、行情，他与“集成号”建立关系后，负责采购药品，军工物资，然后通过多种关卡运至皖江根据地。二是中华物资公司，该公司设于上海吕班路伪海军驻上海办事处内，“集成号”交通员便与伪海军办事处合伙做生意。伪海军派一艘2万担的军舰专供运输来往物资。凡公司采购的炸药、雷管、工作母机（车床）、做炮筒用的无缝钢管、钢材等军用物资由该舰在长江内航行，一路均不受关卡检查。该舰到达无为的二坝或姚沟江面附近则停于江心，然后由“集成号”组织民船夜间从舰上卸下物资，再运上稻米、大豆等农副产品给伪海军办事处，供他们赚取差价。三是设于上海江西路同和里的安源公司。经理卢方和石原皋沟通日本三菱洋行上海营业部的日籍人士，由洋行提供根据地急需的药品、五金器材，负责运到芜湖，“集成号”在芜湖提供农副产品与之结算，然后将这些军用物资交由“集成号”在芜湖敌占区开办的“交通运输行”运回根据地。同时“集成号”还与通行于芜湖、南京、上海的火车司机建立了关系。一些在敌占区购买的军工物资经过伪装，送到火车上放进火车司机的驾驶室或藏于煤炭车里，到达芜湖时再交由交通运输行运走。陆上、水上多条线路，没有运不走的物品。凡是在敌占区购置的物资，哪怕是大型的成套机械设备都能运到根据地。所以，大江兵工厂能够源源不断地为七师部队和地方武装提供弹约和各种武器，这与“集成号”工作人员的非凡才能是分不开的。他们曾自豪地说：“只要根据地需要的东西，我们都能搞到，只要敌占区有的东西，我们也都能买到。”当时，新四军军部和二师、三师部队也常常委托“集成号”为他们采购急需的军工物资和医药用品。

大江币厂旧址

蒋克祚

皖江行署大江银行的大江造币厂旧址,位于无为县石涧镇青苔行政村胡家山岗的胡家自然村。原只有三间民房,后经过改建成厂房。此处造币厂旧址仅是皖江根据地三处造币厂遗址之一。大江银行刚刚成立时,造币厂设在三水涧附近的大俞村,并在该村北边的下胡里山沟里建立了一个小型造纸厂,专门生产印制大江币的纸张。1944年春,为肃清伪币,扩大大江币的印钞能力,造币厂迁至无为东乡姚王庙大池州村,后两处造币厂的遗址均已不存。

从1941年5月新四军第七师的成立和皖中抗日根据地的创建,到1943年时,皖中抗日根据地已逐步形成和巩固,根据地面积已扩大至三十余县,地跨安徽长江两岸及江苏省的江浦县和江西省的彭泽县。根据地内的外贸、商业经济十分活跃,但在根据地内的货币流通却十分混乱。当时,有日伪占领区汪精卫汉奸政府的储备银行发行伪币"中储票",俗称储币或伪币;国民党的国统区银行发行的纸币称"法币"。这两种纸币同时在市场上流通。伪储备银行为排挤法币,滥印储币,导致伪币币值大跌,日伪占领区的物价飞涨。敌占区的商人利用伪币在皖中根据地内大肆套购物资,往往头一天用伪币购买到的物资,第二天同等伪币却只能买到一半物资了,根据地民众和商人倍受其害。国统区发行的法币也因通货膨胀而币值下跌。伪币、法币在市场上流通的同时,还流通着银圆（洋钱）、铜圆（铜板），此种货币深受老百姓信任，但量小也不方便使用。鉴于根据地各级政权机构、正规部队、地方武装的给养，皖中行署贸易总局的商业活动及群众农副产品的销售等，都需要货币才能流通，为了抵制日、伪、顽利用纸币对根据地的经济掠夺，皖中行署（1944年底改称皖江行署）决定成立大江银行，发行纸币，其初名为"抗币"，后定名为"大江币"。1943年6月大江银行成立，行署财经处长叶进明任行长，金笑侬、徐德明任副行长。

大江银行成立后，同时建立了造币厂。初期，只有一架圆盘机，第一道难题就是制作大江币的铜版。当时，只有美国和苏联的钞票公司能制铜版，但根据地根本无法得到，只能自己想办法。造币厂经人介绍，特从南京请来一位能刻铜版的技工，可是他刻了一个星期，才刻了一块铜版的一个角，几块铜板的票面，那要刻多少天呢？而且他每天吃饭还要几菜一汤，还要招待高级香烟、茶叶，工资还很高。于是造币厂就把他辞退了，采取自力更生的办法，用耐磨、结实的枣树制版，请《大江报》报社的美术工作者吴耘、亚明二人担任刻板，很快就把多个版面的枣木版制作成功了。第二道难题就是印钞的纸张。于是造币厂自己建立了一个专用造纸的小厂。原料则是农村都有的檀树皮，经过处理，制成纸张，用这种纸印钞票，印出一角、伍角、壹元、贰元、伍元等票面，最初名为"抗币"。发行货币必须要有储备金作保证，一般银行都以黄金、银圆或美元作储备金，但根据地没有这些，而是以根据地的田赋收入作信用保证。

抗币发行以后，在根据地内普遍受到群众和商家的欢迎，因为它不像储蓄币（伪币）和法币（国统区货币）那样几日一贬，变得钞票如纸不值钱，所以市面上抗币最有信用。但简易上马的抗币亦有不利之处，一是枣木印刷毕竟不如铜版耐磨，印多了模版就不清晰，要不断地刻制新版。二是檀树皮制成的纸，表面粗糙，一经水泡就撕成两张，且易于被伪造。恰在此时，皖中贸易总局的集成号商行从上海已停业的“四明银行”买来了几十箱进口的钞票纸，而且代价也不高。这样难得的纸，用木版模印也太浪费了，于是请人从上海制成照相版（科罗版）。用这种版印出的钞票票面清晰，可与法币媲美，比伪储蓄币要好得多。从此，新钞票改名为“大江币”，群众把成沓的大江币放进床头的箱子里，不愁贬值，更不怕报废。

由于大江币的信誉好，市面上的需求量大，手工印刷大江币远远满足不了流通的需要，也无法把伪币和法币排挤出根据地。1945年春，经上海地下党的介绍，一次从上海动员了四、五十个从事印钞工作等11项工种的技术人员到达无为，并购买了对开胶印机等各种设备材料和纸张，还通过集成号商行购得三只马达，一台发电机，这便为电动机械印刷大江币奠定了基础。为便于机械运输和交通方便，皖江行署决定把造币厂迁至汤沟姚王庙附近的江边小村。新厂上马后，印钞速度和质量获得飞跃进步，电动机器开印一个月不到就把五令轻磅道林纸印完了。印出的一角、贰角、伍角、壹元、伍元等大江币约一百多万元。由于大江币能保证市场流通了，这就为在根据地内限制使用伪币、法币创造了条件。大江银行在东、西、南、北乡的集镇设立了八个兑换处，凡从外地带入伪币、法币的群众和商人都必须到兑换处按规定的比值兑换成大江币，才能在市面上使用，这就避免了根据地的群众遭受伪币、法币贬值的影响，稳定了根据地内的经济。财经处则把兑换的伪币、法币上交给军部或支援其他部队，由他们派人到敌占区或国统区购买物资。大江币的币值和市场物价比较稳定，对繁荣皖江抗日根据地的经济做出了重要贡献。

1943年抗币发行不久，银行人员便发现市场上抗币流通较多，估计有伪造的抗币混杂其中。由于初期抗币纸质粗糙，印刷技术水平不高，可能有人把它带到敌占区伪造，渗进根据地市场，对根据地的财政经济产生了负面影响，也增加了群众的忧虑。大江银行通过明察暗访，终于在无为县南苏区，捉到4个从县城携带伪造大江币，下乡购买田产和土特产的嫌疑分子。经过仔细审查，人赃俱获，皖江行署即令法院审判，就地枪决。和县南义镇也捉获了一个伪造大江币的商人，也将其带至无为石涧镇公审枪决。这两次对伪造者采取的严厉打击措施，传闻所及，震慑很大，从此就再未出现伪造的大江币了。1944年后，由于大江币使用了进口的专用钞票纸印刷，不易伪造，因此也没有出现过伪印。

1945年秋，各级抗日民主政府为了不使人民群众和商人的利益受损，北撤前指令各地供销社大量出售库存物资，借以回收大江币，并规定农民交纳田赋一律折收现金，然后将收回的大江币销毁，所以北撤前，群众和商人手中的大江币也不多了。新中国成立后，安徽省皖北、皖南行署为不失信于民，决定对老区民间保留的抗币、大江币以一元抵一元的比值调换回收，民众无不欢天喜地，一致称赞共产党讲信义。

石涧胡家自然村大江造币厂旧址

黄龙岗战斗遗址及夏洼烈士墓

蒋克祚

1945年春，世界反法西斯战争的胜利形势已日趋明朗，侵华日军在中国已陷入人民抗战的汪洋大海之中。收复国土，夺取抗日战争的最后胜利已是各抗日根据地的迫切任务。为加强皖江地区武装部队的实力以利对日军的反击，1945年4月，奉新四军军部和中共中央华中局之命，新四军第三师独立旅在旅长覃健的率领下，由江苏省苏北的淮海根据地南下，支援皖江地区的抗日斗争，归属第七师指挥。

独立旅由苏北经第二师的淮南根据地，于5月初抵达皖江根据地的和含地区，他们在协助第七师含和支队开展反顽战斗后，5月8日越过淮南铁路、渡过裕溪河，进入无为县东北乡的黄龙岗。这时，一支约100人的日军部队调防也由黄洛河抵达黄龙岗。独立旅先头部队十六团一营恰与日军部队遭遇。两军相遇勇者胜，独立旅一营在营长鲁嘉温的率领下立即投入战斗。先是激烈的枪战，接着与日军进行肉搏，浴血奋战一时余，当即歼灭日军80余人，少数日军仓皇逃窜。战斗中，鲁嘉温营长和23名战士亦光荣牺牲。政治指导员吕传礼在肉搏中身负重伤，被抬至石涧夏洼村救治，终因伤势过重，流血过多而壮烈牺牲。此次战斗是皖江抗日根据地7年多在抗击日军的战斗中，消灭日军人数较多的战斗之一，大大鼓舞了根据地内广大军民的抗日热情，打击了日军的士气，震撼了日军官兵。5月14日，皖江区党委、皖江行署、第七师师部在无为县恍城区隆重地召开了“欢迎独立旅参加皖江地区抗击日军”的大会，皖江行署主任吕惠生发表讲话，他高度评价了独立旅在和含地区的反顽战斗和黄龙岗与日军作战的业绩。

1945年8月，无为县抗日民主政府、无为县参议会、无为县抗联、石涧区抗联为缅怀英烈以示不朽，特在石涧镇夏洼村将23名烈士及在赤镇、马山战斗中牺牲的10名烈士遗骸收敛安葬，建墓并立碑，以志纪念。33名烈士均籍贯江苏，非本邑同胞，他们为无为守土抗战，血洒异乡，深得无为人民的崇敬与怀念。

夏洼烈士纪念碑

1971年3月，无为县民政局对该墓进行了维修。1995年10月抗战胜利50周年之际，又进行了重建。2003年建造了墓地围墙和纪念碑。碑座正面为纪念碑碑文，碑座后面刻有33名烈士姓名、简历等内容。1995年，该墓地被无为县委、县政府公布为爱国主义教育基地，1999年12月被巢湖市委、市政府公布为市级爱国主义教育基地。

桂逢洲烈士墓和照明山战斗遗址

蒋克祚

桂逢洲，四川省人，1915年生，土地革命战争时期参加革命并入党，曾参加中国工农红军二万五千里长征。1938年奉命由延安到新四军工作，始任新四军第三支队五团参谋长，1939年4月底随叶挺军长到无为，任新四军江北游击纵队参谋长。1940年4月21日在无为县照明山反顽斗争中，为掩护江北游击纵队教导大队人员转移，他身先士卒，亲自端起轻机枪奋不顾身抗击顽军，不幸中弹牺牲，墓地位于红庙镇镇岗行政村刘泉自然村北侧的照明山南麓。

1938年春，中共无为县委恢复组织、中共舒无地委建立后，皖中舒、庐、无、巢、含、和各县抗日活动普遍开展，抗日游击队纷纷成立。该年11月，新四军参谋长张云逸途经无为，听取在无、庐一带，各县抗日游击队编成的新四军第四支队游击第二纵队的抗日活动情况汇报，经与安徽省主席缪磊商定，决定将这支部队改名为新四军江北游击纵队，直归军部领导。这支绝大部分由皖中健儿组成的抗日部队，经常在庐江、巢县、无为一带进行抗击日军、保卫家乡的活动。初建时司令为孙仲德，政委为黄岩，参谋长桂逢洲。当时还是国共合作抗战时期，司令部机关驻于无为县城。自1937年底，南京、芜湖沦陷后，由于皖中地区驻有国共抗日的部队，所以虽然日军飞机轰炸过无城多次，日军两次乘轮船侵犯无城，但未敢在无城驻留，第二日即走，无为县尚不是沦陷之地。

正当无为抗日烽火愈烧愈烈之际，国民党顽固派却蓄意掀起了第一次反共高潮，不断在无为挑起摩擦。从1940年春起，驻皖桂顽军派两个保安团进驻无为，限制共产党领导的各级抗日活动，强令收编由共产党和进步人士掌握的无为县一千余人的抗日自卫军。江北游击纵队为避免摩擦，将司令部迁移至严桥山区的牌楼附近。顽固派还在无城逮捕一些共产党员和爱国人士。当时还未加入共产党的爱国人士吕惠生，得到进步县长李天敏透露的消息方才逃到江北游击纵队司令部，免遭逮捕。3月22日，新四军参谋长，江北指挥部指挥张云逸夫人、儿子及新四军三支队政治部副主任曾昭铭等一行20余人，由皖南过江到无为刘家渡时，遭到保安团无理扣留，同时劫夺了军饷7万元及一些弹药武器。此后，江北游击纵队派宣传科长田丰去无城交涉时，田丰及其警卫员竟遭保安团秘密活埋于张家山。一时，国民党桂系顽军与江北游击纵队及中共地方组织摩擦加剧，无为的形势特别紧张。

1940年4月21日，顽军桂系部队乘江北游击纵队主力转移至皖东抗日之机，集结4000余兵力分三路，向驻守在严桥牌楼的江北游击纵队司令部、舒无地委、无为县委及纵队所属新九团一部发起进攻。江北游击纵队司令部得悉后命令驻该地区的部队自卫还击，激战一日，终因力量悬殊，江北游击纵队所属部队伤亡百余人，参谋长桂逢洲壮烈牺牲。为保存力量，当晚，司令部机关及所属新九团一部及舒无地委机关、无为县委，经含山向淮南路东撤退。无为地区基本上没有了共产党领导的抗日武装和地方上党的组织，国共合作抗日的大好局面尽皆丧失。

内室操戈，亲者痛、仇者快。驻芜湖日军见无为地区仅有国民党部队，便于7月17日分两路由巢县和铜陵大举进攻无为。桂系顽军略做抵抗便弃城向西而逃。无为地区从此沦陷，广大无为人民沦为亡国奴，遭受日军的蹂躏。1940年9月以后，遵照中共中央“恢复无为县民主政权”的指示，新四军江北游击纵队和舒无地委、无为县委先后返回无为，恢复党组织，建立敌后政权，领导无为人民开展抗日斗争。直至1945年8月17日，驻无为的新四军第七师部队向无城、襄安等据点驻守的日伪军奋起进攻，光复无为，迎来了抗日战争的胜利。

照明山战斗遗址

三尖山二十三烈士纪念碑

蒋克祚

三尖山二十三烈士纪念碑

三尖山二十三烈士纪念碑，位于无为县蜀山镇百胜社区周家大山余脉的三尖山上，由中共无为县委、县政府及县内外新四军老战士共同筹资、捐资建成。2005年11月1日竣工揭碑，碑高19.44米，寓意为烈士于1944年牺牲。碑身垒砌的23块花岗岩象征着23位烈士不屈的身躯，碑文“三尖山二十三烈士永垂不朽”为时任中国人民解放军南京军区政委傅奎清所书写，碑后有当年所在部队的顾鸿将军及安徽省政协副主席丁继哲等书写的碑林。

曾任新四军第七师作战科科长、新中国成立后曾任空四军副军长的老红军蔡园，1983年5月偕同七战友重返周家大山战场时作诗感赋：“湖东炮火漫硝烟，周家弹痕遍山前；巢湖波涌声似角，回首皖江四十年。”

1945年春，蔡园为报纸写有“保卫三尖山二十三烈士永垂不朽”一文记叙了这一战事，1944年8月23日，桂顽（国民党顽固派军队）五二八团，集结千五百之兵力,配以步枪重火器,猛犯我周家大山一线之守备部队,战斗极为惨烈,我五十六团二营四连一排顽强地坚守周家大山阵地——三尖山碉堡。与敌激战竟日,因敌众我寡,且弹尽乏援,遂壮烈与三尖山碉堡共存亡。这一可歌可泣壮烈殉职,为周家大山反顽胜利奠定基础。

二十三烈士,忠贞为民,捐身为国,功昭湖东(抗战时期无为分为无为、临江、无南、湖东四县),永垂千秋。烈士事迹亦为党人所敬仰。兹略举数诤,以志其革命之功勋。排长张开运,年25岁,手工业出身,于38年入伍,任通讯员、通讯班长、侦察员、排长,性急好斗,善战。其功较著者凡七次:保卫繁昌、湖区突围、石涧埠攻击、高林桥血战、罗庄战役、周家大山战役等。在皖南部队任通信员时,途遇伪军两名,以他好斗与机勇之才能,卒将伪军二名击毙,获步枪二支。在巢北行动中,途遇顽特数名,在危急之时,奋不顾身,缴驳壳枪一支。张排长在每次战斗时,均能果敢顽强,完成战斗任务……。"

"在去年反顽战斗中,该排守卫盖沟山阵地,达两昼夜之久,战况激烈,伤亡之重,该排仍顽强抗击,坚守不逾。三尖山守备时,敌众我寡,孤悬无援,临危不惧,烈士均能从容拆机枪,毁弹筒,以枪托与敌人肉搏。二十三烈士壮烈牺牲于桂顽刺刀之下,其伟大可昭日月,其忠贞能泣鬼神。"

万福民烈士墓

蒋克祚

万福民烈士墓位于无为县严桥镇福民行政村大榆树自然村公路西侧。万福民，原名万昌宏，严桥镇人。1939年参加抗日工作，同年加入中国共产党。在任乡长和乡、镇党支部书记期间，积极组织动员民众支援七师部队，多次受到上级表扬。

1945年秋，七师部队北撤时，他奉命留下隐蔽，伺机开展游击斗争。七师部队离开无为后，国民党反动派的无为县政府、县党部机关带领县常备队从无为、庐江边境进入无为县城，国民党桂系一七六师五二八团、一三八旅、安徽省保六团、保八团等部队先后进驻无为城乡。一时间，无为地区大兵压境，城乡一片白色恐怖。除国民党县政府、县党部、三青团分部外、国民党还先后建立了许多特务组织，强迫地下党员、地方干部及群众团体成员进行自首，对抗日的干部，共产党员和革命群众进行着残酷地迫害。在高压的反动政策下，万福民被迫辗转到江南的青阳、当涂，江苏的高淳等县隐蔽、埋伏。

从1946年春开始，一些转移到外地暂避风头的共产党员先后秘密返回无为，准备拿起刀枪与国民党反动派军、政当局开展武装斗争。该年春，万福民埋伏在高淳县月亮湖的堂叔万鹤林处，他得知季学道曾有两支短枪藏在万鹤林处，他便要了这两支枪回到无为，准备组织人员开展游击活动。此时的无为城乡国民党反动派仍在大办自首活动。其父母本是地道农民，听信反动派的欺骗，劝儿子万福民去自首，连做中医的外祖父也心中惶恐不安，劝其自首。但万福民意志坚决，决不向反动派低头做叛徒。他为了摆脱亲属的纠缠，找到当时在本地当塾师又是曾在一个党支部的党员蒋伯举去做亲属工作。万福民的父亲、外祖父对蒋都十分尊敬和信任，在彻夜的长谈中，消除了他们的思想顾虑。蒋指出："国民党虽暂占优势，但国民党军队，如磨刀之石，不见其损，日有所亏。共产党军队，如春园之草，不见其长，日有所增。目前是黎明前的黑暗，时间不会太长，新四军一定会南下。"

经蒋伯举的一番思想工作，万福民的亲属们思想通了，不但不再要他自首，反而支持他的工作。万福民与蒋伯举商议，他打算夜晚带枪到附近一些保长和自首分子的家里，对他们进行正面教育，以稳定紧张的人心。蒋建议他组织一些同志共同进行活动，相机行事，不能盲动。但他认为目前形势紧张，人心浮动，如不及时采取有效措施，自首的人将会更多，敌人的气焰将会更嚣张。于是万福民趁夜间先后到一些保长家和一些已经自首及立场动摇但尚未自首的人员家里，对他们提出四点要求：一、不要遵照反动派的要求对群众进行强迫自首、登记；二、不能歧视和迫害革命家属，并要设法保护；三、不能随便摊派捐税，加重民众负担；四、要坚定革命信心，不能自首，绝不能站到革命的反面，做危害革命的事情，已被迫自首愿意回头干革命的欢迎。新四军很快就会回到无为的。

经过万福民一番积极的活动，在反动派白色恐怖笼罩下严桥地区的老百姓迅速地恢复了镇定和信心。一时间去自首的人少了，群众对反动派军警和乡、保长们也不那么顺从了，因而引起了军统特务组织无为县调查室的注意。他们派调查室开城区区干组组长孔庆轩专住严桥调查，侦察巢无地区共产党的活动动态。孔密探得到是万福民在秘密进行地下活动，于是他找到万福民在严桥开染坊的堂叔万国旗，限他查明万福民的行踪，若不如实回报，将以包庇罪论处。万国旗曾是共产党员，已自首，他害怕孔庆轩追究，不敢隐瞒，又怕伤害万福民招致恶果。他采取两面手法，一方面把了解的实况向孔汇报，一方面又告知万福民，叫他赶快转移。不幸此时万福民正患重病，尚未痊愈，未及时隐蔽，结果孔率军警将村子包围，万福民身上无力，在逃跑中陷于泥田跑不动而被捕。

万福民被国民党军警带至无城街上时，他面无惧色，目不斜视，昂首望天，表现出共产党员的英勇气概。关在狱中时，万福民毫不悲观，经常神态自若。军统县调查室专员何济生，在办公室曾找万福民谈话三次。第一次责问万福民为何不守本分而参加共产党搞革命。万福民则回答：这是我的信仰，你为何要参加国民党呢，不也是你的信仰吗？何喝令特工人员将万带走，令其好好反省。第二次是劝降。何对万说："我们对误入歧途的人，是采取宽大政策，只要你认识悔过，洗手不干，按规定办自新手续，可以交保释放，若能立功，还可论功行赏，要钱给钱，要工作有工作。"万福民则回答说：我自觉没有犯罪，没过错，叫我认什么罪、悔什么过呢？要我投降，那可办不到。第三次是设骗局。何找万谈：听说你有父母妻子，你相念吗？万答：人非草木，骨肉之亲不能团聚，怎能不想，可你们把我关在这里，想念也是徒劳。何说：你既不肯办手续，我想特别原谅你，采取从简办法，只要在严桥找几家切实商保，可以送你回去交保释放，你能否做到?万说，这可以。万福民的胞叔万国富前往探监时，万福民将情况告之，招呼他回家请蒋伯举替他找保，蒋听说也真以为可以保释，立即在严桥动员了广裕隆、汪合兴、蒋复兴等十余家商店联名具保，派人送到县调查室。未几日，调查室派军警将万福民带至严桥，并在乡公所住一夜。次日晨,突然将万福民押至严桥西边行刑,万福民知道不是释放,大骂国民党扯谎,不讲信义,在高呼“共产党万岁”中倒在血泊里,从容就义,年仅32岁。

新中国成立后,无为县政府在万福民家乡修造了烈士墓,供人景仰。并将其家乡命名为福民乡,以志纪念。

万福民烈士墓碑

渡江烈士纪念塔

蒋克祚

无为县泥汊镇北关头的无为长江大堤边,渡江烈士纪念塔掩映在一片松柏的浓荫中。该塔是1951年为纪念渡江战役中牺牲的烈士而建的。同时,它也记载了无为人民在渡江战役中的丰功伟绩。

1949年2月,当渡江大军先后抵达无为县后(当时无为县还分为无为、临江、无南、湖东四县),各县、区都成立了“支前指挥部”,县委、县政府把支援大军渡江当作首要任务,提出“一切为了支前”。

在无为四县境内执行渡江任务的解放军,和淮海战役后南下的民工担架队,共达20余万人,仅每日柴草即需上百万斤,粮食达三、四十万斤,蔬菜10余万斤。每天仅运输粮草则需民工25000余人,而且连续40余天。据统计,无为四县共先后有100余万人次从事筑路、挖河、抬担架、运输、站岗、防哨等各项支前工作,还有数千人教解放军学习泅水、乘船等水上作战技能。在实施渡江作战中,无为四县共有5382名水手,英勇地与人民解放军冒着密集的枪林弹雨抵达江南岸。在水手中,既有年仅14岁的无为县女水手马毛姐,亦有临江县年近古稀的老人周义德。水手中,有的是父亲牺牲,儿子顶岗,有的是身体负伤,仍奋力划船而不下火线,可歌可泣的事迹不胜枚举。

渡江战役后,无为等四县相继召开庆功大会,颁发纪念章、立功证书。第三野战军第七兵团司令员宋时轮、第二十七军军长聂凤智亲自为立功人员披红挂彩，表彰英雄们的功绩。在渡江作战中，四县共涌现出特等渡江英雄和渡江功臣 4 人，一等功臣 296 人，二等功臣 429 人，三等功臣 973 人，四等功臣 499 人，无为人民以巨大的功绩载入革命史册。

泥汊渡江战役烈士纪念塔

皖江革命根据地烈士纪念塔

蒋克祚

皖江革命根据地烈士纪念塔，位于无为县红庙镇海云行政村涧边自然村皖江烈士陵园内的团山之巅。系1958年经安徽省人民政府批准而兴建。塔高15米，气势雄伟，塔座由象征八年抗战的8根水泥柱与塔身衔接一体，塔身正面由抗战时皖江行署副主任张恺帆亲笔题词“皖江革命根据地死难烈士永垂不朽。”塔前3米宽、45级石阶的石板路，延伸至塔后李志高等七位著名烈士墓。1986年10月，被无为县政府公布为全县文物保护单位。1995年6月，被无为县委、无为县政府公布为县级爱国主义教育基地，1999年12月被巢湖市委、市政府公布为市级爱国主义教育基地。

自“七·七”事变全面抗日战争爆发后，抗日烽火很快便燃烧到大江南北，皖江各地民众在刚刚恢复的各县共产党组织领导下，轰轰烈烈地投入抗日宣传、组建抗日游击队，争取民族解放的斗争之中。以无为为中心的皖江抗日根据地尚处初创时期。到1941年5月新四军第七师在无为组建，皖江地区各级党、政组织机构日益健全，皖江抗日根据地便初步建成。直至1945年抗战胜利前夕，皖江抗日根据地已发展到东西长约500公里，南北长约300公里的约达30余县的地区，面积达3万余平方公里，人口约300万。此时的皖江区党委下辖3个地委和23个县委与工委；皖江行署下辖3个专员公署，14个县级抗日民主政府；皖江参议会下辖4

个地区级的参议会。第七师已发展到3万人的武装，民兵达数十万之众。一个巩固、繁荣的抗日根据地成为中国共产党领导之下的全国十九块敌后抗日根据地之一。

皖江根据地烈士纪念塔

在根据地的初创直至抗日战争胜利的八年中，以皖江子女为基础的新四军第七师杀伤和牵制了大批日伪军，收复了大片被国民党军队丢失沦丧的国土，使数百万同胞免受日伪军铁蹄的蹂躏，皖江民众特别是根据地中心区的人民作出了巨大的牺牲与贡献。仅原巢湖地区的庐江、巢县、含山、和县、无为就牺牲烈士5911名（无为籍2284名，占三分之一强，七师的无为籍战士则占二分之一），中国人民解放军1955年授勋时，仍在军中服役的原七师干部就有上将1名、中将2名，少将15名。所以，1958年经省政府批准，在皖江抗日根据地中心区三水涧的团山兴建烈士纪念塔，以寄托皖江人民对烈士的崇敬与怀念。团山巍巍，三水绵绵，为中华民族的解放而血洒疆场的革命烈士永垂不朽！

无为县革命烈士纪念碑

蒋克祚

无为县革命烈士纪念碑，位于无为县革命烈士陵园内纪念广场中心。始建于1958年，原碑名为无为县烈士纪念塔，1986年进行了维修。2005年，县民政局拨款对该碑进行了改建。改建后的纪念碑高达22米，气势雄伟、庄严肃穆，名为无为县革命烈士纪念碑。底座四面汉白玉大理石上分别刻有《六洲暴动》《七师成立》《渡江战役》《抗美援朝》四幅大型场景的浮雕。这四幅浮雕的画面，反映了无为人民在党的领导下，从第二次国内革命战争、抗日战争、解放战争直至社会主义建设时期前赴后继、浴血奋斗的革命斗争历史。从20世纪20年代到新中国成立后的50年代共有2284名无为优秀儿女为中华民族的解放和新中国的建立作出了英勇的牺牲，雄伟的纪念碑象征着烈士们的革命精神永垂不朽，同时也表达了无为人民对先烈们的敬仰和怀念。

无为县是安徽省著名的革命老区县之一，20世纪20年代初期，无为县的民主革命风起云涌。1927年无为县建立了党的组织后，广大的无为人民在中共无为特别支部、无为县委的领导下，先后在农村组建了农民协会，在城镇组建了各行各业的工会，同时在中小学校组建了学生会，组织师生开展了学运活动。通过一系列的经济斗争和政治斗争，启发了农民、工人和知识分子的觉悟，扩大了党在人民群众中的政治影响。县委在总结几年来领导农民革命斗争的经验后，遂根据党中央和芜湖中心县委的指示,于1930年12月7日举行了“六洲暴动”。

暴动前夕,县委将党、团组织合并,成立由任惠群任主席的“无为县苏维埃准备委员会”,组建了由参加过南昌起义、广州起义的刘静波任司令的“中国工农红军皖南第三游击纵队”,任惠群任纵队政委,张恺帆任政治部主任,下辖三个中队和一个手枪队。暴动后当即攻打国民党反动派驻白茆六洲的民团营地。由于经验不足,六洲未被攻克,后红军部队辗转在无为东乡一带进行游击活动,继续开展以打土豪为主要内容的武装斗争,曾一度伏击国民党自卫队,占领了汤沟镇。直到1931年8月23日,因中队长刘大同、李茂林等在东乡真武殿杀害了代理无为县委书记邓逸渔和副大队长张昌忠,致使部队被刘大周裹胁,最后被国民党部队剿灭。六洲暴动及其后成立的游击纵队虽然失败了,但是,它是无为人民向国民党反动派打响的武装斗争的第一枪,它是无为党组织独立领导武装斗争的开始,它缴励着英勇的无为人民不屈不挠地为祖国的解放和民族的生存而浴血奋斗。

抗日战争爆发后,无为党组织立即得以恢复,不久即建立了在党领导下的抗日武装——无为县新四军游击队。后不断扩大、合编,于1938年11月建立了新四军江北游击纵队。正当无为地区抗日烽火熊熊燃烧之时,1941年1月7日,国民党顽固派军队在皖南制造了“皖南事变”,新四军军部及所属皖南部队9000余人奉命北移途中,在泾县遭顽固派军队8万余人的包围袭击,新四军军部及其在皖南的部队除约2000余人突围外,大部壮烈牺牲或被俘。为反击国民党顽固派掀起的破坏抗战、破坏团结的反共高潮,中共中央发布重建新四军军部的命令,并决定组建7个师。1941年5月1日,新四军第七师在无为县白茆洲胡家瓦屋举行成立大会,张鼎丞任师长,曾希圣任政委,李志高任参谋长,何伟任政治部主任。第七师部队由新四军无为游击纵队、新四军第三支队挺进团和皖南事变中突围到无为的原皖南新四军部队。共1900余人组成。新四军第七师在无为人民的支持与掩护下，不断发展壮大，活动区域逐渐扩展到皖中直至地跨安徽长江两岸共33个县的广大地区。七师健儿驰骋皖江，打击日伪军，为中华民族的解放作出了不可磨灭的贡献。

无为县的无为长江大堤是渡江战役中百万解放军最先横渡长江的地段。1949年春，中国人民解放军发起了渡江战役，无为县沿江的二坝至土桥一线江堤是解放军东、中、西渡江地段的中路。从1949年2月起，中国人民解放军第三野战军的二十四军、二十五军、二十七军，连同从淮海战役后南下的民工共20余万人，集结于无为县沿江一带。无为县（当时无为分无为、临江、湖东、无南四县）人民在县委和县政府的领导下，集中全力，帮助解放军做好横渡长江的准备工作。1949年4月20日晚9时，解放军的渡江突击部队向长江南岸发起进攻，半小时内，第一批突击部队即在江南的繁昌县地段登岸。至21日晨，二十四军、二十五军、二十七军和后续的三十军以及支前的民工、担架队计30余万人相继渡过长江，国民党反动派历经数月苦心经营的江南防线，摧枯拉朽似的被解放大军踏平。以致国民党反动派所固守的整个长江千里防线全面动摇、崩溃，继后，东、西两路的解放军也先后横渡长江，胜利地结束了渡江战役。

在渡江战役中，无为人民作出了巨大的牺牲和奉献，其业绩将永载革命史册。

抗美援朝是无为县人民又一次伟大的爱国运动。1950年6月25日朝鲜战争爆发后，10月8日，党中央作出了抗美援朝的正确决策。10月19日，中国人民志愿军入朝参战，国内掀起了轰轰烈烈的抗美援朝、保家卫国运动。无为人民积极响应号召，大批青年积极报名参加志愿军。到

1953年底,全县共有6643名热血青年参加了中国人民志愿军。各界人士纷纷捐款,妇女捐献金银首饰,帮助志愿军购买飞机大炮。在整个抗美援朝战争中,无为人民又一次作出了牺牲与贡献。

无为县革命烈士纪念碑

新四军第七师纪念馆

王敏林

新四军第七师纪念馆，位于无为县红庙镇海云行政村涧边自然村。原馆名为新四军第七师师部旧址纪念馆，馆名由原新四军第七师政治部副主任李丰平同志题写。旧址纪念馆兴建于1995年，位于皖江烈士陵园西侧300米处。占地面积2880平方米，建筑面积998.2平方米，主体场馆为徽派古典建筑，馆内设有主体展厅、新四军老战士书画陈列室等。展陈革命文物120余件，文字资料10万余字，各种图表、图片282幅。为了更加充分再现新四军的光辉历程，弘扬新四军的铁军精神，县委、县政府于2012年决定新建新四军第七师纪念馆，于2014年7月正式开馆。新馆占地面积26400平方米，馆名由曾任中共中央军委副主席、中央政治局委员、国务委员兼国防部长、中国人民解放军总参谋长的迟浩田同志题写。展馆内运用了多媒体声光电手段，以沙盘、幻影成像、视频、雕刻等方式，并将第七师指战员当年使用过的物品，及缴获的日军武器、地图、日用品等近千件文物、文献陈列布展。

革命文物对于重温红色历史、传承革命精神、坚定理想信念有着直接、直观的效果。在新馆千余件革命文物中，其中经专家鉴定，属于国家一级文物10件，二级文物12件，三级文物20件。

原昆明军区司令员张铚秀将军的佩枪

张铚秀将军在新四军第七师和含支队时使用的一把左轮手枪，是将军生前最为钟爱之物，平时总是将它擦拭得锃光瓦亮。新中国成立后一直用红绸包裹收藏。张铚秀将军辞世后，夫人丁亚华常常拿出手枪，睹物思情，长忆在新四军第七师时的艰难岁月。2013年，新馆文物征集组在北京开展征集工作，张铚秀将军次子、北京新四军研究会七师分会会长张为民数次动员母亲将这把手枪捐赠给无为。起初丁亚华总是依依不舍，最终经过反复思考，认为保存在七师纪念馆，更具有教育意义。这才忍痛割爱，由无为县公安局派员持证携带回无为。左轮手枪是一种多发装填非自动枪械，由于常见的转轮手枪在装弹时转轮由左摆出，故称左轮手枪。张铚秀将军这把在杀敌战场上缴获、又在抗击敌寇中发挥重大作用的左轮手枪，成为第七师纪念馆内一件十分重要的文物。

谭希林师长的一双布鞋底

陶工出身的新四军第七师师长谭希林（1955年被授予中将军衔），以清正、廉洁而享誉全军。带兵打仗，跋山涉水，谭师长常常穿草鞋行军。无为县仓头镇妇抗会因此组织会员彻夜纳制布鞋，分发给七师干部、战士。谭师长穿着领到的布鞋，一直穿到打完了对敌伪的最后一仗。但鞋帮穿烂了，谭师长却始终舍不得将鞋底丢掉，嘱咐夫人吴文彬悉心收藏。无为县革命文物征集小组在京征集文物时，谭师长夫人拿出这双布鞋，语重心长地告诉大家，这双鞋底我已经保存了70余年，我家衣物、用具已经换了一茬又一茬，但这双布鞋底始终舍不得丢掉，它是谭希林将军革命生涯的历史见证，凝结着无为老区人民对人民子弟兵的缕缕深情。

帆布箱与酒缸

展馆地台上一共陈列3只帆布箱，分别是第七师政治部主任王集成、中共皖江区委书记兼组织部部长李步新、新四军含和独立团团长顾鸿在新四军第七师时唯一的家当。当年战事频发，戎马倥偬，第七师指挥员们没有固定住所，没有家产，所有衣物、用品、用具都集聚在师部发给的帆布箱内。1943年3月17日，日伪对皖江抗日根据地中心区进行疯狂"扫荡"，指挥员们随身携带帆布箱，进行战略转移。今天，战争的硝烟已经散尽，但新四军老战士们仍然无比珍爱跟随他们进行南征北战的小小帆布箱。虽然帆布箱的三位主人都已经辞世，但都依然集结在第七师展览馆的展台上，仿佛在诉说它们经过抗日烽火洗礼的曲折历程。

酒缸，展厅地台上的一只酒缸令人饶有兴味。酒缸是从无为县白茆镇三陇行政村征集到的（现属芜湖市鸠江区）。1942年，时任七师57团政委马长炎与文工队队长卢前玉结婚，婚礼简朴、热烈，借用一间农舍作新房，农房主人用自家的一个绿釉酒缸装满自家酿制的米酒，前来贺喜的七师皖南支队指战员们自带瓷缸，舀上少许米酒一饮而尽，向马长炎夫妇表示祝贺，指战员们戏称"酒缸成就了一对新人"。

给养桶与圆木桶

展厅陈列的一只"给养桶"，经常受到参观者的青睐。捐献这只给养桶的是原新四军第七师和含支队支队长孙仲德的女儿孙维扬。尽管在合肥市三河镇老街上早已建立了"孙仲德纪念馆"，当然也需要孙仲德遗物进行展示，但孙维扬还是根据父亲遗愿，将"给养桶"捐赠给七师纪念馆。"给养桶"原是七师和含支队后勤物品，是美国政府援华抗战的物资之一。孙仲德司令员之所以看重它，是因为给养桶坚固、耐用、密封、隔热，用它贮存药品最为适宜。孙仲德最关心新四军战士，尤其关爱在战场上负伤的战士，抗日战争中药品奇缺、昂贵，而装具给养桶也就突显了它的作用。新中国成立后，孙仲德任安徽省委常委兼民政厅厅长时，仍然常常对在抗战中发挥重要作用的给养桶赞誉有加。

展厅里一只破旧的圆木桶最不起眼，可是它却蕴含着一个令人激动不已的故事。圆木桶的主人是无为县蜀山镇关河行政村的一位农村妇女，她叫李秀英。1942年丈夫参军入伍，走上抗日前线。李秀英踊跃报名加入妇女抗敌协会。1944年七师沿江支队在周家大山一线开展反顽战斗，战士们坚守阵地，顽强阻击顽军的无理进攻。子弹呼啸、炮声隆隆，李秀英以一腔热情救护负伤的新四军战士。战斗间隙，又用自己家中的这只圆木桶盛满米饭，扛在肩头，送上前沿阵地。一日几次来往穿梭，有时跌倒在山路上，但她唯一守护的就是这只圆木桶。2012年，征集革命文物时，年过七旬的李秀英奶奶从灶间捧出这只木桶，告诉我们这只圆木桶不平凡的经历，令人感叹不已。这只圆木桶如今已是“伤痕”累累，几乎散架，但它仍不失陈展价值。同样地，李秀英的丈夫在抗战负伤返乡时，也是伤痕累累，他的上身，伤疤堆集，至今还有两处子弹头未能取出，时时发作，隐隐作痛。一只平淡无奇的圆木桶，一个朴实无华的男子汉，因为他们有着相似的传奇经历，令人肃然起敬。

一面鲜红的党旗

2016年，县纪委开始在第七师纪念馆筹建第八展厅“信念如铁蕴清廉”，提取新四军第七师的廉政元素，用新四军第七师“以廉建军，以廉成军，以廉强军”的艰苦历程，追述新四军第七师的廉政生涯。承建单位合肥市中旗公司以独特的视角探索这一主题，公司法人张怀旗同志多方奔波，制作了一面鲜红的党旗，以“让新四军的廉政精神发扬光大、代代相传”为主线，寻求新四军第二代、第三代后人在党旗上集体签名。一年多时间，包括新四军军长陈毅之子陈昊苏、政委刘少奇之女刘爱琴在内的100余位新四军后代在党旗上题签，使鲜红的党旗更加绚丽多彩。她表达了红二代们共同的心声，这就是不忘初心，永远在路上，永远在党旗下高歌奋进。

破藤椅与木榔头

在纪念馆二楼展厅六角玻璃地台上，展示了一张斑驳的破藤椅。藤椅的主人是李世农同志，他在抗战初期与张恺帆、桂蓬一起组建中共皖中工作委员会，李世农同志任皖中工委书记，领导皖中地区的抗日斗争。李世农同志从1979年起，先后任中共安徽省委书记、省人大常委会副主任，省纪委第一书记，省顾问委员会主任等职，2008年12月逝世。展示的旧藤椅是李世农同志生前工作和生活中的座椅，由于年深日久，藤椅残破，李世农始终不肯更换，屡屡自己动手用网线修补。它是李世农同志忠贞革命，清正廉洁的历史见证。1999年，时任中共中央政治局常委、国家副主席的胡锦涛同志来安徽省视察时，专程看望李世农同志，他也坐在这张破藤椅上与李世农同志亲切交谈，留下了永恒的历史痕迹。2017年8月，李世农子女为传承父亲廉政品行，将藤椅捐赠给了七师纪念馆。

在二楼展厅的六角玻璃地台上，同时还展示了一个木榔头。榔把已经断裂，却也给我们留下一段难忘的记忆。1943年，新四军第七师重视民生，全力以赴修建黄丝滩新堤（惠生堤）。第七师皖南支队副支队长梁金华在修堤时亲手制作了这个木榔头，每天用它打桩、夯实堤基。大半年时间，他在新堤上走了无数个来回。木榔头由无为县白茆镇一位农民献出，梁金华同志当时就住在他家。他向世人讲述了这段历史，也保存了这个遗物。献出这个木榔头，是他不想让这段历史消失，湮没无闻。

2016年12月，新四军第七师纪念馆因为革命文物珍藏甚丰，入选《国家红色旅游景点、景区名录》。

红庙新四军第七师纪念馆

无为县革命史迹展览馆

王敏林

无为县革命史迹展览馆坐落在风景秀丽的无为县绣溪烈士陵园。2006年,无为县人民政府为“褒扬革命先烈、弘扬革命传统、展示英雄风采、借以缅怀先烈、激励今人、昭示后人、促进社会两个文明建设”,确定建设“无为县革命史迹展览馆”,作为全县重点工程推进项目。自2006年5月起,布展工作组开始编纂大纲,征集历史文物、文献;2008年初全面实施布展;至2009年4月布展结束,尔后对外开放。

无为县革命史迹展览馆馆名由原南京军区政治委员方祖岐上将题写,体现了老一辈革命家对无为老区人民的浓浓深情。

2006年初,展览馆土建工程开始,至2007年竣工。展览馆是对1986年兴建的“无为县革命烈士陈列馆”的延续。由于原展览馆面积狭窄,只能展出一些烈士图片及其简介,没有其他纪念物件,陈列内容十分单薄。而面对许多原新四军老战士相继高龄辞世,散落在民间的革命历史纪念物不断锐减,为了保护和抢救这些纪念物,充分发挥其爱国主义教育功能,兴建一座内容更加充实的革命史迹展览馆势在必行,刻不容缓。

新建的展览馆建筑面积1400平方米,分上下三层,拓为7个展厅。展出自1927年8月中国共产党无为县特别支部成立至今,无为县各个历史时期所发生的重大历史事件和社会主义新时期,无为人民在中国共产党领导下所取得的重大成就。展厅通过现代化声、光、电等手段,共展出各个历史时期的图片500余幅，各种文献、文物300余件。复制战斗场景3处、另建有仿真蜡像、渡江勇士塑形、军事沙盘等。

1955年的一张《无为日报》

第一展厅展出的20世纪50年代的一张《无为日报》，由于岁月尘封，已经泛黄陈旧，而这张报纸所刊载的"无为六州暴动"的综述，足以显现这张报纸的分量。《无为日报》是新中国成立后由中共无为县委宣传部主办的第一份报纸，原名《生救日报》（1954年8月创刊），1955年2月更名为《无为报》，至1958年10月改名为《无为日报》，日最高发行量10800份。"无为六洲暴动"综述，是当年报社特约通讯员在走访了诸多参加过六洲暴动的老一辈革命家所采写的一篇文章，内容翔实、准确，具有一定的史料价值。只是在六洲暴动发生的时间上与后来的研究结论上有所差异。这里蕴含着一个有趣的故事。报载六洲暴动的时间是1930年11月7日，这是许多参加过这次农民暴动的老同志所一致认定的。因为他们清楚地记得，领导六洲暴动的中共无为县特别行动委员会规定暴动时间为"俄国十月革命纪念日"（由俄历10月25日换算为公历11月7日），这个时间也为撰写文章的特约通讯员所采信，也为后来的相关文章所沿袭应用。直到1985年前后，省委党史研究室编研处处长童志强同志打来电话，告知他在查阅历史档案时发现了当年"中共芜湖中心县委"的一份文件，清楚地载明："至1930年11月底，无为、广德、宣城正在准备举行农民暴动"。"准备"与"举行"是根本不同的两个时间概念，这就说明11月7日举行六洲暴动的时间确有讹错。而亲身参加过这次暴动的老同志一致认定暴动发生在"十月革命纪念日"的日期是准确的，发生在1930年也是无误的，只是月份有待考证。1996年前后，县委党史研究室原主任蒋克祚同志将其主编的《无为县革命斗争大事记》呈送给省级老同志张恺帆审阅，在推定六洲暴动的时间上，张老经过深思熟虑，认为11月7日是特行委在暴动前举行“飞行集会”上所宣布的时间，而实际上因为“发动群众、收集枪支”等诸多因素延误了时间，直至12月7日才仓促举行六洲暴动。现在面世的《无为县革命斗争大事记》也按照张老的意见以12月7日进行表述。应是准确无误的。

斗、斛与碾槽

第二展厅展示的“斗、斛、碾槽”等实物，在旧时农村，常常可以见到（旧时市制10升为斗；以10斗为斛）。但由于经过抗日斗争的洗礼，镌刻着那个年代的印记，这就成为引人注目的革命文物。“斗、斛”的捐赠者是家住无为石涧镇青苔村的汪若波先生。抗战时期他是青苔村儿童团团长，参加过“盘查哨、递步哨”。1943年3月，反日军“扫荡”以后，新四军江文同志（1981年审判“四人帮”反党集团特别法庭的主审官）因伤在他家休养6个多月。他多次看到七师政委曾希圣、副师长傅秋涛等领导同志到他家看望江文同志，又从他家借出“斗、斛”，用作军民大生产中的量器。他还见到七师政委曾希圣用他家的“斗、斛”交纳公粮。汪若波先生说：他把“斗、斛、纺线车”等捐献给无为县革命史迹展览馆，是他的夙愿，也是对新四军第七师进行抗日斗争的最好纪念，是抗日军民开展大生产运动的历史见证。

陈列在展厅的一截石碾槽确有其历史渊源。它从2006年10月于赫店镇油坊行政村被发掘出来，已在荒废的土坡下沉寂了60余年。当无为县革命史迹展览馆公开发布征集革命文物的消息以后，原看护皖江烈士陵园的夏成发老人告知征集小组，他原是七师造币厂的一名工人。他说，七师在1945年北撤时，曾将造币厂一个碾制纸浆的碾盘及碾槽转运出中心区，掩埋在赫店乡的一个荒坡下，今天应该让它出土，还其本来面目。在抗日斗争中，它先被用来碾制纸浆造纸，印刷大江币；尔后又用来碾制炸药，制成炸药包和地雷、手榴弹，发挥了极其重要的作用。可惜当时由于人力、财力不足，只挖出碾槽一截，而碾盘及碾槽大部分仍深埋地下不见"天日"，全部出土，尚待时日，但愿将来能全部复原成展。

临时党员证和功劳证

第二展厅还展出的中共"临时党员证"和"功劳证"，这在全国各个革命历史展馆并不多见。尤其是"临时党员证"更为珍贵。这是为适应战事需要，党员流动性强的特点，携带临时党员证的党员即便在战场上，也可临时组建党的支部和小组。"临时党员证"由新四军老战士张秀儒提供。他在捐赠时说："新四军第七师为什么能百折不挠、特别能战斗，因为他的精、气、神，来源于中国共产党。这不是一个普通的党证，这党证就是历史，更体现共产党员的壮阔情怀。"

功劳证，来自1944年初新四军第七师广泛开展的立功运动。荣誉重于生命，立功运动是第七师政治部强化政治工作的有力武器。立功运动一开始，第七师广大指战员就踏着英勇善战的节拍，奏响了崇尚荣誉的旋律，催生出一大批战斗英雄和人民功臣。每一张功劳证，都有一个催人泪下的故事。展厅里展出的功劳证，是主人公在冒着生命危险，在硝烟弥漫的战场上舍身抢救10余名身负重伤的伤员所获得的殊荣。他捐出功劳证，不是捐出荣誉，而是捐出一笔精神财富。

县委书记的工作笔记与公文包

第四展厅展出了新中国成立后，第一任中共无为县委书记张石平的工作笔记和公文包。1949年7月1日，无为、临江、湖东、无南四县合一，成立统一的无为县。张石平任县委书记，王子轩任县长。从战争废墟上建立起来的无为县，千疮百孔、民生凋敝。县委书记张石平受命于危难之间，轻装简从，徒步走村入户、访贫问苦，他细致地把一切所见所闻记录在工作笔记上。笔记上密密麻麻地记录了各个乡村的田亩、耕牛、房屋、山林、农具情况，尤其是复退返乡的伤残军人的生活状况更是记录得详细完整，字里行间透露出一个共产党领导干部对人民群众的深厚感情。工作笔记还记录了无为各地的风土人情、民间谚语，体现了张石平同志的宽广胸怀和实事求是的工作作风。2006年10月，当无为县征集革命文物的消息传开后，其时在美国旅行的张石平之子张士崇夫妇匆匆返回祖国，带着父亲的遗愿，将100余件文物、文献资料捐赠给展览馆。尤其是工作笔记和公文包，张士崇深情地说：工作笔记“记的是无为的人和事，让它回归故土，也算是给无为老区人民一个交代。”中组部、中宣部来无为调研工作的同志，翻阅了张石平同志的工作笔记后，要求展览馆尽快复制上报，足见其弥足珍贵。

社会主义建设劳动奖章与天安门观礼台代表证

第四展厅还展出一枚“无为县社会主义建设劳动奖章”(1955)，这是无为县委、县人民政府第一次制作的奖章。其时，正是国家进行第一个五年计划之时(1953—1958)。1954年7月长江大堤无为安定街段溃口，水患严重地威胁着无为人民的生产、生活。为加快生产建设步伐，县委、县政府决定开展社会主义劳动竞赛，动员广大群众参加复堤抗灾、开展生产自救。一大批生产建设标兵脱颖而出。为表彰各行各业具有突出贡献的劳动者，县委、县政府首次颁发“无为县社会主义建设劳动奖章”，激发了广大群众的劳动热情和生产积极性。

1949年10月1日的开国大典上，在北京天安门东西两侧临时搭建了两座砖木结构的观礼台，无为人吴大忠持代表证和邀请函登上了临时观礼台，他是无为县登上天安门观礼台的第一人。

2006年8月10日，革命文物征集小组正在合肥开展征集工作之时，吴大忠同志的亲属打来电话告知，希望无为县立即派员前往河南郑州接受吴大忠生前遗物。征集小组立即连夜出发，登上由合肥开往郑州的火车，坐在火车上打盹10个多个小时，于次日凌晨到达郑州，寻觅到河南省公安厅机关宿舍，从吴大忠亲属手中接过了这张具有特殊纪念意义的代表证。尔后又连夜乘火车折返回程，虽然风尘仆仆，一路劳顿，但征集小组同志们的心中都感到格外宽慰。

张恺帆同志的一封手书报告

展馆的第六展厅，是张恺帆同志生平事迹展厅。其子张新元将百余件张恺帆遗物，包括书法作品、印章、证书、证件、用具等捐赠给了展馆，其中一份张恺帆同志的手书报告最引人注目。这是张恺帆同志在病中(1990)写给省委书记卢荣景的一份报告。报告中心意思是：最近听闻庐江县被评为贫困县，而我的家乡无为县更应当被评为贫困县，主要因为无为县沿江崩坍，山区闭塞，生产生活滞后。无为县又是一个革命老区，早在1930年，我在家乡就领导过六州暴动。抗日战争时期无为县又是皖江抗日根据地的中心区，解放战争时期是渡江作战的前哨阵地。请求省委、省政府据实上报核定无为县为国家级贫困县。张悦帆同志的悠悠赤子心，殷殷故乡情，彰显了他爱家乡、爱人民、爱祖国的情怀。

无为县革命史迹展览馆革命文物较多，略举几件，以飨读者。每一件革命文物的背后都有一个鲜活的故事,也给世人以深深的启迪。

无为县革命史迹展览馆